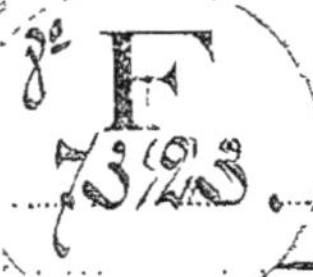

FACULTÉ DE DROIT DE PARIS

DROIT ROMAIN

DES EFFETS DU DIVORCE

QUANT AUX PERSONNES

DROIT FRANÇAIS

DES EFFETS DU DIVORCE

SUR LA

SITUATION RESPECTIVE DES ÉPOUX ET DE LEURS ENFANTS

THÈSE POUR LE DOCTORAT

PAR

Clément FONVIEILLE

AVOCAT

LAURÉAT DE LA FACULTÉ DE PARIS

Droit civil : 2e prix, 1885 ; — Droit romain : 2e prix, 1885 ; — Droit romain
3e mention, 1886 ; — Droit civil, 1re mention, 1887 ; —
Droit administratif : 1re mention, 1887.

PARIS

LIBRAIRIE NOUVELLE DE DROIT & DE JURISPRUDENCE

ARTHUR ROUSSEAU, ÉDITEUR

14, RUE SOUFFLOT ET RUE TOULLIER, 13

1893

THÈSE

POUR LE DOCTORAT

DROIT ROMAIN

DES EFFETS DU DIVORCE

QUANT AUX PERSONNES

DROIT FRANÇAIS

DES EFFETS DU DIVORCE

SUR LA

SITUATION RESPECTIVE DES ÉPOUX ET DE LEURS ENFANTS

THÈSE POUR LE DOCTORAT

L'ACTE PUBLIC SUR LES MATIÈRES CI-APRÈS
Sera soutenu le Jeudi 19 Janvier 1893, à 1 heure.

PAR

Clément FONVIEILLE

AVOCAT

LAURÉAT DE LA FACULTÉ DE PARIS

Droit civil : 2ᵉ prix, 1885 ; — Droit romain : 2ᵉ prix, 1885 ; — Droit romain ;
3ᵉ mention, 1886 ; — Droit civil, 1ʳᵉ mention, 1887 ; —
Droit administratif : 1ʳᵉ mention, 1887.

Président : M. GARSONNET.

Suffragants : MM. Léon MICHEL.
CHAVEGRIN,
MASSIGLI.

professeurs.

PARIS

LIBRAIRIE NOUVELLE DE DROIT & DE JURISPRUDENCE

ARTHUR ROUSSEAU, ÉDITEUR

14, RUE SOUFFLOT ET RUE TOULLIER, 13

1893

A LA MÉMOIRE VÉNÉRÉE DE MA BONNE MÈRE
ET DE MES GRANDS-PARENTS

A MON PÈRE ET A MA SŒUR

A TOUS MES PARENTS

A MES CHERS PROFESSEURS

A MES AMIS

DROIT ROMAIN

DES EFFETS DU DIVORCE

QUANT AUX PERSONNES

« *Solutionem matrimonii difficiliorem debere
esse, favor imperat liberorum.* »
L. 8 pr. C. *De repud.*, V, 17.

INTRODUCTION

L'institution du divorce, à Rome, remontait, si l'on
en croit Plutarque (1), au fondateur de cette ville. Cicéron (2) nous apprend que la loi des XII Tables réglait
cette matière. Cependant, malgré la facilité que les citoyens avaient de divorcer, telle était la pureté des
mœurs que tous les auteurs anciens s'accordent à dire
que, dans les premiers siècles de Rome, il n'y eut pas
un seul divorce (3). Spurius Carvilius Ruga aurait le
premier répudié sa femme parce qu'elle était stérile ; et

(1) *Vie de Romulus*, chap. 31.
(2) Deuxième Philippique, n° 28, *in fine*.
(3) Aulu-Gelle, IV, 3 ; XVII, 21 ; Denys d'Halicarnasse, II, 25 ; Va-
lere Maxime II, 1, 4 ; Voir Esmein : *la manus, la paternité et le divorce
dans l'ancien droit romain* (*Revue générale du droit*, 1883).

encore n'aurait-ce été que pour tenir un serment qu'il avait prêté, « *quod jurare a censoribus coactus erat uxorem ve liberorum quærendorum gratia habuisse* ».

Plusieurs auteurs ont essayé de démontrer que ce divorce ne fut pas le premier et qu'il fut précédé d'autres divorces, notamment de celui de Lucius Antonius, vers 447 et de celui de Sempronius Sophus, vers 470.

Nous serions même tenté de croire que si les auteurs anciens ne parlent que de ces divorces, c'est parce que, dans ceux-là seuls, ils avaient quelque particularité à signaler, mais que les divorces étaient usités, même avant le Ve siècle de Rome.

« Il suffit, dit Montesquieu (1), de connaître la nature de l'esprit humain, pour sentir quel prodige ce serait que, la loi donnant à tout un peuple un droit pareil, personne n'en usât. »

Quoiqu'il en soit, les divorces n'étaient plus rarés quelques années plus tard (2).

Les plus grands hommes de la République, ceux-mêmes qui sont renommés pour la pureté de leurs mœurs, ne craignirent pas d'user du divorce, d'en abuser même. Paul-Émile divorce avec Papyria, mère du grand Scipion. Caton d'Utique répudie sa première épouse, il se remarie avec Martia qu'il répudie aussi et avec laquelle

(1) *Esprit des lois*, XVI, 16.
(2) Plaute, *Aulularia*, act. II et III ; *Asinaria*, act. 1er ; Térence *Andria*, act. III, *Phormio*, act. IV ; Juvénal, satire 6, vers 229.
    « *Sic crescit numerus, sic fiunt octo mariti.*
        Quinque per autumnos ».
Martial, Epigr. 6, liv. 6,
    « *Aut minus, aut certe non plus quam vigesima lux est.*
        Et nubit decimo jam Thelesina viro ».

il contracte à nouveau mariage après qu'Hortensius, son second mari, l'a répudiée à son tour (1).

Pompée répudie Antistia, pour épouser Æmilia, femme de Glabrio et enceinte, mais petite-fille du dictateur Sylla, il se marie une troisième fois avec Mutia ; à quarante-huit ans il prend une quatrième femme, Julie IV, fille de César ; quelques années avant sa mort, il épouse une cinquième femme, à peine adolescente, mais descendante de Scipion (2). Cicéron, Jules César, Octave, Antoine, Mécène suivent cet exemple.

Les femmes mêmes ne restent pas en arrière (3).

Le divorce, d'ailleurs, s'obtenait très facilement. La plupart des mariages étant sans *manus*, il suffisait pour divorcer d'une simple manifestation de volonté, soit du mari, soit de la femme, sans qu'il fût besoin d'énoncer aucun motif (4). Il fallait une volonté sérieuse de divorcer, mais cette volonté était suffisante (5). La formule usitée était : « *Tuas res tibi habeto* » par le mari, « *tuas res tibi agito* » par la femme.

Auguste exigea (6) bien quelques formalités pour que le divorce fût valable, dans la loi *Julia de adulteriis* ; mais, outre que ces formalités étaient très simples, elles n'étaient exigées, comme nous le verrons, que pour bien fixer à quel moment le divorce avait lieu. Cette loi n'exi-

(1) Plutarque, *Vie de Caton*, XXXVI.
(2) Plutarque, *Vie de Pompée*, XIV.
(3) Sénèque, *De benef.*, III, 16 : « *Illustres quædam et nobiles feminæ non consulum numero, sed maritorum annos suos computant* ».
(4) Pothier, XXIV, titre II, nº 4.
(5) L. 3, Dig., *De div.*, XXIV, 2 ; L. 31, Dig., *De jur. dot.*, XXIII, 3 ; L. 32, p. 12, Dig., *De donat.*, XXIV, 1.
(6) L. 1, p. 1, *in fine*, *De und. vir et ux.*, XXXVIII, 11.

geait que la présence de sept témoins et de l'affranchi
chargé de remettre le libelle, pour que le divorce fût
valable (1).

Sans doute, plus tard, surtout sous les empereurs
chrétiens, l'on essaya d'enrayer ce mouvement en édictant des peines, tant corporelles que pécuniaires, contre
les époux qui divorçaient. Mais le grand nombre de lois
rendues sur ce point montre que le législateur ne pouvait
arrêter ce mouvement.

Dans notre étude nous n'examinerons que les effets
du divorce quant aux personnes. Nous la diviserons en
deux parties : dans une première partie nous étudierons
les effets du divorce quant à la personne des époux,
dans la deuxième partie les effets du divorce quant à la
personne des enfants. Il resterait à étudier les effets du
divorce quant à la personne des tiers ; mais ces effets
seront examinés en même temps que ceux relatifs à
la personne des époux ; ils concernent surtout les esclaves des époux et leurs alliés.

(1) Brisson (*Selectar. question.*, p. 202) a rétabli le texte de cette
loi : « *Divortia septem civibus romanis puberibus testibus adhitis præter
libertum ejus qui divortium faciet posthac faciunto. Aliter facta pro
infectis habenter* ».

PREMIÈRE PARTIE

DES EFFETS DU DIVORCE RELATIFS A LA PERSONNE DES ÉPOUX

CHAPITRE PREMIER

LE MARIAGE EST DISSOUS PAR LE DIVORCE.

Par le divorce, les liens qui unissaient les deux époux sont rompus, mais non résolus. Le mariage subsiste avec toutes ses conséquences jusqu'au moment où la volonté des époux y a mis fin.

En droit romain, il n'y a pas d'instance engagée, par suite il n'y a pas, comme en droit français, d'intervalle pendant lequel le mariage n'est pas encore dissous, mais où cependant des mesures particulières ont été édictées, relâchant sur plusieurs points les liens du mariage. Que le divorce fût *solo consensu* (répudiation), ou *bona gratia*, la seule manifestation clairement faite de la volonté de divorcer des deux époux ou d'un seul, suivant les cas, suffisait ; le mariage était dissous, les effets du divorce se produisaient immédiatement.

CHAPITRE II

LA FEMME DIVORCÉE GARDE LES TITRES QUE LUI AVAIT
DONNÉS LE MARIAGE.

Certains effets du mariage subsistaient cependant après le divorce. Ainsi, si le mari était *consularis, clarissimus*, la femme était devenue par le mariage *consularis, clarissima* (1). Le divorce ne lui enlevait pas ces titres. Elle ne les perdait que par une union subséquente avec un homme de condition inférieure. C'est ce que dit Ulpien pour la femme d'un sénateur ou d'un *clarissimus*, dans la loi 8 *in fine*, Dig., *de Senat.*, I, 9 : « *Tamdiu igitur clarissima femina erit, quamdiu Senatori nupta est, vel clarissimo, aut separata ab eo alii inferioris dignitatis non nupsit* ».

D'autres textes (2), conçus la plupart en termes généraux, déclarent de même que le seul événement pouvant priver la femme de la condition de son mari, c'est la conclusion d'un mariage nouveau.

Il en était de même dans le droit de Justinien. Cet empereur le dit formellement au chapitre 36 de la novelle XXII : « *Non autem permittimus mulieribus, quæ ad secundas nuptias veniunt, ut priorum maritorum dignatibus aut privilegiis utantur, sed cuicumque post prius matrimonium junctæ fuerint, illius fortunam amplectantur* ».

(1) L. 1, p. 1 et 8, Dig., *De Senat.*, I, 9.
(2) L. 12, pr. Dig., *De Senat.*, I, 9, Ulpien ; L. 10, C. *de Nuptiis*, V, 4, Dioclétien et Maximien ; L. 9, C. *de Incolis*, X, 39, Valentinien, Théodore et Arcadius ; L. 13, C. *de Dignit.*, XII, 1. *Iidem imperat.* « *Sin autem minoris ordinis virum postea sortitæ sunt, priore dignitate privatæ, posterioris mariti sequentur conditionem.* »

CHAPITRE III

DE L'ÉTAT DES ÉPOUX APRÈS LE DIVORCE QUAND
LE MARIAGE AVAIT EU LIEU *cum manu*.

Dans le droit classique, si le mariage avait été contracté sans *in manum conventio*, après le divorce, la femme restait *sui juris*, si elle l'était déjà ; elle restait sous la puissance de son *paterfamilias* si elle y était soumise auparavant. Le divorce ne changeait donc rien à sa situation.

Quand le mariage avait été contracté avec *manus*, le mari avait par ce mariage acquis puissance sur sa femme, elle était *loco filiæ* vis-à-vis de lui. De même que le mariage à lui seul ne conférait pas au mari la puissance sur sa femme, de même le divorce n'emportait pas de plein droit l'extinction de cette puissance. Quand il y avait eu *manus*, la femme, même divorcée, restait soumise à la *manus*, tant qu'elle n'avait pas été émancipée par son mari. Ses devoirs de femme cessaient ; mais, jusqu'à l'émancipation, elle restait *loco filiæ mariti*, elle conservait les *sacra privata* du mari, le mari avait sur elle le *jus vitæ necisque*, elle restait unie à la famille du mari par les liens de l'agnation, elle demeurait *heres sua* de son mari, en un mot la *manus* persistait dans toute sa force.

Quand le mari consentait à émanciper la femme, il

n'y avait pas de difficulté. Quand le divorce et l'émancipation avaient eu lieu, tout lien était rompu entre les deux ex-conjoints.

Si le mari refusait, que faire? Il est évident que si le magistrat n'avait pu contraindre le mari à affranchir la femme de la *manus*, le divorce eût été dans ce cas impraticable. Il n'aurait guère été possible qu'au mari. C'est ce qui a fait dire parfois qu'au début, c'est-à-dire quand la *manus* était dans toute sa force, la femme ne pouvait divorcer et que ce droit appartenait au mari seul.

Mais Gaïus, dans ses commentaires (I, § 137) déclare formellement que la femme *in manus* pouvait divorcer, et nous indique comment l'on arrivait à contraindre le mari à l'affranchir de la *manus*.

Le résultat était obtenu par la *diffarreatio* quand le mariage avait eu lieu par *confarreatio*, et par la *remancipatio* quand il avait eu lieu par *coemptio* ou par *usus*.

De même que la femme qui a fait *coemptio* avec un étranger *fiduciæ causa* peut toujours contraindre cet étranger à la remanciper, de même la femme *in manus* qui a divorcé peut contraindre son mari à l'affranchir de la *manus* (1).

Si le mari refusait d'obtempérer aux ordres du magistrat, celui-ci procédait, à l'égard du mari, comme à l'égard de l'héritier qui n'exécutait pas le fidéicommis de liberté dont il était chargé. Dans ce cas, le préteur exa-

___

(1) Gaïus, I, p. 137 ; « *Hæc — (quæ cum viro suo coemptionem fecit) — virum, repudio misso, proinde compellere potest, atque si numquam nupta fuisset* ».

minait si l'affranchissement devait avoir lieu, et un décret intervenait déclarant l'affranchissement acquis (1).

De même le magistrat déclarait la *remancipatio* de la
femme chose accomplie, et la femme devenait *sui juris*.

Après le divorce, le mari restait *sui juris* s'il l'était
avant, *alieni juris* dans le cas contraire. Le divorce ne
venait en rien changer sa situation, que le mariage ait
eu lieu avec ou sans *manus*.

La femme, au contraire, qui de la puissance paternelle de son *paterfamilias* était tombée sous la *manus*
de son mari, quand le mariage avait eu lieu *cum manu*,
pouvait devenir *sui juris* par le divorce. Son état était
donc changé.

A mesure que le divorce entra dans les mœurs romai-
nes, la *manus* en sortit, et, dès la fin de la République,
elle avait cessé d'être le fait ordinaire. A la fin du IIIᵉ siècle de l'ère chrétienne, il n'en est plus question.

(1) L. 28, § 4. Dig., *De fiduc. libert.*, XL, 5 ; Voir aussi l. 26, § 7,
eod. tit.

CHAPITRE IV

LES LIENS D'AFFINITÉ SONT ROMPUS PAR LE DIVORCE.

Le mariage engendre l'alliance ou affinité (1). On appelle ainsi le lien qui se forme, par suite du mariage : 1° entre les deux époux eux-mêmes (*Fragm. Vatic.*, §§ 218 et 302) ; 2° entre chaque époux et les parents de l'autre ; 3° entre les parents de l'un des époux et les parents de l'autre (L. 4, § 3, Dig., *De grad.*, XXXVIII, 10).

Nous ne parlerons que des deux premières catégories d'alliés.

Les liens d'affinité sont rompus par le divorce. Le principe est certain. Les effets de l'affinité disparaissent pour l'avenir. On trouve une application de ce principe dans la loi 3, § 1 (Dig., *De postul.*, III, 1). Certaines personnes, notamment celles qui avaient encouru l'infamie, étaient incapables de *postulare* pour autrui, sauf pour certaines personnes, et entre autres pour leurs alliés, « *præterquam pro parente..., uxore, socero, socru, genero, vitrico, noverco, privigno, privigna* ».

Ulpien, dans le texte cité, nous déclare que par alliés il faut entendre, non pas ceux qui l'étaient dans le passé, mais ceux qui le sont au moment de la *postulatio* : « *Affinitates non eas accipere debemus, quæ quondam fuerunt, sed præsentes* ».

(1) L. 1, § 11, Dig., *De postul.*, III, 1.

De même le paragraphe 302 des Fragments du Vatican fait figurer certains alliés parmi les *personæ exceptæ* auxquelles n'étaient pas applicables les dispositions rigoureuses de la loi *Cincia* sur les donations, mais le paragraphe 303 dit formellement qu'il ne faut appliquer cette exception qu'aux alliés, *qui sunt tempore donationis.*

A ce principe cependant il y avait des exceptions.

Le paragraphe 218 des Fragments du Vatican déclare que la loi *Papia* exemptait des déchéances créées par elle les personnes « *qui vir et uxor; et gener et nurus, et socer et socrus* unquam *fuerunt* ». Même après le divorce, ces alliés échappaient à ces déchéances (1).

Les empêchements au mariage qui résultent de la qualité d'alliés, survivaient au divorce ; c'est même seulement à partir de la dissolution du mariage que ces empêchements peuvent avoir leur effet. Tant que le mariage subsistait, en effet, le mari et la femme ne pouvaient pas sans doute se marier avec un de leurs alliés, mais c'était pour une raison plus forte que celle de la *veneratio affinitatis*, c'est que, tant que le mariage dure, un mari ne peut épouser une autre femme, ni une femme un autre mari (2).

Après le divorce, il était utile de dire que les anciens époux ne pouvaient pas se remarier avec leurs anciens alliés. Ce n'est pas à dire que l'alliance subsiste après le divorce et que l'on ait ici une exception véritable au principe posé, mais l'alliance qui a existé a produit un effet qui tient à la moralité publique et qui se perpétue.

(1) Voir aussi : *Fragm. Vatic.*, §§ 158, 214.
(2) Instit., § 6 et 7, *De nupt.*, I, 10 ; Gaïus, Comm. I, 63.

C'est par suite de la même idée que l'on avait étendu la prohibition au delà des limites rigoureuses de l'alliance, en interdisant notamment au mari d'épouser la fille que sa femme divorcée aurait eue d'un mariage subséquent (1), après avoir tout d'abord conseillé seulement de s'abstenir de pareils mariages.

Quant à l'alliance en ligne collatérale, à l'époque classique elle ne formait jamais obstacle au mariage : à plus forte raison en était-il ainsi quand le divorce avait eu lieu. L'empereur Constance prohiba le mariage entre le beau-frère et la belle-sœur (2) et cette prohibition renouvelée par d'autres empereurs chrétiens (3), fut maintenue par Justinien (4). Cette prohibition reposait sur des motifs de haute morale et par suite elle devait exister, même quand le divorce des deux époux qui produisaient l'affinité venait à se produire, de même, d'ailleurs qu'elle se produisait, même pour l'alliance produite par le concubinat ou par un *matrimonium non justum* (5).

---

(1) Instit., § 9, *De nupt.*, 1, 10 ; L . 12, § 3, Dig., *De rit. nupt.*, XXIII, 2,
(2) L. 2, C. Th. *De illic. nupt.*, III. 12.
(3) Valentinien, Théodore et Arcadius.
(4) L. 5, C. *De inc. et inutil. nupt.*, V, 5.
(5) L. 4, C. *De nupt.*, V, 4.

CHAPITRE V

DES EFFETS DU DIVORCE SUR LA RÉPRESSION DE L'ADULTÈRE DE LA FEMME.

SECTION I. — Quelles peines encouraient la femme poursuivie, par le *judicium publicum adulterii* ?

Les deux époux, pendant le mariage, se doivent mutuellement fidélité. La violation de ce devoir constitue l'adultère. L'adultère de l'un des époux crée au profit de l'autre une juste cause de divorce et le coupable est condamné à des peines pécuniaires (1). Là s'arrêtait la sanction quand l'adultère avait été commis par le mari (2).

Quand l'adultère était commis par la femme, au contraire, on le considérait comme beaucoup plus grave que celui du mari. L'adultère de la femme risque en effet, d'introduire dans la famille des enfants qui n'ont pas pour père le mari, or l'on sait combien la famille était chose respectée chez les Romains. De plus, l'oubli des devoirs conjugaux par la femme entraîne pour elle une dégradation morale plus profonde et plus irrémédiable que pour l'homme.

(1) Ulpien, tit. VI, §§ 12 et 13.
(2) L. 1, C. *Ad. leg. Jul. de adult.*, IX, 9.
« *Publico judicio non habere mulieres adulterii accusationem, quamvis de matrimonio suo violato queri velint, lex Julia declarat, quæ quum masculis jure mariti accusandi facultatem detulisset, non idem feminis privilegium detulit* ».

Aussi, en plus des réparations civiles auxquelles était soumise la femme adultère, ainsi que le mari coupable du même fait, la loi *Julia de adulteriis* rendue sous Auguste, avait établi contre elle un *judicium publicum*.

La peine pécuniaire consistait, pour la femme, en la perte de la moitié de sa dot et du tiers de ses biens, pour le complice dans la perte de la moitié de son patrimoine. La peine criminelle consistait dans la relégation *in insulam*. Les deux coupables n'étaient pas relégués dans la même île. (1)

Constantin remplaça ces peines, assez sévères pourtant, par la peine de mort (2). Telle est encore la législation du Code de Justinien soit à l'égard de la femme, soit à l'égard du complice.

Une novelle de Justinien (3) substitua, pour la femme, à la peine de mort la fustigation et l'emprisonnement dans un monastère. Si le mari ne la reprenait pas au bout de deux ans, elle y restait à perpétuité et le monastère acquérait le tiers de ses biens, si elle avait des descendants, les deux tiers si elle n'avait que des ascendants, la totalité dans les autres cas. De plus, elle était tondue et revêtait le costume monastique.

---

(1) *Sent.*, Paul, II, tit. 26, p. 14.

(2) L. 20, § 1, C. *Ad. leg. Jul. de adult.*, IX, 9. C'est à tort que Justinien l'attribue à la loi *Julia de adulteriis* (Instit. IV, 18, *De publ. jud.*, § 4) ou à Alexandre Sévère (L.9, C. *Ad. leg. Jul. de adult.*, IX, 9).

(3) Nov. CXXXIV, chap. 10.

SECTION II. — **Dans quelles circonstances s'exerçait le**
judicium publicum adulterii.

Le *judicium publicum* donné en cas d'adultère de la
femme présentait ce caractère particulier de ne pouvoir
être exercé simultanément contre la femme et le complice ; l'accusateur pouvait les poursuivre tous les deux,
mais l'un après l'autre seulement, *ordine peragi utrosque
licet* (1), il pouvait commencer à son choix par la femme
ou le complice. Il n'était forcé de commencer par le complice que dans le cas où la femme s'était déjà remariée
et lorsque le premier mari n'avait pas signifié à la femme
défense de se remarier (2). On aurait pu craindre sans
cela que la poursuite n'ait d'autre but que de troubler la
nouvelle union de la femme, *dirimere bene concordatum
sequens matrimonium.*

Le mari avait le droit de poursuivre la femme et son
complice ; mais, il fallait, pour que ce droit lui fût accordé, qu'il répudiât sa femme auparavant (3): « *Crimen
adulterii maritum, retenta in matrimonio uxore, inferre
non posse, nemini dubium est.* »

Le divorce aura donc comme effet de permettre au
mari de poursuivre l'adultère que la femme aurait commis pendant le mariage. Sans divorcer, le mari ne peut

(1) L. 8, C. *Ad leg. Jul. de adult.*, IX, 9.
(2) L. L. 2 pr., 11, § 11, 16, *Ad leg. Jul. de adult.*, IX, 9.
Quand le mari défend à la femme d'épouser tel homme déterminé,
c'est probablement parce qu'il le soupçonne d'être le complice de la
femme adultère.
(3) L. 11, C. *Ad leg. Jul. de adult.*, IX, 9.

pas intenter le *judicium publicum adulterii*. De plus, le mari est forcé (1) de répudier la femme adultère sous peine d'encourir les peines du *lenocinium*.

Sous Justinien (2), au contraire, pour que le divorce ait lieu pour cause d'adultère de la femme, il faut qu'avant de divorcer, le mari accuse la femme et le complice et les convainque du crime d'adultère. De plus, le mari peut pardonner à sa femme et reprendre la vie commune (3).

Les tiers pouvaient, au contraire, dans le droit classique, intenter cette action, pendant le mariage, sauf à encourir les peines portées par la loi *Julia* contre les accusations téméraires d'un tiers.

De plus, le tiers ne pouvait poursuivre la femme qu'à condition d'intenter contre le mari l'accusation de *lenocinium*, délit qui était puni des mêmes peines que l'adultère (4).

Le complice pouvait être poursuivi par un tiers, sans que celui-ci fût contraint de porter contre le mari l'accusation de *lenocinium* (5).

Ni la femme adultère, ni le complice ne pouvaient retourner, comme excuse, contre le mari, cette accusation (6).

Constantin ne laissa le droit de poursuivre l'adultère

----

(1) L. L. 2, § 2, 29, pr. Dig., *Ad leg. Jul. de adult.*, XLVIII, 5.
(2) Nov. CXVII, ch. 8.
(3) Nov. CXXXIV, ch. 10.
(4) L. 26, Dig., *Ad. leg. Jul. de adult.*, XLVIII, 5.
(5) L. 39, § 1, Dig., *Ad. leg. Jul. de adult.*, XLVIII, 5.
(6) L. 2, § 5, Dig., *eod. tit.*

qu'au mari, au père, au frère, et à l'oncle, soit paternel,
soit maternel (1).

La prescription de l'adultère était de six mois pour
la femme (2), de cinq ans pour le complice (3). Le délai
de cinq ans était continu (3). Même si la femme était
morte, le complice pouvait être poursuivi. Le délai de six
mois ne se composait que de jours utiles (4).

Quand il y avait eu divorce, de même qu'après le décès du mari, l'accusation d'adultère devait être intentée
dans les six mois ; mais, tandis que le délai commençait
à courir, en cas de décès du mari, à partir du crime,
ex die commissi criminis, en cas de divorce, le délai de
six mois ne commençait à courir qu'à compter du divorce, *ex die divortii* (5).

Puisque le délai, dans ce cas, part du jour où à eu lieu
le divorce, l'on comprend la nécessité qu'il y avait à ce
que ce jour fût bien fixé. C'est pour arriver à fixer exactement ce jour, point de départ de ce délai et d'autres
délais que nous verrons dans la suite, que la loi *Julia de
adulteriis* prescrivit (6) une certaine publicité pour le divorce. Le divorce devait, pour être valable, avoir été
notifié devant sept témoins citoyens romains et pubères ;
le *libellus repudii* était d'ordinaire apporté par un mes-
sager, *nuntius*, le plus souvent un affranchi, qui ne
comptait pas comme témoin.

(1) L. 30, pr. C. *Ad leg. Jul. de adult.*, IX, 9.
(2) L. 4, § 1, Dig., *Ad leg. Jul. de adult.*, XLVIII, 5.
(3) L. L. 11, § 4, 31, Dig., *eod. tit.*
(4) L. L. 4, § 1, 29, Dig., *eod. tit.*
(5) L. 29, p. 5, Dig., *Ad leg. Jul. de adult.*, XLVIII, 5.
(6) L. 9, Dig., *De divort.*, XXIV, 2 ; L. 1, § 1, *in fine*, Dig., *Unde
vir et ux.*, XXXVIII, 11.

D'après Ovide seul (*De amor.*, 56, 65), la présence du préteur était nécessaire.

SECTION III. — L'action du mari jouissait de divers privilèges.

§ 1er. — *Pendant les soixante jours qui suivent le divorce le mari et le* paterfamilias
de la femme peuvent seuls l'intenter.

Après le divorce, pendant soixante jours à compter de la dissolution, *ex die divortii*, le mari, — et aussi le *paterfamilias* qui avait la femme en sa puissance, — avaient le privilège exclusif d'agir. A eux seuls appartient tout d'abord de venger l'honneur de la famille. Ce sont les premiers intéressés, ils doivent être seuls admis à demander la répression de l'adultère, au moins pendant un certain laps de temps ; ce ne sera qu'en cas d'inaction de leur part que le *judicium adulterii* sera accordé aux tiers, ils en auront l'exercice pendant quatre mois utiles (1), à l'expiration de ce délai de soixante jours.

Les soixante jours accordés au mari et au père sont des jours utiles. Cela pourrait être contesté. En effet, la loi 4, § 1, Dig., *Ad leg. Jul. de adult.*, XLVIII, 5, semble ne le dire que pour les quatre mois qui suivent ces soixante jours ; mais la loi 29, § 5 du même titre nous dit que le délai de six mois qui comprend les deux délais, est composé de jours utiles ; de plus la loi 6 au Code (livre IX, titre 9), nous dit formellement que ces soixante jours sont des jours utiles.

(1) L. 4, § 1, 14, § 2, Dig., *Ad leg. Jul. de adult.*, XLVIII, 5. — L. 6, C. *Ad leg. Jul. de adult.*, IX, 9.

§ 2. — *L'action du mari prime celle du père.*

L'action du mari avait encore un autre privilège, celle de primer l'action du père en cas de concours. L'on pensait, en effet, que c'était lui qui avait ressenti le plus vivement l'outrage et qui devait le poursuivre avec le plus d'ardeur. Aussi, quand le père a intenté le premier l'action, mais que le mari ne s'est pas laissé devancer par lui par négligence ou par retard, mais pour préparer son accusation, rassembler ses preuves, et se mettre à même de mieux démontrer aux juges la culpabilité de sa femme, l'action du mari sera préférée (1).

Après que les soixante jours sont écoulés, le mari et le *paterfamilias* qui n'ont pas usé de leur privilège, conservent néanmoins pendant quatre mois utiles le droit d'intenter l'action, mais ils n'ont plus ce droit que *jure extranei* et non plus *jure mariti, jure patris*; ils l'ont concurremment avec tout le monde et ils ne peuvent plus agir que dans les mêmes conditions que les tiers. Ils ne jouissent plus des faveurs que la loi accordait à leur action privilégiée (2).

§ 3. — *Le mari intentant cette action avait-il à redouter les peines de la* calumnia *et de la* prævaricatio?

L'action du mari et du *paterfamilias*, quand elle était exercée dans les soixante jours, jouissait de certaines faveurs qui étaient des dérogations très importantes aux

(1) L. 2, § 8, Dig., *Ad leg. Jul. de adult.*, XLVIII, 5.
(2) Loi 14, § 2, Dig., *Ad leg. Jul. de adult.*, XLVIII, 5 ; Loi 6, C. *Ad leg. Jul. de adult.*, IX, 9.

règles ordinaires de la procédure criminelle. Ces faveurs étaient dictées par le désir du législateur romain d'assurer le plus efficacement possible la répression de l'adultère.

Dans les *judicia publica*, l'on peut craindre deux dangers également graves. Il peut se faire que l'accusation soit téméraire, c'est ce que les Romains désignaient sous le nom de *calumnia*; il peut arriver aussi que le coupable gagne l'accusateur et étouffe une accusation bien fondée, c'est ce que les Romains appelaient *prævaricatio*.

Le sénatus-consulte Turpillien, qui semble avoir seulement codifié la matière (1), porte des peines assez graves contre la *calumnia* et la *prævaricatio*. Il vise aussi l'*abolitio*, ou *tergiversatio*, c'est-à-dire le désistement.

Le *calumniator* était celui qui succombait dans son accusation. Quand l'accusateur ne prouvait pas le crime qu'il poursuivait, il y avait *calumnia*; à moins qu'il ne prouvât qu'il avait agi sous l'influence d'une erreur légitime.

La *prævaricatio* était la collusion de l'accusateur avec l'accusé.

Enfin l'*abolitio* ou *tergiversatio* était le désistement. Elle était considérée comme *prævaricatio*, à moins qu'elle n'eût été autorisée par le juge.

La *prævaricatio* et la *calumnia* étaient frappées de peines pécuniaires et faisaient encourir l'infamie (2).

Si pour l'adultère ces dispositions rigoureuses avaient été maintenues, le mari et le père eussent été peu tentés

___

(1) Cicéron, *Pro Cluentio*, 31 ; L. 1, § 2, Dig., *Ad s. c. Turp.*, XLVIII, 16.

(2) L. 4, Dig., *De accusat. et inscript.*, XLVIII, 2.

de prendre l'initiative de poursuites, surtout en une matière aussi délicate. Le mari aurait été d'autant moins poussé à agir qu'en somme le divorce était intervenu, et que de plus, par le *judicium de moribus*, il avait un autre moyen d'obtenir, à moins de risques, satisfaction de l'inconduite de sa femme.

D'un autre côté, le mari et le père sont les seuls véritablement intéressés à intenter l'action d'adultère ; s'ils n'agissent pas, le plus souvent personne autre n'interviendra, les tiers n'useront pas du droit que leur donne la loi d'intenter l'action, et l'adultère restera impuni.

D'ailleurs, les dangers de la *calumnia* et de la *prævaricatio* sont moins à craindre dans l'action du mari que dans l'action d'un tiers. Avant d'intenter une action aussi infamante pour la femme, le mari et le père y regarderont à deux fois et n'agiront pas sans juste motif ; et quand la poursuite aura été intentée il est à présumer qu'ils ne l'abandonneront pas pour des raisons inavouables.

Aussi l'action du père et celle du mari, étaient-elles soustraites à l'application du sénatus-consulte Turpillien.

C'est ce que dit formellement Paul (*Collat. leg. roman. et mos.*, tit. IV, c. IV, § 1) : « *Qui jure mariti vel patris accusat, potest et sine calumniæ pæna vinci* ». De même, dans la loi 37, § 1, Dig., *de minor.*, IV, 4, Tryphonimus dit : « *In sexaginta diebus præteritis, in quibus jure mariti* SINE CALUMNIA *vir accusare mulierem adulterii potest....* ».

On trouve cependant un texte de Scœvola qui dit le contraire (1) : « *Jure mariti qui accusant, calumniæ pe-*

(1) Loi 14, § 3, Dig., *Ad leg. Jul. de adult.*, XLVIII, 5.

riculum non evitant ». Ce texte se trouve placé dans le titre du Digeste qui étudie précisément l'action du mari, il semblerait devoir être préféré aux deux autres. Cependant, la plupart des auteurs sont d'avis que le texte a été altéré et qu'il faut supprimer la négation.

Les passages que nous avons cités ne parlent que du *judicium calumniæ*, aucun ne dispense le mari ou le père, des peines portées contre la *prævaricatio*. On pourrait essayer d'en déduire qu'ils y restaient soumis, même ayant agi dans les soixante jours. La *prævaricatio* est plus facile à démontrer que la *calumnia* et alors, on doit se montrer plus sévère pour elle, quand elle sera clairement démontrée. D'ailleurs, pourquoi dispenserait-on le mari des peines de la *prævaricatio*, quand elle serait patente. Puisque le mari n'a pas à craindre d'être considéré et puni comme *calumniator*, même s'il n'arrive pas à prouver la culpabilité de la femme, il peut continuer l'instance sans aucune crainte, on devrait présumer qu'il est *prævaricator*, s'il ne la poursuit pas.

L'exception en faveur du mari en ce qui concerne la *calumnia* doit, dit-on cependant, être sûrement étendue à la *prævaricatio*. Cela résulterait sans aucun doute de la règle contenue dans la loi 15, § 2 (Dig., *Ad senat. cons. Turp.*, XLVIII, 16) : « *Eos de quarum calumnia agi non permittitur, si destiterint, non incidere in pænam hujus Senatus-consulti, constitutionibus cavetur* ».

Cette loi n'a pas, à notre avis, la portée qu'on veut lui donner, elle indique seulement que le désistement n'est pas interdit au père et au mari ayant intenté l'action dans le délai de soixante jours, mais ils ne peuvent se désister que purement et simplement. Le mari qui aurait transigé à prix d'argent serait frappé des peines de la loi *Julia de adulteriis*.

La loi 10 au Code (*ad leg. Jul. de adult.*, IX, 9), ne le dit pas formellement, elle se contente de parler en général : « *Qui pretium pro comperto stupro accepit, pæna legis Juliæ de adulteriis tenetur* » ; mais un texte d'Ulpien le dit formellement (1) : « *Nec interest utrum maritus sit qui acceperit, an alius quilibet; quicumque enim ob conscientiam stupri accepit aliquid, pæna erit plectendus* ».

Le désistement à prix d'argent n'est pas autre chose que la *prævaricatio ;* puisqu'il est puni même quand le mari est le coupable, il s'ensuit bien que le mari n'échappe pas aux peines de la *prævaricatio*, dans le *judicium publicum adulterii*, même quand il a été intenté dans le délai de soixante jours.

La seule faveur qu'on lui accorde, c'est de ne pas considérer le désistement comme étant toujours une *prævaricatio*, sauf quand il était autorisé par le magistrat, ainsi que cela avait lieu d'ordinaire.

Le mari se désistant de l'action intentée par lui contre la femme ne sera pas forcément considéré comme *prævaricator* ; mais si l'on démontre sa collusion avec la femme, il sera frappé des peines de la loi *Julia de adulteriis*.

Les faveurs que nous venons d'examiner ne sont accordées à l'action du mari ou du père que lorsqu'elle est engagée dans les soixante jours à compter du jour du

(1) L. 29, § 2, *Ad leg. Jul. de adult.*, XLVIII, 5.

divorce. Si, au contraire, elle est engagée par eux après ce délai, ils n'agissent plus que *jure extranei* et les règles ordinaires de la *calumnia* et de la *prævaricatio* leur sont appliquées. Ils sont dans la même situation qu'un accusateur ordinaire (1).

Sous Justinien, le mari *calumniator* était soumis aux mêmes peines qu'aurait subies la femme, si, sur la poursuite qu'il avait intentée contre elle, elle avait été convaincue d'adultère.

§ 4. — *La femme ne pouvait aliéner ni affranchir ses esclaves dans les soixante jours qui suivaient le divorce.*

La loi *Julia de adulteriis* favorisait encore l'action du mari ou du père dans les soixante jours, à un autre point de vue.

En général, en matière criminelle, les dépositions des esclaves n'étaient pas admises contre leur maître (2).

Il était même interdit d'interroger un esclave contre son ancien maître : (Paul, *Sent.*, V, XVI, p. 8) « *Servus in caput ejus domini, a quo distractus est, cuique aliquando servivit, in memoriam prioris dominii interrogari non potest* », texte que reproduit la loi 18, § 6, Dig., *De quæst.*, XLVIII, 18.

Par exception, il était permis d'interroger les esclaves *in caput domini* dans certaines causes, et notamment dans le *crimen adulterii*. Cela était admis par les anciens jurisconsultes Ulpien, Marcien et Papinien, et aussi sous

____

(1) Paul, *Coll. leg. roman et mosaïc*, t. IV, ch. IV, § 1 ; L. 6, C. *Ad leg. Jul. de adult.*, IX, 9.

(2) Paul, *Sent.*, V, tit. XVI, *De serv. quæst.*, § 4 et 5 ; L. 16, Dig., *De quæst.*, XLVIII, 18.

les empereurs Gratien, Valentinien et Théodose (an
385) (1).

Cette exception à la règle générale se comprend très
bien. Dans beaucoup de cas les seuls témoins de l'adultère seront les esclaves des époux, surtout quand l'a-
dultère aura eu lieu dans la maison conjugale ou dans
une maison de campagne appartenant aux époux. Refuser d'entendre le témoignage des esclaves dans ce cas,
c'eût été empêcher le plus souvent la preuve du crime
d'adultère, ou en tous cas la rendre fort difficile (2). Or
on sait que les Romains étaient particulièrement sévères
pour l'adultère, il était naturel que la législation ne mît
pas d'entrave à la démonstration de ce crime.

On pouvait même mettre à la question les esclaves,
s'ils refusaient de parler.

L'on pouvait ainsi interroger non seulement les esclaves du mari, mais aussi ceux de la femme et ceux du
prétendu complice de la femme.

Il en était ainsi, quel que fût l'accusateur (3) même
un étranger, *extrario quoque accusante.* Pour empêcher
cela, la femme aurait été naturellement tentée de vendre
les esclaves qu'elle possédait ou de les affranchir De
cette façon, elle aurait, si l'on n'y avait mis obstacle,
empêché ou tout au moins fortement gêné l'interroga-
toire de ses anciens esclaves.

Ce n'aurait pas été sans doute, même avec le droit

(1) L. L. 4, 5, 6, Dig., *De quæst.*, XLVIII, 18 ; L. 32, C. *Ad leg. Jul.
de adult.*, IX, 9.
(2) L. 8, p. 6, C. *De Repud.*, V, 17 « *Quoniam non facile quæ domi
geruntur, per alienos poterunt confiteri* ».
(3) L. 17, pr. Dig., *De quæst.*, XLVIII, 18.

commun, un moyen péremptoire et absolu d'empêcher l'accusateur d'avoir recours à leur témoignage, mais il en aurait résulté en tous cas une entrave sérieuse à la poursuite.

Sans doute, s'il était prouvé que l'ancien esclave avait été affranchi pour éviter qu'il fût mis à la question, il pouvait, quoique n'étant plus esclave, y être mis néanmoins. Paul dans ses *Sentences* (V, tit. XVI, § 9) le dit formellement : « *Si servus ad hoc fuerit manumissus ne torqueatur, quæstio de eo nihilominus haberi potest* », et c'est aussi ce que dit la loi 1, § 13, Dig., *De quæst.*, XLVIII, 16. Mais, pour passer outre, et soumettre l'ancien esclave à la torture malgré l'affranchissement, il fallait faire la preuve de la fraude, or l'on comprend que cette preuve est souvent très difficile à fournir et qu'en définitive très souvent en fait l'affranchissement des esclaves empêchait qu'ils fussent soumis à la question au sujet de l'adultère qui aurait été commis par leur ancienne maîtresse.

De même, il y avait possibilité de soumettre à la torture l'esclave d'autrui, mais il ne pouvait y être soumis malgré le maître qu'à la condition pour l'accusateur de s'obliger à payer au maître le prix de l'esclave ou le montant de la dépréciation que l'esclave subissait, au taux fixé par le maître lui-même, *quanti dominus taxaverit* (1).

L'on comprend que si, théoriquement, il était permis de mettre à la torture l'esclave d'autrui, en fait il serait très souvent arrivé que l'accusateur aurait reculé devant

(1) Paul, *Sent.*, V, tit. XVI, § 3.

les indemnités à payer et que, même au cas d'adultère, on n'aurait guère mis à la torture les esclaves d'autrui.

Comme les Romains tenaient essentiellement à réprimer l'adultère, il n'est pas étonnant qu'ils aient voulu supprimer dans certains cas toutes ces règles, le témoignage des esclaves étant en cette matière, fort souvent, le seul vraiment probant.

La loi *Julia de adulteriis* avait pris des mesures pour éviter ces inconvénients.

Les dispositions de cette loi sur ce point n'étaient pas applicables quand le mariage était dissous par la mort du mari, ou par la perte du droit de cité infligée à l'un des époux (1) ; elles ne l'étaient que quand le mariage avait été dissous par le divorce. Et même, elle n'était pas applicable au cas où le divorce avait eu lieu par le consentement des deux époux, *bona gratia* (2). Quand il en est ainsi, en effet, rien ne rend vraisemblable là supposition d'un adultère.

Mais, quand le divorce n'a pas eu lieu *bona gratia*, pendant les soixante jours accordés au père et au mari pour poursuivre l'adultère de la femme *jure patris* ou *jure mariti*, la femme divorcée est déclarée incapable d'affranchir et d'aliéner aucun esclave (3).

Cette prohibition est faite dans l'intérêt du père, aussi bien que dans l'intérêt du mari. Aussi Ulpien décide-t-il que, même si le mari vient à décéder avant l'expiration du délai de soixante jours, la femme ne peut pourtant

(1) L. 14, § 3, Dig., *Qui et a quib.*, XL, 9.
(2) L. 14, § 4, Dig., *Qui et a quib.*, XL, 9.
(3) L. L. 12 et 14, § 1, Dig., *Qui et a quib. manum*, XL, 9.

pas aliéner ou affranchir les esclaves, puisque le père conserve le droit d'intenter la poursuite, *quum pater accusare possit*. Si le père existe, la prohibition persiste jusqu'à l'expiration du délai de soixante jours. Bien entendu il faut supposer pour cela que la femme n'était pas *sui juris*; sinon le père n'aurait pas eu le droit d'intervenir *jure patris* et la défense aurait cessé pour la femme avec le décès du mari. Il suit de là que si le père est aussi décédé avant l'expiration de ce délai, la défense de la loi cesse, car elle n'avait été introduite que pour favoriser l'accusation privilégiée du mari et du père.

C'est la poursuite du père ou du mari que la loi désirait avant tout provoquer. Le droit d'intenter l'action n'est accordé aux étrangers que subsidiairement et comme à regret. Les faveurs que la loi accorde à l'action privilégiée du mari et du père pendant le délai de soixante jours, elle n'entend pas les accorder à l'action des tiers, non plus qu'à celle du père ou du mari agissant *jure extranei*. Voilà pourquoi les affranchissements et l'aliénation de ses esclaves ne sont interdits à la femme que pendant soixante jours et non pendant six mois.

Quand le père et le mari sont morts, leur droit ne peut plus être exercé, la prohibition cesse pour la femme, même si le délai de soixante jours n'est pas écoulé.

Pendant les soixante jours qui suivent le divorce, la femme est donc, sauf si le mari et le père viennent à mourir, incapable d'aliéner ou d'affranchir ses esclaves.

La prohibition est générale. Elle vise aussi bien les

(1) L. 14, pr.; Dig., *Qui et a quib. manum*, XL, 9.

esclaves employés au service personnel de la femme,
que ceux qui sont aux champs ou dans les provinces (1).
Elle s'applique même à ceux qui ont été acquis par elle
depuis le divorce (2). Ulpien trouve ces dispositions fort
rigoureuses, mais il dit que les termes de la loi sont
formels, « *quod quidem perquam durum est, sed ita lex
scripta est* ».

La prohibition s'étend également aux esclaves du
paterfamilias de la femme, de sa mère, de son grand-
père et de sa grand'mère, mais dans ce cas elle ne concerne que ceux de ces esclaves qui sont employés au
service personnel de la femme (3), « *mancipia quæ in
usum filiæ fuerunt tributa* », « *quæ in ministerium filiæ
concesserat mater* ». Leurs maîtres ne peuvent ni aliéner,
ni affranchir ces esclaves.

En l'an 385 les empereurs Gratien, Valentinien et
Arcadius décident (4) que les seuls esclaves de la femme
ou du mari qui pourront être mis à la question seront
ceux qui se trouvaient à la maison au moment où l'a-
dultère a été commis « *familia quæ tamen tunc temporis
domi fuerit quo adulterium dicatur admissum* ». Ce sont
ces esclaves seulement qui ne pourront être ni aliénés
ni affranchis pendant les soixante jours. Ce sont eux
seuls, en effet, dont le témoignage pourra être de quelque utilité. Il est inutile de soumettre à cette interdiction les autres esclaves, qui ne pourront pas servir de

---

(1) L. 12, § 1, Dig., *Qui et a quib. manum*, XL, 9.
(2) L. 12, § 2, Dig., *Qui et a quib. manum*, XL, 9.
(3) L. 12, § 3, 4, 5, Dig., *Qui et a quib. manum*, XL, 9,
(4) L. 12, § 6, Dig , *Qui et a quib., man.* XL, 9.

témoins, puisqu'ils ne peuvent avoir rien vu des faits sur lesquels on aurait à les interroger.

Quand le père ou le mari ont usé de leur droit, qu'ils ont intenté le *judicium adulterii*, dans les soixante jours qui ont suivi le divorce, la femme et les autres personnes qui tombaient sous le coup du sénatusconsulte Turpillien, restent incapables d'affranchir et d'aliéner leurs esclaves jusqu'à la fin du procès, ils ne peuvent le faire *ante finitam cognitionem*.

La femme aurait pu dans certains cas échapper à l'application du sénatus-consulte. Elle a commis un adultère, elle sait qu'il y a des témoins parmi ses esclaves, elle apprend que son mari sait tout, qu'il va divorcer et intenter ensuite le *judicium adulterii*. Elle s'empressera d'aliéner ou d'affranchir ses esclaves, avant que le mari ait envoyé le *libellus repudii*. Ces aliénations ou ces affranchissements auront eu lieu avant le divorce, il semble que la prohibition du sénatus-consulte Turpillien n'est pas applicable et que ces esclaves ne pourront pas être mis à la question. Ulpien déclare formellement (1) que, dans ce cas, l'aliénation ou l'affranchissement ne sont pas valables, comme ayant été faits pour tourner la loi, *quasi in fraudem legis factum*, en vue d'un divorce prochain, *dum divortium cogitat*. Mais il faut, pour qu'il en soit ainsi, que la fraude soit bien prouvée.

L'affranchissement ou l'aliénation qui ont été opérés en violation du sénatus-consulte, ne sont pas cependant réputés non avenus.

(1) L. 14, § 5, Dig., *Qui et a quib. man.*, XL, 9.

La loi, en prohibant ces aliénations et ces affranchissements, n'a qu'un but : elle veut empêcher que ces
esclaves, qui sont peut-être les seuls témoins de l'adultère, soient soustraits à la question. Pourvu que ce but
soit atteint, la loi est satisfaite. Lorsque cet intérêt
n'existe plus, que le délai de soixante jours s'est écoulé
sans poursuites du père ou du mari ou que l'instance est
terminée, il n'existe plus de motif pour ne pas déclarer
valables les affranchissements ou les aliénations qui
étaient intervenus dans le délai des soixante jours.

L'esclave qui aura été affranchi par les personnes visées par le sénatus-consulte, avant le soixante-unième
jour, sera *statuliber*. C'est ce què dit Paul dans la loi 13
au Dig. (*Qui et a quib. man.* XL, 9) : « *Quodsi intra diem
sexagesimum manumiserint, erit servus statuliber* ».

L'esclave deviendra donc libre, mais l'effet de l'affranchissement sera provisoirement suspendu. La liberté ne
sera acquise définitivement et complètement à cet esclave qu'à l'expiration des soixante jours, s'il n'y a pas
eu de poursuites de la part du père ou du mari dans cet
intervalle, ou après le jugement si l'accusation a été intentée (1).

Les textes ne visent pas le cas d'aliénation et ne disent
pas ce qu'il advient dans ce cas. Par analogie, nous pensons que l'acquéreur pourra faire valoir son droit après
les soixante jours si l'instance n'a pas été engagée, ou
après la fin de l'instance, dans le cas contraire.

_____

(1) L. 76, § 4, Dig., *De legat.*, 2° XXXI ; L. 48, § 2, Dig., *De hered. inst.*,
XXVIII, 3.

L'on retrouve encore sous le droit de Justinien (1) la prohibition d'aliéner ou d'affranchir les esclaves (*servi uxoris vel mariti vel parentum eorum*), quand le divorce a eu lieu « *propter suspicionem criminis adulterii* », dans les soixante jours qui suivent le divorce « *intra duorum mensium spatium post missionem repudii numerandum* », et cela pour pouvoir les soumettre à la question s'il en est besoin.

(1) L. 36, C. *Ad leg. Jul. de adult.*, IX, 9, à la date de 532 de notre ère.

CHAPITRE VI

CHACUN DES ÉPOUX DIVORCÉS POUVAIT SE REMARIER.

SECTION I. — **Dans le droit classique, ils pouvaient se remarier aussitôt après le divorce.**

L'obligation de fidélité, dont la violation constituait l'adultère, cesse avec le divorce.

Aussitôt après le divorce, non seulement la femme et le mari n'étaient plus réciproquement tenus à cette fidélité, mais encore chaque époux pouvait à volonté contracter de nouveaux liens. Cela était si vrai que l'on discutait même sur le point de savoir si le deuxième mariage contracté par l'un des époux ne valait pas manifestation tacite de sa volonté de divorcer (1).

Cette liberté de se remarier immédiatement était même accordée à la femme divorcée, malgré les dangers d'une confusion de part. Auguste lui-même épousa Livie enceinte de son premier mari.

SECTION II. — **Les époux divorcés tombaient sous l'application des lois caducaires.**

La faculté accordée aux deux époux de se remarier aussitôt après le divorce, fut même convertie en obliga-

(1) Cicéron, *De orat.*, I, 40.

tion par la loi Julia *de maritandis ordinibus*, en 757 de Rome, et par la loi *Papia Poppæa* en 762, sous peine pour les deux époux de retomber sous le coup des déchéances prononcées par ces lois.

Les lois *Julia de maritandis ordinibus* et *Papia Poppæa* (1) qu'on désigne aussi sous le nom de lois caducaires (*leges caducariæ*), avaient pour but, nous le savons, de pousser les citoyens au mariage et à la procréation d'enfants légitimes. Elles frappaient de déchéances les célibataires (*cælibes*), c'est-à-dire les hommes ou femmes d'un certain âge (2) qui n'étaient pas mariés en *justæ nuptiæ*, et les *orbi*, c'est-dire les hommes ou femmes qui, mariés, n'avaient pas au moins un enfant légitime vivant ou simplement conçu (3).

Aux termes de la première de ces lois, les *cælibes* ne pouvaient recueillir ni hérédités testamentaires ni legs ; aux termes de la loi *Papia Poppæa*, les *orbi* ne pouvaient recueillir que la moitié de la disposition (4). Les premiers étaient donc *incapaces* et les autres *non solidi capaces*.

Toutes les dispositions qui échappent ainsi aux *cælibes* ou aux *orbi* s'appelaient *caduca* et étaient dévolues comme récompenses (*præmia*) aux institués ou aux légataires *patres*, et, à leur défaut, au Trésor public (5).

---

(1) Il est à remarquer que M. Papius Mutilius et Q. Poppœus Secundus sous le consulat desquels cette loi fut portée, étaient tous deux célibataires et sans enfants (Dion Cassius LVI, 10).

(2) Pour échapper à l'application de ces lois, il fallait être âgé de moins de vingt-cinq ans et de plus de soixante ans pour les hommes, de moins de vingt ans et de plus de cinquante ans pour les femmes (Ulpien, XVI, § 1).

(3) L. L. 148, 149, 153, Dig., *De verb. signif.*, L. 16.

(4) Gaïus, II, §§ 111 et 286.

(5) Gaïus, II, § 286.

Les époux divorcés redeviennent *cœlibes* et retombent sous l'application de ces lois.

Peut-être cependant que la déchéance n'est pas absolue pour le mari divorcé qui a des enfants. Cela semble résulter de la rubrique du titre XIII des Règles d'Ulpien, où il est fait mention du *pater solitarius* après le *cœlebs* et l'*orbus*. Cette appellation de *pater solitarius* pourrait bien viser le veuf ou la veuve ou l'époux divorcé qui auraient un enfant.

Le mari divorcé était soumis immédiatement aux peines établies par les *leges caducariæ*. Aucun délai spécial ne lui était accordé pour se mettre en règle ; aussi, souvent, le mari ne répudiait-il sa femme qu'après s'être assuré d'un nouveau mariage (1).

En fait, il avait un délai de grâce de cent jours, puisque ce délai était accordé à toute personne tombant sous l'application des lois caducaires (2). Il suffisait, pour échapper à l'application de ces lois, de se marier ou de devenir père dans les cent jours après le décès du testateur ou du *de cujus*.

La femme était mieux traitée que le mari.

La loi *Julia de maritandis ordinibus* lui accordait un délai de six mois à compter du divorce ; la loi *Papia Poppæa* vint augmenter ce délai et le porter à dix-huit mois (3). Pendant ce délai la femme conservait la *solidi capacitas*.

____

(1) Juvénal, *Sat.*, 6, v. 141 et s.
(2) Ulpien, tit. XVII, § 1.
(3) Ulpien, tit. XIV, p. 1. — Ce délai était moins long que celui accordé à la femme veuve et qui était d'un an d'après la loi *Julia* et de deux ans d'après la loi *Papia Poppæa*.

Ce délai expiré, la femme avait encore le délai de grâce de cent jours, comme toute personne tombant sous l'application de ces lois.

Les lois caducaires n'avaient pas été formellement abrogées ; mais il est certain qu'elles étaient tombées rapidement en désuétude. Trois siècles après leur établissement, elles n'étaient plus appliquées. Constantin, dans une constitution (1), de l'an 320 de l'ère chrétienne, délivre de toute crainte sur leur application les *cœlibes* et les *orbi :* « *Qui jure vetere cœlibes habebantur, imminentibus legum terroribus liberentur* ».

Donc, à partir de cette constitution, les époux divorcés ne furent pas contraints de renouer de nouveaux liens.

SECTION III. — Le délai de viduité fut étendu à la femme divorcée.

Il nous faut examiner maintenant la question de savoir si, après le divorce, les ex-époux pouvaient recourir à un nouveau mariage.

Quand le mari était mort, dès une époque très ancienne, la femme ne pouvait contracter un nouveau mariage avant l'expiration d'un délai de dix mois (2).

Ce délai était imposé à la veuve tant à cause des regrets que devait témoigner la femme pour la mort de son mari, que par crainte de la *turbatio sanguinis*, qui aurait pu se produire, s'il n'en eût pas été ainsi.

(1) L. 1, C. *De infirm.; pæn. cælib. et orb.*, VIII, 48, et C. Théod., VIII, 16.
(2) L. 11, § 1, Dig., *De his qui not. inf.*, III, 2.

Ce dernier motif était si fort que Pomponius pensait que si la veuve accouchait *intra legitimum tempus*, c'est-à-dire avant l'expiration des dix mois, elle pouvait se remarier aussitôt. Et Ulpien qui rapporte cette opinion (1), déclare formellement qu'il la partage, « *quod verum puto* ».

Les mêmes inconvénients pouvaient se présenter en cas de divorce. Si la femme se remariait aussitôt après le divorce, l'on pouvait craindre la *turbatio sanguinis*. Cependant, pendant longtemps la loi n'imposa pas un délai à la femme divorcée pour se remarier. La preuve en est dans la loi *Julia de maritandis ordinibus* qui contraignait la femme à se remarier dans les six mois après le divorce sous peine d'encourir les déchéances prévues dans cette loi. Le délai de dix mois n'était donc pas imposé à la femme divorcée. Ce résultat était si choquant que certains ont proposé d'admettre que le délai de six mois de la loi *Julia* ne commençait à courir qu'après l'expiration du délai de dix mois. Il est probable en tous cas qu'elle fut soumise à ce délai de dix mois, quand elle eut dix-huit mois pour échapper aux lois caducaires ; sans cela les précautions prises par le sénatus-consulte Plancien que nous étudierons *infrà* n'eussent pas été efficaces.

Une constitution (2) des empereurs Gratien, Valentinien et Théodose, en l'an 381 de notre ère, obligea la femme veuve à ne pas se remarier avant qu'un an se fût écoulé depuis la mort de son mari.

(1) L. 11, § 2, Dig., *De his qui not. inf.*, III, 2.
(2) L. 2, Cod. *De secund. nupt.*, V, 9.

Théodose le Jeune et Valentinien III étendirent, en l'an 449 après Jésus-Christ, cette obligation à la femme divorcée. Ce délai était imposé à la femme divorcée, même si le divorce avait eu lieu sans la faute de la femme (1), même si le divorce était *bona gratia* (2). La femme était donc obligée d'attendre toujours pendant un an avant de se remarier. Ce délai était imposé à la femme, non à titre de peine comme ceux que nous verrons dans le prochain chapitre, mais seulement pour le même motif qui l'avait fait imposer à la veuve, pour éviter la *turbatio sanguinis*.

Dans ce cas, en effet, la loi lui impose ce délai «*ne quis prole dubitet*». Dans les cas, au contraire, que nous étudierons dans le prochain chapitre, les divers délais imposés à la femme suivant les cas, le sont à titre de peine. « *Æquum est enim, eam interim carere connubio quo se monstravit indignam* (3).

Aussi, dans les cas où le législateur a imposé le délai à titre de peine, il en a aussi imposé à l'homme, tandis que jamais un délai n'a été imposé à l'homme pour se remarier, quand la loi n'a pas pensé qu'il ait mal fait de divorcer et n'a pas voulu le punir, ainsi quand il a répudié sa femme pour une juste cause admise par la loi, et même quand le divorce a eu lieu *bona gratia*, bien entendu au moment où ce mode de divorcer a été admis par la loi.

La même règle se retrouve dans le droit de Justi-

(1) L. 8, § 4, *in fine* C. *De repud.*, V, 17.
(2) L. 9, C. *De repud.*, V, 17. Anastase (497) le dit formellement en s'appuyant sur la constitution de Théodose et de Valentinien.
(3) L. 8, C. *De repud.*, V, 17.

nien (1). Quand il n'y a pas de peine édictée sur ce point par la loi (2), l'homme peut se remarier, aussitôt le premier mariage dissous, la femme ne peut se remarier qu'après un délai d'un an, même quand le mariage est *bona gratia*, comme l'avait prescrit l'empereur Anastase : « *Sin vero mulier justa de causa repudium miserit et vincat, vel vir sine causa eam dimittens in pœnas illas inciderit, ea quidem lucretur, quæ ante dicta sunt, intra annum vero secundas nuptias contrahere erubescat. Quod in viro nobis observandum non est ; ei enim lucra illa juste obtinenti, statim uxorem ducere licet, quia* nulla confusionis sanguinis justa est suspicio, *quæ in feminis conjunctionem ante annum prohibet* ».

Sans doute, dans le dernier état de la législation, cette règle ne subsistera plus guère que théoriquement, mais il n'en est pas moins vrai qu'elle subsistera. Justinien (3) impose encore ce délai d'un an « *propter seminis confusionem* ».

Dès l'ancien droit, l'édit du Préteur notait d'infamie la femme qui se remariait avant le délai du deuil, *antequam virum elugeret* (4). Une constitution (5) des empereurs Gratien, Valentinien et Théodose, en l'an 380 de notre ère, porte la même sanction à cette contravention et de plus ajoute des peines pécuniaires.

---

(1) Nov. XXII, chap. XVI, pr.
(2) C'est-à-dire, quand la femme a divorcé *justa de causa*, ou que le mari l'a répudiée sans juste cause, pour le mari dans les cas contraires, et enfin pour tous les deux dans les divorces *bona gratia*.
(3) Nov. XXII, chap. 16.
(4) L. 1, Dig., *De his qui not., inf.*, III, 2.
(5) L. 1, C. *De sec. nupt.*, V, 9.

La novelle XXXIX, chapitre II, frappe des mêmes peines celle qui « *parit intra luctus tempus* ».

Il est certain que les mêmes peines furent appliquées à la femme divorcée se remariant avant l'expiration du délai d'un an, aussitôt que ce délai lui fut imposé.

SECTION IV. — Les époux divorcés pouvaient-ils se réunir à nouveau ?

Une question qui se pose ici est celle de savoir si la femme divorcée pouvait se remarier avec son ancien conjoint, ou, réciproquement, si l'ancien mari pouvait reprendre pour femme celle qu'il avait répudiée.

Il n'est pas douteux qu'on doive répondre affirmativement à cette question. Un tel mariage est parfaitement valable, en droit classique, et cela, que le divorce n'ait pas été suivi du nouveau mariage de l'un des époux avec une autre personne (1), ou qu'au contraire ce divorce ait été suivi d'un autre mariage dissous lui-même depuis par la mort ou le divorce. C'est ainsi que Caton d'Utique se remaria avec sa deuxième femme, Martia, après qu'Hortensius, son second mari, l'eut à son tour répudiée (2).

Cependant, il faut distinguer avec soin ces deux hypothèses.

Quand les deux époux divorcés reprenaient la vie commune, la plupart des jurisconsultes étaient d'avis,

(1) L. 33, Dig., *De rit. nupt.*, XXXIII, 2.
(2) Plutarque, *Vie de Caton*, XXXVI.

à ce que rapporte Marcellus (1), que c'était le même
mariage qui renaissait, que le premier mariage était
censé n'avoir jamais cessé d'exister, et Marcellus ajoute
qu'il partage cette opinion, quand la réunion des époux
divorcés a eu lieu peu de temps après le divorce, et si
dans l'intervalle aucun des deux époux n'avait contracté
de nouveaux liens.

Dans ce cas, donc, une nouvelle célébration (2) du
mariage n'était pas nécessaire.

C'est pour éviter qu'on ne fût tenté d'étendre cette
règle en droit français que l'article 295 de notre Code
civil prescrit formellement aux époux divorcés de célé-
brer à nouveau leur mariage, quand ils reprennent la
vie commune, s'ils veulent être considérés comme mari
et femme.

Quand, dans l'intervalle entre le divorce et la réconciliation des anciens époux, l'un d'eux avait contracté
un nouveau mariage, dissous ensuite par la mort ou le
divorce (3), les deux anciens époux pouvaient sans
doute se réunir à nouveau, mais ce n'était pas le même
mariage qui subsistait, c'était un nouveau mariage qui
commençait pour eux.

(1) L. 33, Dig., *De rit. nupt.*, XXIII, 2.
(2) A Rome aucune solennité n'était imposée pour la célébration
du mariage ; cependant, en pratique, les époux rédigeaient un écrit
(*tabulæ, instrumentum dotale* ou *nuptiale*), ordinairement aussi, il y
avait des pompes extérieures et des solennités (*nuptiarum festivitas*)
que la loi ne prescrivait pas, mais que les mœurs imposaient et qu'on
trouve décrites dans Lucain II, v. 353 et s., et Festus aux mots *Pa-
trimi* et *Matrimi*.
(3) L'art. 295, Civ. français interdit aux époux divorcés de se
réunir « si l'un ou l'autre a, postérieurement au divorce, contracté
un nouveau mariage suivi d'un second divorce ».

Cette réconciliation des deux époux fut encouragée par Justinien. Dans la Novelle CXXXIV, au chapitre 11, cet empereur déclare que dans les cas de divorce *bona gratia*, en dehors des cas où ce divorce était autorisé, les époux étaient enfermés dans un monastère ; mais si, avant d'être enfermés dans le monastère, les deux époux se réconciliaient, cette peine n'était pas encourue. De même, quand c'était la femme qui était enfermée dans un monastère, le mari pouvait dans les deux ans qui suivaient, reprendre la vie commune et l'internement cessait.

Dans le cas d'adultère de la femme, le mari qui a divorcé, peut-il reprendre la vie commune, sans encourir l'accusation de *lenocinium* ?

Paul se pose cette question dans la loi 40, § 1 Dig., *Ad leg. Jul. de adult.*, XLVIII, 5. Il se demande si le mari ayant divorcé, puis ayant intenté contre la femme le *judicium publicum adulterii*, et la reprenant comme femme pouvait être considéré comme s'étant désisté ou comme ayant commis le crime de *lenocinium* et ce jurisconsulte répond « *eum, qui post crimen adulterii intentatum eamdem uxorem reduxit, destitisse videri, et ideo ex eadem lege postea accusandi et jus non superesse* ».

Cette solution se comprend très bien. Le mari menacé des peines du *lenocinium* s'il gardait une femme adultère, était porté à intenter facilement le *crimen adulterii* contre sa femme pour les éviter ; mais quand, l'action intentée, il s'apercevait que la femme était innocente, il devait pouvoir se désister et reprendre sa femme, sans encourir les peines du *lenocinium*.

Mais nous croyons que si la femme avait été reconnue adultère, le mari qui l'avait répudiée ne pourrait pas la reprendre à nouveau comme femme sans encourir les peines du *lenocinium*.

SECTION V. — **La femme divorcée pour cause d'adultère peut-elle se marier avec son complice ?**

Il est certain, tout d'abord, que si le mari n'a fait que menacer la femme de poursuites, s'il n'a pas agi « *vel jure mariti, vel jure publico* », la femme pourra épouser celui que le mari avait résolu de poursuivre comme son complice. C'est ce que dit Paul dans la loi 40, pr. Dig., *Ad leg. Jul. de adult.*, XLVIII, 5.

Il est certain aussi que, malgré le mariage survenu avec le complice, l'adultère peut cependant être poursuivi par le mari. Une constitution (1) des empereurs Dioclétien et Maximien, rendue en l'an 294 de notre ère le dit formellement : « *Commissum antea adulterium cum eo, cui se postea nuptiis sociavit velamento matrimonii non exstinguitur* ».

Papinien dit (2) formellement que la femme divorcée peut se marier avec celui que l'on soupçonne être son complice et si le mari veut détruire ce mariage il faut qu'il dise qu'elle s'est mariée avec son complice d'adultère ; et par suite il semble résulter de ce texte que si le mari démontre l'adultère, le mariage nouveau sera dissous. Dans ce cas, le mari divorcé doit poursuivre le se-

(1) L. 27, C. *Ad leg. Jul. de adult.*, IX, 9.
(2) L. 11, § 11, Dig., *Ad leg. Jul. de adult.*, XLVIII, 5.

cond mari le premier, et le convaincre d'adultère, avant de pouvoir poursuivre la femme, à moins que celle-ci n'ait épousé un homme que le mari lui avait, dans le *libellus repudii*, défendu d'épouser (1).

Ces textes semblent bien démontrer que le mariage de la femme convaincue d'adultère était interdit avec son complice, mais aucun d'eux ne le déclare formellement (2), comme notre article 298, Civ.

On comprend d'ailleurs, qu'aucun texte n'ait parlé de cette question, quand on se rappelle les peines dont était frappé l'adultère de la femme, à Rome.

Dès le règne d'Auguste, la femme convaincue d'adultère était condamnée à la relégation dans une île. La même peine frappait le complice, et, de plus, les deux coupables n'étaient pas relégués dans la même île (3). Ils ne pouvaient sûrement pas se marier.

Constantin frappa de la peine de mort le crime d'adultère (4). Il est évident qu'avec cette législation, la question ne se posait même pas.

Il en était de même sous la législation de Justinien, où la peine était, d'abord, pour les deux coupables, la mort, ensuite, pour la femme, l'internement dans un monastère où elle restait toute sa vie, si elle n'était pas reprise par son mari dans les deux ans (5).

(1) L. L. 2, § 2, 16, Dig., *Ad leg. Jul. de adult.*, XLVIII, 5.
(2) M. Accarias, I, p. 176, dit cependant que la loi 40, pr. Dig., XLVIII, 5 le déclare formellement.
(3) Paul, *Sent.*, II, tit. 26, § 14.
(4) L. 30, § 1, C. *Ad leg. Jul. de adult.*, IX, 9.
(5) Nov. CXXXIV, ch. 10.

CHAPITRE VII

Nous n'avons à étudier que les effets du divorce quant
aux personnes, nous n'aurons pas à nous étendre par
conséquent sur les peines pécuniaires nombreuses et
qui varièrent souvent, dont étaient frappés dans certains
cas les époux qui divorçaient.

SECTION I. — **Droit classique.**

Jusqu'à Constantin les peines pouvant atteindre la
personne des époux divorcés ne furent pas nombreuses.

D'après la loi des XII Tables, l'homme qui répudiait
sa femme en dehors des cas prévus par les lois de Romulus, était voué aux dieux infernaux.

Plus tard, les censeurs notèrent d'infamie l'époux
coupable.

Les peines pécuniaires étaient, au contraire, très fortes, on les désignait sous le nom de *retentiones*. Il y avait
les *retentiones propter liberos* et les *retentiones propter
mores*, celles-ci se divisant en *retentiones propter gravio-
res mores* et en *retentiones propter leviores mores*.

C'étaient les peines qui frappaient la femme coupable.

Le mari retenait ou se faisait payer par l'action *de mori-bus* une part plus ou moins importante, selon les cas, de la dot de la femme. Quand le mari était le coupable, la peine consistait dans la restitution de la dot immédiatement. Quand le divorce avait eu lieu par la faute des deux époux, chacun d'eux était relevé des peines édictées par a loi.

Nous devrions entrer dans de grands détails, mais, nous le répétons, notre étude ne portant que sur les effets du divorce quant aux personnes, force nous est de ne pas nous étendre sur ces points (1).

SECTION II. — **Empereurs chrétiens.**

Constantin porta de rudes coups au divorce. En l'an 331 (2), il restreignit les cas légitimes de divorce à 3 pour la femme (mari homicide, magicien, violateur de tombeaux), et à 3 pour le mari (femme adultère, adonnée aux maléfices, proxénète).

Le divorce *bona gratia* était de plus supprimé.

Dans les divorces pour les cas prévus par la loi, les seules peines prononcées contre l'époux coupable étaient pécuniaires : le mari gardait ou devait rendre la dot suivant qu'il était innocent ou coupable.

Quand le divorce avait eu lieu en dehors des cas prévus par la loi, si c'était la femme qui voulait divorcer, elle était déportée dans une île et ne pouvait se remarier.

(1) Voir sur cette question : Paul. Inst., liv. 11, *De dot.*, cité par M. Pellat, *Com. sur la dot*, p. 18 ; Ulpien, tit. VI, § 11, et § 13 ; L. L. 39, 47. Dig., *De solut. matrim.*, XXIV, 3.
(2) L. 1, C. Théod., III, 16, *De rep.*

De plus elle devait tout abandonner *usque ad acuculam capitis,* jusqu'à l'épingle de tête ; certains ont dit que ce passage signifiait qu'elle devait être rasée jusqu'au sommet de la tête ; mais nous pensons avec la plupart des interprètes que cela signifie qu'elle était dépouillée de tous ses biens.

Si c'était le mari qui répudiait sa femme en dehors des cas légitimes, il ne pouvait pas se remarier.

De là à dire que le second mariage n'était pas valable quand il avait été contracté malgré cette défense, il n'y avait qu'un pas à faire ; Constantin le déclare pourtant valable, même dans ce cas, seulement il permet à la première femme d'envahir la maison des deux nouveaux époux, et de s'approprier la dot de la deuxième femme, en réparation de l'injure qui lui est faite (1).

Constantin (2) admettait une exception pour la femme du soldat parti en campagne. Il lui était permis de se remarier, si ce soldat n'avait pas donné signe de vie pendant quatre ans et si elle avait averti son général de son deuxième mariage (L. 1, C. *De repud.,* V, 17).

Dès le siècle suivant, cette législation était changée par un rescrit des empereurs Théodose II et Honorius III, en date de l'an 421 de notre ère (3).

Ce rescrit maintient l'abolition du divorce *bona gratia* et il augmente le nombre des causes légitimes de divorce.

Quand le divorce avait eu lieu *sine ulla causa* et que la femme avait envoyé le libelle de divorce, outre les

(1) L. 1, C. Théod. *De repud.,* III, 16.
(2) La Novelle XXII, ch. 14, rappelle cette constitution en la modifiant.
(3) L. 2, C. Théod. *De repud.,* III, 16.

peines pécuniaires qu'elle subissait, elle était déportée pour toujours et ne pouvait se remarier.

Si le mari avait envoyé le libelle du divorce, il ne pouvait se remarier.

Si le divorce avait eu lieu *ob morum vitia seu mediocres culpas* (nouvelle division introduite par ce rescrit) ; — si c'était la femme qui avait divorcé, elle ne pouvait pas se remarier ; si le mari répudiait sa femme, il devait attendre deux ans avant de se remarier ; la femme ne pouvait se remarier si elle avait été convaincue d'avoir des mœurs légères.

Si le divorce avait eu lieu *ob crimen grave seu graves causas*, la femme innocente pouvait se remarier cinq ans après le divorce. La femme était alors censée agir en haine de son premier mari, plutôt que par désir d'en avoir un deuxième. Le mari innocent pouvait se remarier immédiatement et avait le droit de faire condamner la femme selon les lois.

En 439, les empereurs Théodose le Jeune et Valentinien III rétablirent purement et simplement l'ancien droit (1).

« Dans la répudiation et dans le divorce, il est dur de dépasser les limites tracées par les anciennes lois, aussi nous abrogeons les constitutions qui punissaient, soit l'homme, soit la femme, en cas de dissolution du mariage et par la présente constitution nous décidons qu'il faut ramener la répudiation, les fautes qui la justifient et la répression de ces fautes aux lois anciennes et aux réponses des prudents ».

(1) Selden, *Uxor hebraic*, L. 2, ch. 28.

Dix ans plus tard, en 449, les mêmes empereurs changent à nouveau cette législation. Ils semblent s'inspirer, en ce faisant, de l'intérêt des enfants, qui commande que les mariages ne soient dissous que difficilement. « *Solutionem matrimonii difficiliorem debere esse, favor imperat liberorum* (1) ».

Le divorce ne peut avoir lieu que par répudiation : « *Consensu licita matrimonia posse contrahi, contracta non nisi misso repudio dissolvi, præcipimus* (1) ». Il y a 14 causes légitimes de divorce pour le mari et 12 pour la femme, que la loi désigne clairement (2). Les fautes légères deviennent des causes légitimes.

Quand le divorce a lieu pour une de ces causes, l'époux innocent n'est frappé d'aucune peine (3), le coupable est puni comme l'époux qui divorce *sine causa*. Quand le divorce a lieu en dehors des causes prévues par la loi, si c'est la femme qui envoie le *libellus repudii*, elle est frappée de peines pécuniaires et elle ne peut se remarier avant un délai de cinq ans (3). Si c'est le mari qui l'envoie, il peut se remarier immédiatement, il n'est frappé que de peines pécuniaires (4).

En 497, l'empereur Anastase rétablit le divorce *bona gratia*, et dans ce cas la femme peut se remarier aussitôt qu'une année s'est écoulée. C'est assez dire qu'elle n'est soumise à aucune peine. Il en est de même du mari, qui peut se remarier immédiatement après le divorce (5).

---

(1) L. 8 pr., C. *De repud.*, V, 17.
(2) L. 8, § 2 et 3, C. *De repud.*, V, 17.
(3) L. 8, § 4, C. *De repud.*, V, 17.
(4) L. 8, § 5, C. *De repud.*, V, 17.
(5) L. 9, C. *De repud.*, V, 17,

SECTION III. — Droit de Justinien.

Justinien maintient tout d'abord la législation précédente, et même, en 528, il ajoute 4 nouveaux cas de divorce légitime, 3 en faveur de l'homme et 1 en faveur de la femme (1).

Dans la Novelle XXII, en 535, il mentionne 17 causes légitimes de divorce pour l'homme et 16 pour la femme. Dans ce cas, c'est la législation précédente qui subsiste (2).

Cette même Novelle XXII abolit en principe le divorce *bona gratia* et n'admet que peu de restrictions à cette interdiction. Justinien ne cite que 5 cas où il y est fait exception, et où aucune peine n'est prononcée contre les deux époux (3) : et encore ne peut-on guère considérer comme un divorce *bona gratia* que celui qui est visé dans le chapitre 5, l'entrée des deux époux dans un monastère. Ce sont des divorces « *per occasionem rationabilem* ».

Dans le cas de captivité de l'un des époux, il admet le divorce comme se produisant *communi consensu* ; en réalité c'est un cas de divorce *solo consensu*. Dans ce cas, le conjoint du captif ne peut se remarier qu'après un délai de cinq ans, quand il n'est pas certain que l'époux captif soit mort (4).

(1) LL. 10, 11, § 2, C. *De repud.*, V. 17.
(2) Nov. XXII, ch. 15, 16.
(3) Nov. XXII, ch. 5, 6, 7, 10, 14.
(4) Nov. XII, ch. 7. La 33e Novelle de Léon dit *in fine* que la femme, dans ce cas, ne pourra pas se remarier, tant que le mari sera captif, quoiqu'elle n'en reçoive pas de nouvelles. Si elle se remariait, con-

L'impuissance que Justinien, au chapitre 6 de la Novelle XXII, cite comme un cas de divorce *bona gratia* devrait être, en réalité, un cas de divorce ordinaire. La femme doit attendre trois ans avant de divorcer.

Il en est de même du délaissement que prévoit le chapitre 14 de la même Novelle. Si le mari se trouve à l'armée et laisse sa femme sans nouvelles, ce n'est plus après quatre ans que la femme peut se remarier, comme sous Constantin, ce ne sera qu'après un délai de dix ans et après avoir écrit à son mari ou l'avoir fait avertir, pour savoir s'il consentait à la dissolution du mariage, et, s'il se taisait, après en avoir averti son chef.

Quant au cinquième cas de divorce *bona gratia* admis par Justinien (découverte de la condition servile d'un époux), cet empereur dit lui-même qu'il n'y a pas divorce dans ce cas, mais que le mariage n'a jamais existé (1).

En l'an 542 de notre ère, Justinien réduisit à trois les cas où le divorce était admis *bona gratia* : entrée dans un monastère, impuissance, captivité (2).

Le cas prévu par le chapitre 14 de la Novelle XXII n'est plus admis. Désormais la femme d'un soldat en expédition ne pourra plus se remarier qu'un an après qu'elle aura la certitude de sa mort (3).

Dans les cas de divorce *bona gratia* prévus par la loi, les époux n'encouraient aucune peine. Si le divorce *bona*

trairement à cette défense, elle était considérée et punie comme adultère.

(1) Nov. XXII, ch. 10.
(2) Nov. CXVII, ch. 12.
(3) Nov. CXVII, ch. 11.

gratia avait lieu pour une cause non prévue par la loi, les deux époux étaient enfermés dans un monastère et le monastère acquérait tous leurs biens, à moins qu'ils n'eussent des descendants ou des ascendants (1). Dans le premier cas, deux tiers des biens des époux étaient réservés à leurs enfants, et dans le deuxième, un tiers des biens de chaque époux aux ascendants. Les époux échappaient à ces pénalités en se réunissant avant leur entrée au monastère et en reprenant la vie commune.

Dans le cas de divorce pour cause déterminée, quand le divorce avait lieu pour une cause légitime, l'époux coupable n'était frappé que de peines pécuniaires.

Quand le divorce avait lieu sans cause, le mari répudiant à tort sa femme était frappé de peines pécuniaires, la femme répudiant son mari était aussi frappée de peines pécuniaires, et de plus elle était enfermée dans un monastère, et ne pouvait plus se marier (2).

La Novelle CXXXIV, chapitre 11, porte que le divorce ne peut avoir lieu pour une cause non prévue par la loi, par l'envoi d'un libelle, et si l'on ose dissoudre le mariage pour des causes non prévues, Justinien déclare que, tant le mari que la femme, seront enfermés dans un monastère pour le reste de leurs jours, et, de plus, leurs biens seront partagés entre le monastère et leurs enfants ou ascendants, suivant les cas et dans les proportions déjà indiquées, à moins qu'ils ne reprennent la vie commune. Si l'un des époux offre de reprendre la vie commune et que l'autre refuse, le divorce est maintenu, mais

(1) Nov. CXVII, ch. 13, et CXXXIV, ch. 11.
(2) L. 11, § 1, C. *De repud.*, V, 17; Nov. CXVII, ch. 13.

l'époux ayant refusé est puni des peines portées par la Novelle (1).

Cette même Novelle CXXXIV punit de l'exil ceux qui ont prêté leur concours à l'envoi ou à la confection du libelle. De plus, certains officiers compétents étaient chargés de veiller à l'application de la constitution. S'ils ne faisaient pas leur devoir, ils étaient exilés et leurs biens confisqués.

Dans la Novelle CXL, Justin le Jeune rétablit le divorce *bona gratia* et supprime les peines dont il était frappé. Il en donne la raison : « *Si mutua affectio nuptias facit, merito easdem contraria sententia consensu solvit, quum missa repudia eum declarent* ».

(1) Dans les nov. XXII, CXVII, CXXXIV, Justinien porte de nouvel les peines pécuniaires dans le cas où la femme n'avait pas eu de dot, et supprime l'action *de moribus* ; mais nous n'avons pas à étudier cette question.

CHAPITRE VIII

L'ÉPOUX DIVORCÉ PEUT POURSUIVRE SON EX-CONJOINT
PAR UNE ACTION PÉNALE OU INFAMANTE.

Le respect dû au mariage ne permettait pas à un époux d'exercer contre son conjoint des poursuites judiciaires aussi rigoureuses que celles dont il aurait été en droit d'user contre un adversaire ordinaire.

Certains ménagements étaient imposés envers son conjoint à l'époux qui avait à se plaindre de lui.

Ainsi la loi refusait, pendant le mariage, entre époux, l'exercice des actions pénales ou infamantes. Ils ne pouvaient que demander la réparation du préjudice causé (1).

Cette règle s'appliquait aussi bien aux *judicia publica*, tels que le *crimen expilatæ hereditatis* (2), qu'aux actions civiles, comme l'action *furti*(3), l'action *servi corrupti*(4).

Paul, à propos de l'action *furti*, donne la raison de cette faveur : « *quia societas vitæ quodammodo dominam*

---

(1) L. 2, C. *Rer. amot.*, V, 21 : « *Constante matrimonio neutri eorum (maritus vel uxor) neque pænalis neque famosa actio competit, sed de damno in factum datur actio* ».

(2) L. 5, Dig., *Expil. hered.*, XLVII, 19 ; L. 4, C. *De crim. expil. hered.*, IX, 32 ; L. 17, C. *De furt.*, VI, 2.

(3) L. 1, Dig., *Rer. amot.*, XXV, 2.

(4) L. 17, Dig., *De servo corrupto*, XI, 3,

eam faceret ». (L. 1, Dig., *Rer. amot.*, XXV, 2) (1).

Cet argument n'a de sens qu'à propos des délits contre la propriété ; c'est pour ces délits seuls que l'exception est justifiée ; aussi est-ce à eux seuls que se limite
notre règle : elle est absolument inapplicable aux délits
contre les personnes, tels que ceux prévus par la loi
Cornelia de sicariis et reneficiis, la loi *Pompeia de par-
ricidiis*, la loi *Julia de adulteriis*.

Nous avons, cependant, vu, à propos de cette dernière, que le mari n'a le droit de poursuivre l'adultère
de la femme qu'après l'avoir répudiée, et par conséquent qu'il ne le peut que quand le mariage n'existe
plus : « *Crimen adulterii maritum, retenta in matrimonio
uxore, inferre non posse nemini dubium est* ». (L. 11, C.
Ad leg. Jul. de adult., IX, 9).

Il est même probable qu'il devait en être ainsi pour
les autres crimes contre la personne ; l'homicide ou
l'empoisonnement de la part d'un mari ou d'une femme
mariée sont mis sur la même ligne que leur adultère,
comme cause de divorce (2). Il est à présumer que l'é-
poux innocent ne pouvait poursuivre l'époux coupable,
pour ce crime, qu'après avoir envoyé le libelle de divorce, c'est-à-dire qu'après la dissolution du mariage.

Ce qui semble pouvoir faire admettre cette opinion,
c'est que, comme pour l'adultère, quand l'un des époux
s'est rendu coupable de meurtre ou de tentative de meurtre contre son conjoint, il semble bien (3) qu'on puisse

---

(1) Voir aussi : L. 4, C. *De crim. expil. hered.*, IX, 32 : « *Adversus
uxorem quæ socia rei humanæ atque divinæ domus suscipitur...* ».
(2) Voir entre autres : L. 8, § 2 et 3 *De repud.*, V., 17.
(3) L. 9, C., *Ad leg. Cornel. de sicar.*, IX, 17.

mettre à la question les esclaves, tant du mari que de la femme, avec les mêmes faveurs qui sont accordées quand il s'agit de faire la preuve de l'adultère.

Ce pourrait donc être les mêmes règles que les Romains avaient eu l'intention d'appliquer aux actions concernant les délits commis par un époux contre la personne de son conjoint.

De plus, la loi 11, § 1 (Dig., *De divort.*, XXIV, 2) parlant des actions « *quæ non solent nisi ex divortio oriri* » met sur la même ligne le *crimen adulterii*, et d'autres crimes.

C'est encore l'honneur qui était dû au mariage « *honor matrimonii* », qui était cause de la faveur dont jouissait, dans les actions contractuelles ou quasi-contractuelles, le défendeur vis-à-vis de son conjoint. Il pouvait lui opposer l'exception *quod facere potest*. Cette exception appelée aussi *bénéfice de compétence*, donnait au débiteur qui pouvait l'opposer le droit de n'être condamné que jusqu'à concurrence de son avoir, par conséquent d'échapper à toute condamnation s'il ne possédait aucuns biens, et par suite d'être soustrait à l'emprisonnement que lui aurait fait encourir une condamnation qu'il n'aurait pu exécuter.

Cette exception avait fini par être admise au profit des deux époux, sauf pour les actions *ex delicto* ou *quasi ex delicto*. Le législateur pensait s'être montré assez indulgent envers l'époux coupable en l'affranchissant de toute action pénale ou infamante (1).

______

(1) Voir sur cette question, et sur les progrès de l'exception *quod facere potest* : L. 14, pr. 1, Dig., *Solut. matrim.*, XXIV, 3; L. 17, pr.

Aussitôt que le divorce est intervenu, la femme peut être poursuivie pour l'adultère qu'elle aurait commis, et aussi pour tous autres crimes contre la personne de son mari.

Aussitôt après le divorce l'ancien conjoint a contre son ex-époux les actions pénales et infamantes pour les délits qu'il commettrait vis-à-vis de lui.

Ainsi, Paul décide qu'après le divorce la femme peut être poursuivie par l'action *furti*, si elle s'empare d'objets appartenant à son ancien mari (1).

De même, dorénavant, ils n'auront plus droit à l'exception *quod facere potest*. Mais, en ce qui concerne les délits commis ou les obligations contractées pendant le mariage, la nature des relations qui ont existé entre les conjoints, « *præcedens societas vitæ* », continue à mettre obstacle, même après le divorce, à l'exercice de toute action infamante ou pénale, et à empêcher que l'époux défendeur ne soit condamné au delà de ses moyens dans les actions où le bénéfice de compétence peut lui être accordé.

Dig., *Solut. matrim.*, XXIV, 3 ; L. 20, Dig., *De re judic.*, XLII, 1 ; L. 35 pr. Dig., *De negot. gest.*, III, 5.
(1) L. 3, pr., Dig., *Rer. amot.*, XXV, 2.

DEUXIÈME PARTIE

DES EFFETS DU DIVORCE RELATIFS A LA PERSONNE DES ENFANTS

CHAPITRE PREMIER

ENFANTS NÉS AVANT LE DIVORCE.

SECTION I. — **Le divorce n'entraîne aucune modification dans leurs rapports avec leurs père et mère.**

Le divorce n'entraînait aucune modification dans les rapports respectifs du père et de la mère avec les enfants issus du mariage qu'il dissolvait.

Les enfants conservaient donc après le divorce vis-à-vis de leurs parents divorcés tous les droits qu'avaient, pendant le mariage, les enfants issus *ex justis nuptiis* : le droit aux aliments, le droit d'éducation, les droits de succession qui leur étaient concédés par le droit civil, par l'édit du préteur ou les constitutions impériales.

Réciproquement, le divorce n'entraînait aucune déchéance pour l'époux qui y avait donné lieu.

Le mari ne perdait pas la puissance paternelle, si elle

lui appartenait au moment du divorce, et il continuait à
l'exercer dans toute sa plénitude.

Il avait, notamment, toujours le droit de donner un
tuteur par testament à son fils impubère, de faire une
substitution pupillaire ; pour le mariage des enfants en
sa puissance son consentement continuait à être nécessaire et suffisant (1) ; il pouvait les émanciper, les donner en adoption. Les enfants ne cessaient pas d'acquérir
pour le père de famille ; s'ils avaient un pécule, le père
y succédait *jure peculio*. Si les enfants étaient déjà hors
de sa puissance, le père conservait sur eux les droits de
succession qu'il tenait de l'édit du préteur.

Quant à la mère, même quand elle donnait lieu au
divorce, ses droits ne subissaient non plus aucune dimi-
nution et elle pouvait toujours succéder à ses enfants,
soit en vertu des *bonorum possessiones unde cognati* ou
unde decem personæ, soit en vertu du sénatus-consulte
Orphitien.

Mais nous n'avons pas à parler, dans notre étude, de
tout ce qui concerne les biens. Nous nous étendrons seulement sur la question de la garde, la seule sur laquelle
on trouve des textes, quand il s'agit de la personne des
enfants.

SECTION II. — A qui appartient la garde ?

§ 1er. — *Droit classique jusqu'à Antonin le Pieux.*

Dans l'ancien droit, la garde et l'éducation des enfants

---

(1) La loi *Julia de maritandis ordinibus* autorisa l'intervention du
magistrat à l'effet de forcer le consentement du père qui s'opposerait
sans motif sérieux au mariage de son descendant.

appartenaient sans partage au père. La puissance paternelle était, en effet, absolue, et aucune autorité ne venait
y apporter de modifications. Elle n'était pas organisée
dans une vue de protection pour l'enfant, mais dans l'intérêt du père.

Si l'enfant quittait la maison paternelle ou était enlevé
par une autre personne, la loi fournissait au père divers
moyens de la lui faire réintégrer.

Si l'enfant se trouvait aux mains d'une personne qui
niait au père réclamant son enfant sa qualité de *paterfamilias*, le père avait la *rei vindicatio* qui lui permettait
de poursuivre contre celui qui le détenait la restitution
de son enfant, comme il aurait pu le faire de toute autre
chose lui appartenant *ex jure Quiritium*. Le Digeste lui
accorde encore cette action (1). Ulpien, qui rapporte l'o-
pinion de Pomponius et qui l'approuve, déclare qu'il
peut réclamer son enfant par la *rei vindicatio*, mais avec
une modification importante qui indique que ce n'est
pas un droit de propriété ordinaire que le père entend
faire valoir. Le père peut user de la *rei vindicatio*, mais
seulement *adjecta causa*, sans doute en ajoutant dans
la formule qu'il agissait comme père et non comme maître, car le fils de famille ne pouvait pas être un véritable objet de propriété.

Quand l'enfant était aux mains d'un tiers qui le détenait sans nier la qualité de *paterfamilias* du demandeur,
ou, dans le cas précédent, quand le père ne voulait pas
user de la *rei vindicatio*, l'édit du préteur donnait, de-

____

(1) L. 1, § 2, Dig., *De rei vind.*, VI, 1. « *Ait enim adjecta causa ex
lege Quiritium vindicare posse* ».

puis les temps les plus reculés, au *paterfamilias* un *interdictum de liberis exhibendis et ducendis*. Le magistrat pouvait même, dans le cas où le tiers ne niait pas la qualité de *paterfamilias* du demandeur, interposer son autorité et statuer *extra ordinem*.

Enfin, si le père rencontrait de la résistance auprès de l'enfant même, il avait également la faculté, pour vaincre cette résistance, de s'adresser au préteur, et si son droit était contesté par l'enfant, il le faisait reconnaître par un *præjudicium*.

Les voies ouvertes au père étaient différentes suivant les circonstances, mais en toute hypothèse il lui suffisait de prouver sa qualité de *paterfamilias*, pour que l'enfant dût lui être nécessairement remis.

A l'époque classique, la puissance paternelle est toujours aussi rigoureuse et aussi forte, en droit, entre les mains du *paterfamilias*; mais, en fait, elle s'est fort adoucie.

Sans doute, théoriquement, le *paterfamilias* possédait toutes les actions que le droit ancien lui avait accordées et que nous venons de résumer, mais, en fait, dans certains cas, ces actions étaient susceptibles d'être paralysées par des exceptions et le pouvoir arbitraire des magistrats intervenait aussi souvent pour réprimer les abus de la puissance paternelle que pour la faire respecter.

D'après Julien (1), lorsque l'interdit de *filio ducendo* est exercé, ou lorsque le magistrat est saisi *extra ordinem* et que l'enfant est impubère, on tranchera le litige immédiatement ou on différera le jugement jusqu'à la

(1) L. 3, § 4, Dig., *De lib. exhib.*, XLIII, 30.

puberté, suivant la qualité des personnes entre lesquelles s'est élevé le litige et d'après les circonstances.

Si celui qui demande qu'on lui remette l'enfant et qui dit être son *paterfamilias* est un homme recommandable, d'une honorabilité incontestable, et l'adversaire un homme de basse condition et de mauvaise renommée, « *humilis, calumniator, notæ nequitiæ* », la question devra être résolue sur le champ.

De même, si le défendeur est un homme d'une honorabilité éprouvée, par exemple un tuteur nommé par un testament ou par le préteur, on doit lui conserver la garde de l'enfant qu'il a eue jusqu'au jour du procès, car celui qui se prétend le père est suspect, « *is vero, qui patrem se dicit, suspectus est quasi calumniator* », et la solution du procès ne doit pas être différée.

Enfin, si le demandeur et le défendeur sont suspects l'un et l'autre, comme incapables « *infirmi* », ou peu honorables « *turpes* », le magistrat désignera un tiers chez qui l'enfant sera élevé, et la solution du litige sera différée jusqu'au moment où l'enfant aura atteint l'âge de puberté.

Suivant Vénuléius (1), qui vise certainement l'hypothèse où l'enfant est arrivé à l'âge de raison, l'interdit est refusé au *paterfamilias*, si c'est de son plein gré que l'enfant réside chez un tiers, à moins que la controverse ne s'élève entre un demandeur et un défendeur prétendant l'un et l'autre avoir la qualité de *paterfamilias* et que l'interdit n'ait d'autre objet que de faire trancher la question de paternité.

(1) L. 5, Dig., *De lib. exhib.*, XLIII, 30.

C'est l'interdit *de liberis exhibendis* qui pourra seul être exercé et non l'interdit *de liberis ducendis*, car le fils ne doit pas être privé de la faculté d'aller et venir comme bon lui semble : « *quum liberam facultatem abeundi vel remanendi haberet.* » Ces principes que nous avons cru devoir rappeler, recevaient leur application en cas de divorce.

Primitivement, et jusqu'au milieu du IIe siècle de notre ère, la garde et l'éducation des enfants appartenaient dans tous les cas au mari. Même coupable, le mari gardait la puissance paternelle entière sur ses enfants, après le divorce.

§ 2. — D'Antonin le Pieux à Justinien.

Mais, au milieu du IIe siècle, un décret d'Antonin le Pieux et des rescrits de Marc-Aurèle et de Septime Sévère (1) déclarèrent formellement que la garde et l'éducation des enfants nés du mariage pourraient être confiées à la mère et ne seraient plus dans tous les cas l'apanage exclusif du *paterfamilias*. La mère qui a les enfants auprès d'elle pourra les conserver si elle prouve l'existence de justes motifs de son refus de les livrer au père, « *ex justissima causa* ». Or, quand le divorce a eu lieu par la faute du père, on se trouve bien dans les cas qu'avaient voulu viser ces rescrits.

En vain le père prouverait-il que l'enfant est sous sa puissance, la mère, cependant, triomphera dans sa prétention de garder les enfants. On obtiendra ce résultat en lui donnant une *exceptio* contre la demande du *pater-*

(1) Voir L. L. 1 § 3, 3 § 5, Dig., *De lib. exhib.* XLIII, 30.

familias. Ce sera vraisemblablement l'exception de dol.

Les textes que nous venons de mentionner supposent le cas où la possession des enfants appartient en fait à la mère et où le père, voulant la lui enlever, est repoussé par une exception. Ils ne prévoient pas l'hypothèse contraire, celle où les enfants sont auprès du père et où la mère en demande la garde, par suite de la mauvaise conduite du père, par exemple à la suite d'un divorce intervenu par la faute du père.

Il est probable que la mère n'ayant pas d'action proprement dite, devait s'adresser au magistrat par la voie extraordinaire.

De même, quand le père avait perdu la possession de ses enfants, il n'avait plus la *rei vindicatio adjecta causa,* ni le *præjudicium,* ni *l'interdit,* qui ne sont accordés qu'au *paterfamilias,* il devait lui aussi se pourvoir par la voie extraordinaire.

Dans une constitution (1) de l'an 293, les empereurs Dioclétien et Maximien, ne distinguaient pas suivant que le père avait ou non conservé la possession.

Dans tous les cas, sans avoir égard au sexe des enfants, c'était au juge (2) qu'il appartenait de décider à qui, du père ou de la mère, après le divorce, devaient être confiés les enfants. Pour se décider le juge ne devait consulter que l'intérêt de ceux-ci.

Cette réforme équitable subsista. Les empereurs chré-

______

(1) L. unic. C. *Div. facto,* V, 24.
(2) Une instance spéciale était nécessaire, puisque le divorce avait lieu sans l'intervention du pouvoir judiciaire.

tiens qui réduisaient les privilèges de la puissance paternelle n'eurent garde de l'abroger.

§ 3. — *Droit de Justinien.*

Justinien règle le sort des enfants, après le divorce, dans la novelle CXVII, au chapitre 7.

Dans cette législation, quand le divorce a eu lieu par la faute du père, les enfants seront élevés par la mère qui aura ainsi la garde et l'éducation, et aux frais du père. Il en sera ainsi tant que la mère ne se remariera pas.

Si, au contraire, le divorce a eu lieu par la faute de la mère, les enfants restaient chez le père et étaient nourris et élevés par lui.

Dans ce dernier cas, cependant, si le père était sans ressources et la mère riche, les enfants devaient rester chez elle et être nourris et élevés par ses soins, s'ils étaient dans le besoin. Ce n'était que la réciproque du droit qu'avait la mère de réclamer des aliments à ses fils quand ils étaient riches et qu'elle était dans le besoin.

De même, dans les cas où il autorisait le divorce *bona gratia,* Justinien disait formellement que les enfants mineurs « *imperfectæ æialis* », seraient élevés et nourris par le parent qui n'avait pas fourni la cause du divorce. Quand les deux époux avaient divorcé contrairement à la loi, un tuteur était désigné par l'autorité compétente aux enfants mineurs issus du mariage et les deux époux étaient dépouillés de tous leurs biens au profit des enfants.

SECTION III. — **Le père privé de la garde, conserve-t-il
les autres attributs de la puissance paternelle ?**

Ulpien déclare, dans la loi 3, § 5 (Dig. *De lib., exhib.*,
XLIII, 30), en s'appuyant sur le décret d'Antonin le
Pieux, que la mère obtiendra que son fils reste auprès
d'elle « *sine deminutione patriæ potestatis* ». Cette expression ne signifie pas que la puissance paternelle qu'avait
le père auparavant, ne subisse pas là une atteinte ; soutenir cela, serait contraire à l'évidence. Le sens véritable de ce passage est que la déchéance infligée au père
n'amène pas la dissolution, ne produit pas l'anéantisse-
ment complet de la puissance paternelle. Celle-ci subsiste dans tous ses effets qui ne sont pas en contradiction avec la décision des juges.

Il nous semble certain que, sous la législation de Justinien, l'époux qui était condamné à être relégué, sa vie
durant, dans un monastère, perdait la puissance paternelle qu'il avait auparavant sur ses enfants.

De même que nous n'avons pas étudié les retenues
propter liberos, comme étant en dehors de notre sujet,
nous n'étudierons pas les nombreuses mesures prises
par les empereurs chrétiens pour que l'époux innocent
conserve les biens qui lui étaient attribués pour les remettre à l'enfant dans la suite. Cette mesure date de
l'an 449 de notre ère et fut accentuée dans la suite.

CHAPITRE II

ENFANTS NÉS DEPUIS LE DIVORCE.

SECTION I. — L'enfant naît plus de trois cents jours après le divorce.

La présomption de paternité qui fait admettre que tout enfant né pendant le mariage d'une femme mariée a pour père le mari, n'a plus de raison d'être quand le mariage est dissous, puisque les anciens époux ne sont plus liés par le devoir de fidélité.

L'enfant qui est né plus de trois cents jours après la dissolution du mariage par la mort est réputé conçu hors du mariage (1) ; il en sera de même sans doute de celui qui est né plus de trois cents jours après le divorce. Cet enfant est légalement étranger au mari ; au lieu d'être *justus liber*, il sera *spurius* ou *vulgo conceptus*.

SECTION II. — L'enfant naît moins de trois cents jours après le divorce.

Un enfant qui naît après le divorce, mais moins de trois cents jours depuis la dissolution du mariage, est réputé conçu pendant le mariage, il est légitime.

(1) L. 3, § 11, Dig., *De suis et legit.*, XXXVIII, 16.

Après le divorce, les anciens époux sont entièrement désunis, complètement séparés. Il peut arriver, pendant les trois cents jours qui suivent le divorce, qu'une naissance soit supposée par la femme, ou, au contraire, dissimulée par elle au mari.

Quand on connaît le soin qu'ont toujours pris les Romains de régler ce qui a trait à la filiation légitime et quand on sait l'intérêt qu'ils ont toujours attaché à tout ce qui concerne cette matière délicate, l'on comprend sans peine que ces deux hypothèses aient été par eux prévues et minutieusement réglées. Il importait autant au *paterfamilias* de ne pouvoir être forcé d'admettre dans sa famille un enfant dont il n'était pas le père, que de voir la femme dans l'impossibilité de dérober à cette famille l'un de ceux qui aurait dû en faire partie.

Le sénatus-consulte Plancien (1) et un rescrit de Marc-Aurèle (2) prévoient ces deux hypothèses et autorisent dans ces cas des mesures spéciales pour prévenir et éviter toute tromperie.

§ 1er. — *Mesures prises contre la possibilité d'une supposition de part.*

I. — La femme doit dénoncer sa grossesse dans le délai de trente jours.

Le sénatus-consulte Plancien permet à la femme divorcée qui se croit enceinte, ou à son père si elle est en

____

(1) Paul, *Sent.* II, tit. XXIV, §§ 5 à 7 ; L. 1, Dig., *De agnosc. et al. lib.*, XXV. 3.

(2) Paul, *Sent.* II, tit. XXIV, §§ 7 à 9 ; L. L. 1, §§ 1 à 9, Dig., *De inspic. vent.* XXV, 4.

puissance, ou à leur mandataire, de dénoncer sa grossesse à son ancien mari (1).

Cette dénonciation doit être faite dans les trente jours à partir du divorce (2).

La loi entend parler de jours continus et non de jours utiles (3).

Ce délai se comprend très bien ; il est suffisant pour que la femme qui se croit enceinte puisse faire la dénonciation au mari.

La dénonciation doit être faite au mari ou au père sous la puissance duquel il se trouve (4).

Si la femme ne peut pas arriver à leur faire cette dénonciation à eux-mêmes, elle peut la faire à domicile, « *domum denuntiare* ». Par domicile l'on doit entendre, si le mari demeure à Rome, la maison qu'il habite, « *hospitium* », s'il est à la campagne ou dans un municipe, le lieu où il a établi le foyer conjugal, « *illic ubi larem matrimonio collocarent* (5) ».

La femme n'a à dénoncer au mari qu'une chose, qu'elle est enceinte de lui, cela suffit, elle n'a pas à lui demander d'envoyer des gardiens, c'est au mari

____

(1) *Sent.* Paul, II, tit. XXIV, § 5 ; Ulpien. L. I, § 1. Dig., *De agnosc. et al. lib.* XXV, 3. « *Permittit igitur mulieri parentive, in cujus potestate est, cui mandatum ab iis est, si putet prægnantem, denuntiare...* ».

(2) Cit. locut. « *Intra tricesimum diem* » « *Intra dies triginta post divortium connumerandos* ».

(3) L. 1, § 9, Dig., *De agnosc. et al. lib.* XXV, 3 ; « *Dies autem triginta continuos accipere debemus ex die divortii, non utiles* ».

(4) L. 1, § 1, *eod. tit.*

(5) L. 1, § 2, *eod. tit.*

qu'il appartient de prendre tel parti qu'il lui plaira (1).

Si la femme fait une dénonciation tardive, ce retard n'entraîne pas par lui-même le droit pour le père de ne pas reconnaître l'enfant ; c'est au juge d'apprécier, en connaissance de cause, si cette dénonciation peut être considérée comme valable ou non (2).

II. — Qu'arrive-t-il si la femme ne dénonce pas sa grossesse ?

Si la femme ne fait aucune dénonciation, il est permis au mari de ne pas reconnaître l'enfant (3). Cependant, Julien semble être d'une opinion contraire (4).

Il est un cas où le mari ne peut sûrement opposer aucune déchéance à la femme, bien qu'elle n'ait pas dénoncé sa grossesse, c'est quand la femme a accouché dans les trente jours qui ont suivi le divorce. Elle a, en effet, trente jours pour faire la dénonciation ; tant que ces trente jours ne seront pas écoulés, on ne pourra pas la punir de son silence. Cette question a été étudiée par Julien, au livre dix-neuvième de ses Digestes, et son opinion qui est rapportée au Digeste (5), est que le sénatus-consulte Plancien ne s'applique pas dans cette hypothèse.

Le seul effet du désaveu du mari, quand il est auto-

_____

(1) L. 1, § 3, *eod. tit.*: « *Sufficit enim mulieri hoc notum facere, quod sit prægnans ; mariti est jam aut... aut...* ».

(2) L. 1, § 7, Dig., *eod. tit.* : « *Si mulier esse se prægnantem intra triginta dies non denuntiaverit, postea denuntians causa cognita audiri debebit* ».

(3) L. 1, § 6, Dig., *eod. tit.* ; Paul, *Sent.*, II, tit. XXIV, § 6.

(4) L. 1, § 8, Dig., *eod. tit.* : « *Quin imo et si in totum omiserit denuntiationem, Julianus ait, nihil hoc nocere ei, quod editur* ».

(5) L. 1, § 10, Dig., *eod. tit.*

risé, est de faire tomber la présomption légale qui dispense les enfants conçus pendant le mariage de fournir la preuve de leur filiation. Mais il reste à l'enfant ainsi désavoué le droit de faire la preuve de sa filiation et d'établir la paternité du mari. Il peut user à cet effet du *præjudicium de partu agnoscendo*.

III. — Qu'arrive-t-il quand la femme dénonce sa grossesse?

Quand la femme a fait sa dénonciation dans les trente jours, à compter du divorce, le mari peut prendre trois partis.

Première hypothèse. — Le mari conteste immédiatement sa paternité.

Dans ce cas-là, il ne peut sûrement pas être contraint dans tous les cas de reconnaître comme sien l'enfant qui va naître (1).

Mais, par cela seul qu'il déclare immédiatement que la femme n'est pas enceinte de lui, même dans le cas où il n'envoie pas de gardiens, il ne s'ensuit pas que l'enfant qui naîtra de la femme soit forcément déclaré non légitime. Une instance sera engagée, et le juge décidera si l'enfant ainsi désavoué est légitime ou non (2).

Deuxième hypothèse. — Le mari garde le silence.

Après la dénonciation de la femme, le mari ne fait pas de *renuntiatio*, soit par lui-même, soit par un mandataire, pour lui déclarer qu'elle n'est pas enceinte de lui, il ne prend pas même la précaution d'envoyer des gardiens.

---

(1) L. 1, § 4, Dg., *eod. tit.* : « *Quodsi factum fuerit, non alias necesse habebit agnoscere, nisi vere filius fuerit* ».

(2) L. 1, § 16. Dig., *eod. tit.* : « *Non evitabit, quominus quæratur, an ex eo mulier prægnans sit* ».

Dans ce cas, le mari semble bien par son silence reconnaître que la femme est enceinte de lui, il n'y a plus de raison pour mettre en échec le principe : « *Pater is est quem nuptiæ demonstrant* ».

Dans cette hypothèse, le mari doit reconnaître comme sien l'enfant dont sa femme accouche moins de trois cents jours après le divorce, et s'il ne le reconnaît pas, il y est contraint *extra ordinem* (1).

Troisième hypothèse. — Le mari envoie des gardiens à la femme.

Il faut distinguer deux cas, suivant que la femme refuse ou ne refuse pas de recevoir les gardiens.

Premier cas. — La femme refuse de recevoir les gardiens que le mari lui envoie, soit avant toute dénonciation, soit après.

Dans ce cas, le mari se trouve avoir les mêmes droits que si la femme n'avait pas dénoncé sa grossesse, il est libre de ne pas reconnaître l'enfant (2).

Deuxième cas. — La femme reçoit les gardiens que lui envoie son mari.

On pourrait dire que l'envoi par le mari de gardiens laisse supposer qu'il croit bien sa femme enceinte de lui, qu'il veut seulement veiller à ce qu'il n'y ait pas de suppression ou de supposition de part, et qu'il doit être forcé de reconnaître comme sien l'enfant qui naîtra, si les gar-

---

(1) L. 1, § 4. Dig., *eod. tit.* : « *Pœna autem mariti ea est, ut,... cogetur maritus partum agnoscere ; et si non agnoverit, extra ordinem coërcetur* ». Paul, *Sent.*, II, tit. XXIV, § 5 : « *Quo omisso, partum mulieris omnimodo coguntur agnoscere* ».

(2) L, 1, § 6, Dig., *eod. tit* : « *Liberum est patri parenti ve ejus partum non agnoscere* ». Paul, *Sent.* II, titre XXIV, § 6 « *Liberum est patri natum non alere* ».

diens qui sont envoyés « *ad ventrem inspiciendum obser-vandum que* » ne constatent rien d'anormal.

La seule mission des gardiens est d'empêcher une supposition d'enfant. Il semble bien que, pourvu qu'ils constatent la grossesse de la femme et son accouchement dans les trois cents jours depuis la prononciation du divorce, le père ne devrait pas pouvoir désavouer l'enfant.

Il n'en est pas ainsi cependant : l'envoi de gardiens par le mari n'établit contre lui aucun préjugé. Il n'est pas censé reconnaître par cet envoi que la femme est enceinte de lui. C'est là, du moins, ce que disent formellement Ulpien et Marcellus.

Ulpien nous dit en effet dans le paragraphe 11 de la loi 1 au Digeste (*De agnosc. et al. lib*, XXV, 3) :

« *Quemadmodum per contrarium, si maritus, uxore de-nuntiante, custodes miserit, nullum præjudicium sibi fa-ciet ; licebit igitur ei partum editum ex se negare, nec ei nocebit, quod ventrem custodierit* ».

Dans ce même passage, Ulpien nous indique que Marcellus, au livre VII de ses Digestes, partageait la même opinion et que, pour lui aussi, le mari qui envoie des gardiens le fait « *sine præjudicio* ».

Certains ont voulu néanmoins voir l'opinion contraire soutenue par Paul (1). M. Ghiacciou (2), qui soutient notamment cette thèse, nous semble avoir commis une erreur de traduction, et, quant à nous, nous croyons que le passage de Paul ne contredit en rien les passages d'Ulpien et de Marcellus, sur ce point.

(1) Paul, *Sent.* II, tit. XXIV, § 5.
(2) Ghiacciou, *Des effets du divorce*, 1885.

Voici, d'ailleurs, le passage de Paul : « *Si mulier, divortio facto, gravidam se sciat, intra tricesimum diem viro denuntiare debet vel patri ejus, ut ad ventrem inspiciendum observandum que custodes mittant :* quo omisso *partum mulieris coguntur agnoscere* ».

Ce passage ne vise en rien le cas qui nous occupe. Il dit seulement que, lorsque le mari omet d'envoyer des gardiens, — et sans doute aussi qu'il ne déclare pas aussitôt ne pas être le père, — il est forcé de reconnaître comme sien l'enfant que met au monde la femme divorcée.

M. Ghiacciou a traduit ce passage : « *Lorsqu'ils ont envoyé des gardiens*, ils ne peuvent pas ne pas reconnaître l'enfant ». Nous pensons que cette erreur manifeste de traduction est due à ce que l'auteur a sans doute lu : « QUO MISSO », au lieu de « QUO OMISSO ». Mais dans ce cas, le jurisconsulte aurait employé le pluriel ; il eût fallu : « QUIBUS MISSIS » pour pouvoir donner au passage l'interprétation sus indiquée.

Toutes ces règles ont été implicitement abrogées lorsque les empereurs Théodose le Jeune et Valentinien III imposèrent à la femme divorcée l'obligation d'attendre un an, avant de se marier, « *ne quis de prole dubitet* (1) ».

(1) L. 8, § 4, *in fine*, C. *de repud.*, V, 17.

§ 2. — *Mesures prises contre la possibilité d'une suppression de part.*

Le divorce ayant eu lieu, le mari peut craindre une suppression de part. La femme devenue libre pourrait cacher sa grossesse et ne pas présenter au mari l'enfant qu'elle mettrait au monde. Elle aurait pu ainsi, quand elle aurait accouché dans les trois cents jours du divorce, priver le mari d'un de ses enfants légitimes.

Pour éviter ce danger, un rescrit de Marc-Aurèle permet de contraindre la femme à comparaître devant le préteur, et de lui demander devant lui si elle est enceinte ou non. Elle sera forcée de répondre (1).

Le mari peut appeler sa femme devant le préteur, même après trente jours, depuis le divorce (2).

Si la femme refuse de se présenter devant le préteur, ou si elle refuse obstinément de répondre à l'interrogation qui lui est faite, l'on avait proposé comme peine celle du sénatus-consulte Plancien : dans ces cas le mari aurait pu ne pas reconnaître l'enfant que cette femme viendrait à mettre au monde dans les trois cents jours du divorce.

Mais cette peine n'aurait pas toujours contenté le mari qui peut préférer être père que de manquer de fils. Pourquoi ne pas lui permettre de s'assurer si sa femme est enceinte et dans ce cas de veiller à ce que cet enfant ne lui soit point enlevé ? C'est ce que l'on avait pensé. Le

(1) L. 1, § 2, Dig., *De inspic. vent.* XXV, 4.
(2) L. 1, § 9, Dig., *eod. tit.*

mari était donc autorisé à user de tous les moyens dont dispose le préteur, « *remediis prætoriis* », pour assurer la comparution de la femme et la forcer à répondre. On autorisait notamment l'usage de la *pignoris capio* (1).

Première hypothèse. — Si, interrogée, la femme reconnaît qu'elle est enceinte, cette réponse équivaut à la *denuntiatio* qu'exigeait le sénatus-consulte Plancien et, dans ce cas, c'est le sénatus-consulte qu'on applique (2).

Deuxième hypothèse. — Si la femme déclare, au contraire, qu'elle n'est pas enceinte, c'est le rescrit de Marc-Aurèle que l'on doit appliquer (3) : des sages-femmes seront désignées pour l'examiner.

Ces sages-femmes seront au nombre de trois (4) ou de cinq (5). Elles devront être d'une science et d'une honnêteté éprouvées (6).

Ces sages-femmes ne sont choisies ni par le mari ni par la femme, elles sont toutes désignées par le préteur.

Le préteur désigne aussi la maison d'une femme honnête (*honesta matrona, honestissima femina*), où la femme doit se rendre et où elle est examinée par les sages-femmes désignées (7).

(1) L. 1, § 3, Dig., *eod. tit.* : « *Cogenda igitur remediis Prætoriis et in jus venire, et, si venit, respondere, pignora que ejus capienda, et distrahenda, si contemnat, vel mulctis coërcenda* ».

(2) L. 1 § 4, Dig., *eod. tit.* : « *Ordo Senatus-consulti expositus sequetur* ».

(3) L. 1, § 4, Dig., *eod. tit.*

(4) L. 1, pr. Dig., *eod. tit.* C'est le texte même du rescrit qui est reproduit par Ulpien.

(5) Paul, *Sent.* II, ch. XXIV, § 8.

(6) L. 1, pr. Dig., *eod. tit.* « *obstetrices probatæ et artis, et fidei* ».

(7) L. 1, pr. § 6. Dig., *eod. tit.*

Si la femme refuse de se rendre dans la maison qui lui a été désignée, ou si elle ne se laisse pas examiner, dans ces cas encore l'autorité du préteur intervient pour l'y contraindre (1).

Quand les sages-femmes ont examiné la femme, elles indiquent chacune leur opinion ; ce que déclare la majorité est tenu pour vrai (2). Comme elles sont en nombre impair, il y aura toujours une majorité pour déclarer que la femme est ou n'est pas enceinte. Il pourrait se faire, cependant, surtout si l'examen a lieu au commencement d'une grossesse, qu'une des sages-femmes déclare la femme enceinte, tandis que la seconde déclare qu'elle ne l'est pas et que la troisième déclare ne pouvoir rien affirmer. Dans ce cas, l'on devait sans doute prendre les mêmes précautions que nous verrons prendre au cas où la femme est reconnue enceinte, et la faire examiner à nouveau plus tard, quand le doute n'était plus possible. C'est peut-être aussi dans cette hypothèse qu'on adjoignait deux autres sages-femmes aux trois désignées tout d'abord, ce qui permettrait d'expliquer la divergence qui existe entre Paul et Ulpien sur le nombre des sages-femmes (3).

Quand les sages-femmes ont procédé à l'examen qui leur a été confié, elles peuvent prendre deux partis.

Premier cas. — Toutes les sages-femmes, ou la majorité d'entre elles, déclarent que la femme n'est pas enceinte.

(1) L. 1, § 7, Dig., *eod. tit.*: «*Æque Prætoris auctoritas interveniat* ».
(2) L. 1, pr. § 8, Dig., *eod. tit.*; Paul, *Sent.* II, tit. XXIV, § 8.
(3) Voir les notes 4 et 5 de la page précédente.

Dans ce cas, la femme redevient libre de se retirer où bon lui semble. Si, plus tard, elle accouche, serait-ce même dans le délai de trois cents jours, l'enfant ne sera pas *justus liber*.

L'on s'était demandé si, dans cette circonstance, la femme ne pouvait pas intenter contre son ancien mari l'action d'injure. Ulpien déclare qu'elle le peut, mais seulement dans le cas où le mari avait exigé cet examen pour faire injure à la femme (1), et non pas quand il l'avait demandé de bonne foi, « *quia juste credidit* ».

Deuxième cas. — Toutes les sages-femmes ou la majorité d'entre elles déclarent que la femme est enceinte.

La femme devra alors recevoir des gardiens, comme si elle l'avait désiré elle-même (2), et des mesures seront prises pour éviter toute fraude.

Le préteur avait soumis la femme à une surveillance minutieuse dans un cas analogue, celui où, le mari étant mort, la femme se déclarait enceinte. Ulpien qui nous rapporte les mesures qui étaient prescrites dans ce cas le fait immédiatement après avoir parlé du cas qui nous occupe et le Digeste a placé ces passages d'Ulpien dans une même loi (loi 1, Dig., *De inspic. vent.*, XXV, 4) dont le paragraphe 10 reproduit l'édit du préteur sur ce point. Il est donc certain que les mêmes précautions devaient être prises quand la femme divorcée avait été reconnue enceinte.

La femme devait rester dans la maison d'une honnête

---

(1) L. 1, § 8, Dig., *eod. tit.*: « *Si injuriæ faciendæ causa id maritus desideravit* ».

(2) L. 1, pr. Dig., *eod. tit.*

femme qui lui avait été désignée et où elle devait accoucher.

Il ne devait pas y avoir plus d'une entrée dans la chambre où la femme devait accoucher. S'il y en avait d'autres, elles devaient être fermées des deux côtés par des planches. Devant la porte de cette chambre trois hommes et trois femmes libres avec deux compagnons chacun, « *cum binis comitibus* », montaient la garde. Toutes les fois que la femme allait dans cette chambre, ou dans une autre, ou au bain, les gardiens devaient examiner la salle où elle entrait, et si quelqu'un voulait s'y introduire, ils devaient le chasser. Ils pouvaient même chasser tous ceux qui entraient dans la maison. Quand les douleurs de l'enfantement commençaient, la femme était tenue de le faire savoir aux intéressés ou à leurs mandataires, afin qu'ils envoient des femmes en présence desquelles elle accouchait.

On ne devait pas envoyer plus de cinq femmes libres, de sorte qu'outre les deux sages-femmes, il n'y ait pas dans la chambre plus de dix femmes libres et de six servantes. Trois lumières au moins devaient être allumées, car les ténèbres facilitent la fraude. Aussitôt né, l'enfant était montré à ceux qui y avaient intérêt ou à leurs mandataires.

Si l'on ajoute que la sage-femme qui aurait commis le délit de supposition d'enfant était punie du dernier supplice (1), l'on comprendra que toutes ces mesures devaient être efficaces.

Dans ce cas, l'enfant né dans les trois cents jours à compter du divorce, était *justus liber*.

---

(1) Paul, *Sent.* II, tit. XXIV, § 9.

APPENDICE

DU DIVORCE DE L'AFFRANCHIE ÉPOUSE DE SON
ANCIEN PATRON.

Pendant longtemps le mariage avait été impossible entre affranchis et ingénus. La loi 23 (Dig., *De rit. nupt.*, XXIII, 2) semble indiquer que c'est la loi *Papia* qui l'autorisa ; mais ces mariages étaient permis longtemps auparavant, cela est certain.

Jusqu'au consulat d'Atéius Capito, sous Auguste, le patron eut le droit de contraindre son affranchie à l'épouser (1). L'affranchie épouse de son patron ne pouvait divorcer *invito patrono*.

Ces conséquences excessives du *jus patronatus* furent restreintes, mais non pas entièrement abolies, sous ce consulat.

Le patron ne put épouser son affranchie malgré elle, à moins que l'affranchissement n'ait eu lieu *matrimonii causa* (2).

Dans cette même hypothèse, l'affranchie ne pouvait pas se marier avec un autre homme que son ancien maître, à moins que celui-ci ne renonçât à l'épouser (3).

Si l'affranchie a consenti de son plein gré à épouser

(1) L. L. 28 et 29, Dig., *De rit. nupt.*, XXIII, 2.
(2) L. 29, Dig., *eod. tit.*
(3) L. 31, pr. Dig., *eod. tit.*

son patron, le divorce n'est pas libre pour elle ; il faut, pour que le divorce produise tous ses effets, que le patron y consente, à moins qu'elle n'ait été affranchie *ex causa fideicommissi* (1).

Quand l'affranchie envoie le libelle de divorce, sans que le patron consente au divorce, le mariage subsiste *ipso jure*, mais cependant le divorce n'est pas considéré comme absolument nul et non avenu. Bien que la loi dise formellement : « *Divortii faciendi potestas libertæ, quæ nupta est patrono, ne esto, quamdiu patronus eam uxorem esse volet* », on ne peut cependant pas dire que le mariage subsiste quand les époux sont séparés, « *quare constare matrimonium dicere non possumus, quum sit separatum* (2) ».

Cependant, tant que le patron s'oppose au divorce, qu'il veut la considérer comme sa femme, l'affranchie ne pourra pas contracter un autre mariage, et si elle en contracte un, ce mariage sera considéré comme nul. Julien, dont Ulpien cite l'opinion, pense même qu'elle ne pourrait pas devenir la concubine d'une autre personne (2).

Mais, aussitôt que le patron cesse de la considérer comme sa femme, soit qu'il le dise formellement, soit qu'il le laisse supposer par ses actes, « *qualiquali voluntate intelligi possit patronus animum habere desiisse quasi in uxorem* », le divorce est accompli, le bénéfice que la loi accordait au patron cesse, « *finiri legis hujus beneficium* (3) ».

(1) L. 10, Dig., *De divort.*, XXIV, 2.
(2) L. 11, pr. Dig., *eod tit.*
(3) L. 11, § 2, Dig., *eod.tit.*

Il en est ainsi notamment si le patron se remarie, ou même s'il prend une concubine. Il en est ainsi, même quand le patron se fiance à une autre femme, ou la recherche en mariage, « *si patronus sibi desponderit aliam, vel destinaverit, vel matrimonium alterius appetierit* (1) ».

Les textes indiquent une application très remarquable de ce principe.

Nous avons vu que, pendant le mariage, le mari ne pouvait pas poursuivre sa femme par une action pénale, qu'il ne pouvait pas notamment la poursuivre pour le délit de vol ou pour le crime d'adultère.

Si le patron intente contre l'affranchie qui a divorcé d'avec lui contre son gré, une de ces actions qui ne sont accordées au mari contre sa femme qu'après le divorce, une action « *quæ non solet nisi ex divortio oriri* », ainsi l'*actio rerum amotarum* ou le *crimen adulterii*, il est censé par là même consentir au divorce et le divorce est définitivement valable (1).

Les règles que nous venons d'examiner sont applicables seulement à la répudiation du patron par l'affranchie et ne s'appliquent pas dans le cas contraire, quand c'est le patron qui répudie l'affranchie.

Les textes sont muets sur le divorce entre la patronne et son affranchi.

Cette défense faite à l'affranchie, épouse de son patron, de divorcer contre le gré de celui-ci disparut peu à peu. Il n'en est plus question après que Justinien eut accordé aux affranchis le *jus regenerationis* et qu'ils eurent ainsi été assimilés aux ingénus (2).

(1) L. 11, § 2, Dig., *eod tit.*
(2) Novelle LXXVIII, chap. 1 et 2.

DROIT FRANÇAIS

DES EFFETS DU DIVORCE

SUR LA

SITUATION RESPECTIVE DES ÉPOUX ET DE LEURS ENFANTS

« Le divorce en lui-même ne peut pas être un bien, c'est le remède d'un mal. »

TREILHARD, *Exposé des motifs du titre du Divorce.*

INTRODUCTION

Le divorce a eu et aura sans doute toujours de déterminés adversaires. Nous n'avons pas à examiner les nombreux arguments qu'ils ont développés contre cette institution. Il en est un cependant qui se rattache trop intimement à notre étude pour que nous le passions sous silence ; c'est, d'ailleurs, à notre avis, l'argument le plus grave que l'on ait présenté contre le divorce : nous voulons parler de la situation que se trouvent avoir avec le divorce les enfants issus du mariage qu'il dissout.

« Le contrat de mariage n'appartient pas aux époux seuls, et il ne peut être détruit par eux ; les enfants, la société y sont intéressés (1) ». Les époux ont, par le fait même du mariage, contracté l'engagement d'élever et nourrir les enfants qui naîtront de leur union, de leur prodiguer leurs secours, leurs soins et leurs caresses. Si le divorce est autorisé, s'il est prononcé, il va disperser la famille, séparer les enfants de l'un de leurs parents et peut-être aussi les uns des autres, les faire élever dans la haine et le mépris de l'un de leurs auteurs. Une nouvelle famille va être créée, ils n'auront plus les soins, les caresses auxquelles ils avaient droit. Aussi, beaucoup pensent-ils avec un auteur célèbre (2) que « les enfants fourniront toujours contre le divorce une raison invincible et naturelle ».

Il semble donc que le mariage devrait être indissoluble, tout au moins quand des enfants en sont issus.

Gillet, orateur du Tribunat, disait (3) : « C'est pour les enfants qu'il importe surtout que l'union des époux ne soit pas fugitive ; non-seulement ils sont le fruit du mariage, mais c'est aussi pour les conserver, pour les élever, pour les protéger, que le mariage a été établi comme un contrat durable et comme le principe d'un ordre de succession légitime ».

Nous sommes loin de méconnaître la force de ces objections ; mais, tout en déplorant la triste situation des enfants après la dissolution du mariage par le divorce,

(1) Locré, p. 65.
(2) Jean-Jacques Rousseau, *Émile*, l. V.
(3) Séance du 30 ventôse, an XI.

nous ne pouvons nous empêcher de remarquer qu'elle n'est pas la conséquence du divorce ; elle provient de la désunion des époux, et, malheureusement, personne encore n'a indiqué le remède contre ce fait si regrettable. De tous temps, il y aura des époux en désaccord, des ménages désunis, et, par suite, des enfants qui en souffriront.

Ce n'est pas le divorce qui va créer la situation déplorable des enfants. Le désordre existe, la famille est troublée, on ne peut raisonnablement contraindre les deux époux à continuer la vie commune : la question ne se pose pas entre la réconciliation et la rupture, mais entre deux modes de rupture. L'intérêt des enfants est compromis dès que l'union n'existe plus entre les deux époux, leur intérêt moral par les mauvais exemples qu'ils reçoivent, leur intérêt matériel par la privation des soins auxquels ils avaient droit et par les dissipations que le dérèglement entraîne d'ordinaire avec lui.

« Ce qui fait leur malheur, ce n'est pas la rupture légale du mariage, c'est la discorde, la haine, le crime dont ils sont les témoins et les victimes (1) ».

Qu'on admette le divorce, ou qu'on n'autorise que la séparation de corps, les enfants n'en souffriront pas moins du désaccord de leurs parents.

« Certes le sort des enfants est déplorable, et le législateur, soit qu'il adopte le divorce, soit qu'il s'en tienne

____

(1) Laurent, *Principes de Dr. civ.* III, p. 243.

à la séparation de corps, ne peut que les plaindre ; mais entre ces deux procédés de rupture, il n'y a pas pour eux de préférence, car dans tous les cas, leur sort est pareil. Encore des moralistes en grand nombre préfèrent-ils pour eux la situation d'époux divorcés (1) ».

Cette situation est, à notre avis aussi, préférable pour les enfants. Si l'époux innocent, celui qui aura obtenu la garde des enfants, trouve dans une nouvelle union les satisfactions et le bonheur que ne lui avait pas fournis la première, les enfants, malgré tout ce que pourront écrire là-dessus les auteurs littéraires (2), seront en général plus heureux et en tout cas dans un milieu plus moralisateur que les enfants d'un époux séparé de corps, privés qu'ils seront dans ce cas des joies et de la protection qu'assure seule la famille complète, exposés à s'associer à des sentiments dont la nature leur fait un devoir de se défendre. Mieux vaut pour les enfants vivre dans une famille ayant une situation nette, que dans un milieu où tout est faux, louche, embarrassé. C'est ce qu'exprimait dans des termes quelque peu emphatiques Treilhard, dans l'exposé des motifs du titre du Divorce, à la séance du 19 ventôse an XI (10 mars 1803).

Les mêmes inconvénients se rencontrent, d'ailleurs, en cas de prédécès de l'un des époux. Quand il y a des enfants issus de la première union, le second mariage

(1) Deuxième rapport de M. de Marcère (séance du 14 mars 1882).
(2) A. Daudet, (*Rose et Ninette*) ; V. Jannet, (*Mariage d'hier*).

du survivant des époux est vu d'un assez mauvais œil par le monde, mais il ne peut venir à l'idée de personne que la loi doive interdire ce mariage.

Mais, si l'existence d'enfants issus du mariage ne doit pas, à notre avis être un obstacle au divorce des époux, il nous semble que, tout au moins, la loi devrait, dans ce cas, n'admettre le divorce que pour des fautes très graves, et que les juges ne devraient le prononcer que lorsque les faits reprochés à l'un des époux seraient démontrés de la façon la plus certaine.

M. Marcel Barthe avait présenté, lors de la discussion de l'article 231 du Code civil (1), un amendement qui était conçu dans cette pensée : « Dans le cas d'existence d'enfants issus de leur mariage, les époux ne pourront demander le divorce que pour cause d'adultère ou de condamnation afflictive et infamante ». L'honorable sénateur se refusait à admettre qu'on puisse baser un divorce, dans ce cas, sur des excès, sévices et injures graves, c'est-à-dire sur des faits qui donnent lieu à des appréciations diverses et opposées.

Il nous semble que le législateur aurait dû entrer dans cette voie. Il aurait dû aussi régler avec la plus grande précision et le plus grand soin tout ce qui concerne les enfants des époux divorcés. Nous verrons qu'il ne s'est pas montré assez explicite sur cette question si importante.

______

(1) Séance du 21 juin 1884, *J. off*. 22 juin 1884, p. 1150, col. 2.

Notre étude, qui consiste précisément à examiner quelle sera la situation respective des époux et de leurs enfants, pendant l'instance en divorce, et après le divorce, sera divisée en deux parties. Dans la première partie, nous étudierons cette question, quant à la personne des enfants, dans la seconde partie, quant à leurs biens.

PREMIÈRE PARTIE

DES EFFETS DU DIVORCE
QUANT A LA PERSONNE DES ENFANTS

CHAPITRE PREMIER

DES MODIFICATIONS APPORTÉES PAR LE DIVORCE
A LA PUISSANCE PATERNELLE.

**SECTION I. — La puissance paternelle est modifiée
par le divorce.**

La puissance paternelle est un droit commun au père
et à la mère (art. 372, C. civ.); mais dont l'exercice
appartient souverainement au père pendant le mariage,
sauf sur certains points où le père et la mère se le partagent.

L'exercice en est accordé au père seul pendant le mariage, parce qu'il convient de donner à la puissance paternelle une direction unique.

« Ce pouvoir, disait M. Vesin dans son rapport au
Tribunat, à la séance du 1ᵉʳ germinal an XI, s'il était
en même temps partagé entre plusieurs, s'affaiblirait par
cela même et tournerait en sens contraire de l'objet de
son institution ».

Le fondement de l'autorité paternelle est aujourd'hui l'intérêt de l'enfant. C'est un droit pour les parents, corrélatif d'un devoir : le devoir de pourvoir à l'entretien et à l'éducation de ceux auxquels ils ont donné la vie.

Il importe à la société que la puissance paternelle s'exerce dans les conditions les plus avantageuses pour tous : pour l'enfant qu'il s'agit de protéger, pour les parents que l'on ne doit pas priver arbitrairement d'un droit légitime.

Toucher à la puissance paternelle, c'est porter atteinte à l'une des prérogatives les plus importantes du père de famille. Cependant l'intérêt supérieur des enfants commande parfois d'y apporter de sérieuses modifications.

Chez les nations où la puissance paternelle est soumise à un contrôle du pouvoir exécutif, il est permis d'être moins préoccupé du sort des enfants dont les parents sont désunis. C'est ainsi qu'en Hongrie, la puissance paternelle peut être facilement supprimée (loi du 4 juillet 1877), qu'en Angleterre, la Cour de chancellerie peut déléguer à un étranger la puissance du père indigne, qu'en Danemark, le contrôle de la puissance paternelle est exercé par le préfet, qu'en Suisse, enfin, l'autorité cantonale a le droit de contrôler l'exercice des pouvoirs du père.

Mais, en France, ce genre de surveillance administrative n'existe pas. De plus, le législateur avait fait preuve jusqu'à ces derniers temps d'une circonspection extrême et avait manifesté les plus grands scrupules, quand il s'agissait de diminuer la puissance paternelle.

Malgré le silence de la loi, les tribunaux s'étaient arrogé le droit d'enlever certains des attributs de la puissance paternelle, et notamment la garde, au père indigne (1) ; mais les tribunaux n'usaient de ce droit qu'avec la plus grande circonspection et dans des cas exceptionnels.

Depuis, est intervenue la loi du 24 juillet 1889, dont le premier titre traite de la déchéance de la puissance paternelle, montrant que le législateur n'hésitait plus à enlever au père indigne la puissance paternelle, pour le plus grand avantage des enfants. Les cas de déchéance de la puissance paternelle y sont spécifiés. Hors de ces cas, le père ne peut pas en être déclaré déchu.

La puissance paternelle résulte du lien qui unit les parents aux enfants, elle persiste même après la dissolution du mariage par le divorce ou par la mort. Mais, le divorce vient introduire dans la famille un bouleversement qui peut avoir pour les enfants les conséquences les plus désastreuses : la société conjugale est entièrement dissoute, les liens qui unissaient les époux entre eux sont brisés d'une façon absolue ; il est évident qu'un pareil changement va relâcher les liens qui unissaient les deux époux à leurs enfants.

Le divorce va forcément avoir une influence énorme sur la puissance paternelle.

Toute notre étude va précisément consister à étudier les changements apportés par le divorce aux relations

(1) Aubry et Rau, VI § 550, p. 82 et § 551, 4° ; Demolombe, VI, 402 à 406, nᵒˢ 365 et s. ; Req. rej. 3 mars 1856, Sir., 1856, 1, 408 ; Paris 27 juillet 1875, Dal., 1877, 1, 61 ; Agen, 6 novembre 1889, Dal. 1890, 2, 25 et la note de M. de Loynes, professeur à la Faculté de Droit de Bordeaux.

juridiques entre les enfants et leurs parents, c'est-à-dire à la puissance paternelle prise dans son sens le plus étendu.

Dans ce chapitre, nous étudierons quelle modification apporte le divorce au principe même de la puissance paternelle. Dans les chapitres qui suivront, nous étudierons ce que deviennent avec le divorce les divers attributs de la puissance paternelle. Nous examinerons, d'abord, les point réglés par la loi, ensuite, les points qu'elle n'a point prévus formellement et pour lesquels nous appliquerons les principes qui auront été par nous admis dans la question traitée dans la section IIe du présent chapitre.

SECTION II. — Que devient la puissance paternelle, après le divorce ?

Le principe même de la puissance paternelle n'a pas été l'objet d'une disposition formelle de la part du législateur de 1884, pas plus que de celui de 1804 ou de 1792.

Dans l'article 302 du Code civil, le législateur se contente d'indiquer à quelle personne seront confiés les enfants issus du mariage dont on a prononcé la dissolution, tandis que l'article 303 accorde à chacun des époux le droit de surveiller l'entretien et l'éducation de ses enfants.

Il est fâcheux que le législateur n'ait pas tranché la question de savoir ce que devenait la puissance paternelle.

Les auteurs sont en complet désaccord sur ce point.

L'on peut compter jusqu'à 5 systèmes qui ont été présentés.

Premier système. — *La puissance paternelle suit le droit de garde.*

Zachariæ (1) qui soutient ce système, prétend que l'intérêt des enfants exige impérieusement que l'exercice de la puissance paternelle soit concentré dans les mains d'un seul. C'est oublier qu'en cas de conflit, les tribunaux pourront toujours trancher les difficultés.

L'époux qui aura obtenu le divorce et se sera vu octroyer la garde des enfants, n'en aura pas par cela seul toujours forcément raison dans les divers conflits qui pourront s'élever à l'occasion des enfants. La passion est mauvaise conseillère et c'est la passion qui le guidera le plus souvent dans ces cas.

De plus, le savant auteur voit, dans les déchéances apportées à la puissance paternelle par les articles 302, 303, 304 et 386 du Code civil, l'indice de l'intention du législateur d'enlever à l'époux, aux torts de qui le divorce est prononcé, tout pouvoir et tout droit d'ingérence. Le divorce, d'après lui, doit avoir pour conséquence de faire considérer l'époux contre lequel il est prononcé comme mort en ce qui concerne la puissance paternelle et de déférer complètement cette autorité à l'époux qui triomphe dans l'instance.

D'après cette opinion, la règle est que le conjoint contre qui le divorce est prononcé est privé de tous ses droits sur les enfants ; c'est par exception que certains

______

(1) Massé et Vergé, sur Zachariæ, I, n° 271.

droits lui sont accordés par une disposition formelle de la loi ou d'un jugement.

D'ailleurs, ajoute-t-il, les droits de correction, d'administration, ne peuvent être *efficacement* exercés que par la personne à qui sont confiés les enfants ; et, comme ce sont là, avec le droit de garde, les deux prérogatives les plus importantes de la puissance paternelle, on en conclut que les autres doivent se trouver réunies dans les mêmes mains.

Nous verrons qu'on conçoit très bien le droit d'administration détaché du droit de garde. A Rome, notamment, le tuteur, qui avait l'administration de la fortune du pupille, n'avait pas la direction de sa personne ; dans notre droit, cette prérogative paraît si peu être l'apanage exclusif du gardien que certains textes de nos lois, dans des cas spéciaux, jugent nécessaire de s'en expliquer (art. 141, C. civ.).

Quant au droit de correction, qui constitue en effet, l'une des prérogatives les plus caractéristiques de la puissance paternelle, il faut, au contraire, éviter de le confier dans tous les cas au gardien. Ce gardien, on le verra, peut être choisi parmi les tiers. Or comment concevoir un tiers investi du droit de correction ?

On ne peut pas considérer comme mort en ce qui concerne la puissance paternelle l'époux contre lequel le divorce est prononcé, alors que la loi permet de lui confier les enfants.

D'ailleurs, avec le système de Zachariæ, que signifierait l'article 303 du Code civil ?

L'article 303 dit que les père ou mère à qui la garde

ne sera pas confiée *conserveront* respectivement le droit
de surveiller l'entretien et l'éducation de leurs enfants.
Si l'époux contre lequel le divorce est prononcé conserve
le droit de surveillance, comment serait-il considéré
comme mort ? Le système de Zachariæ ne peut pas se
soutenir sans faire abstraction de l'article 303.

Un dernier argument contre ce système nous est fourni
par la loi du 24 juillet 1889. L'article 1ᵉʳ de cette loi énumère les cas où les père et mère sont déchus de plein
droit de la puissance paternelle. L'article 2 énumère ceux
où ils peuvent être déchus de cette puissance. La loi
n'aurait eu garde d'oublier ce cas de déchéance de la
puissance paternelle. Or elle n'en parle nullement. Si l'on
arrive à faire déclarer déchu de la puissance paternelle
un époux divorcé, ce ne sera pas par suite du jugement
de divorce lui-même et en se bornant à invoquer que le
divorce a été prononcé contre lui ; mais en intentant une
instance spéciale, basée peut-être sur les mêmes faits
que ceux qui ont entraîné le divorce, mais qui sera absolument nécessaire pour faire prononcer la déchéance
de la puissance paternelle.

Ainsi, le paragraphe 6 de l'article 2 de la loi permet de
déclarer déchus de la puissance paternelle « les père et
mère qui, par ... *leur inconduite notoire et scandaleuse...*
comprommettent... la moralité de leurs enfants ». Cette inconduite notoire et scandaleuse de l'un des époux aura
peut-être été la cause du divorce, celui-ci ne sera cependant pas déchu par cela même de la puissance paternelle ; il faudra que cette déchéance soit demandée spécialement, dans une instance nouvelle, par l'autre époux,

ou l'un des parents de l'enfant, ou par le ministère public.

Deuxième système. — La puissance paternelle disparaît pour faire place à la tutelle.

Cette opinion est implicitement admise par Delvincourt (1) et par Locré (2), qui envisagent la personne chargée de l'éducation des enfants comme un véritable tuteur, et qui veulent qu'il lui soit adjoint un subrogé-tuteur.

« A la vérité, dit Delvincourt, le Code ne dit pas formellement que l'époux ou la tierce personne à qui les enfants sont confiés seront tuteurs ; mais l'article disant que *les enfants seront confiés à*, etc., donne évidemment à la personne à laquelle ils seront confiés l'administration de leurs personnes et par suite de leurs biens s'ils en ont. Or, l'administration de la personne et des biens n'est autre chose que la tutelle. D'ailleurs, l'article 303 dit que les père et mère surveillent, ce qui suppose qu'une autre personne sera chargée de l'administration, ou, ce qui est la même chose, de la tutelle ».

Locré dit de son côté : « Je conviens que le texte des articles 302 et 303 pourrait être plus positif ; mais l'intention du législateur est évidente. La loi serait bien imprévoyante si elle présentait une lacune sur ce point ; on doit penser qu'elle recèle quelque part des dispositions qui les règlent. Qu'on n'objecte pas que les articles 302 et 303 ne parlent pas de tutelle, qu'ils se bornent à *confier* les enfants, que cette locution semble ré-

____

(1) *Instit. du droit français*, I, p. 168.
(2) *Esprit du Code Napol.*, VI, p. 24 et s.

duire les pouvoirs de la personne à laquelle les enfants
sont remis à prendre soin de leur éducation, qu'il n'y a
pas une tutelle véritable. En réalité, le gardien ne dirige
pas seulement l'éducation, il pourvoit encore à l'entretien ; comment y pourvoirait-il, si la loi ne lui donnait
l'administration des biens et la disposition des revenus ».

Locré fait même observer que la tutelle dative prime
ici la tutelle légale des père et mère, que, notamment,
celle de la mère gardienne ou du tiers gardien passe
avant celle du mari.

Ce système qui ne laisse rien subsister de la puissance
paternelle nous semble admettre comme point de départ
ce qui est précisément en question et pécher ainsi par la
base.

Il admet comme certain que, lors de la dissolution du
mariage par le divorce, la tutelle s'ouvre, de même que
lors de la dissolution du mariage par la mort ; or l'article 390 du Code civil ne parle que de tutelle s'ouvrant
« après la dissolution du mariage arrivée par la mort
naturelle de l'un des époux ».

Pas une seule disposition du Code n'autorise à croire
qu'il puisse y avoir une tutelle pendant la vie des père et
mère, même au cas de divorce.

Dans le cas d'absence du père, alors qu'il serait utile
de prendre des mesures dans l'intérêt des enfants mineurs, cependant l'article 141 du Code civil se borne à
dire que « la mère en aura la surveillance » et qu'elle
« exercera tous les droits du mari quant à leur éducation
et à l'administration de leurs biens. »

Ce serait faire une violence étrange aux termes que

de donner aux expressions *confiés* et *entretien* employées par les articles 302 et 303, la signification de tutelle, alors surtout que les mesures décrétées par ces dispositions ne sont en aucune façon destructives de la puissance paternelle.

D'autres observations permettent, d'ailleurs, de démontrer qu'il ne s'agit par là d'une tutelle.

Les articles 302 et 303, que nous étudierons longuement à propos de la garde, disent que les enfants peuvent être confiés à une tierce personne, homme ou femme. Ce sera le plus souvent une femme quand les enfants sont du sexe féminin. Or, l'on sait qu'à l'exception de la mère et des ascendantes, qui peuvent être tutrices de leurs descendants, la femme ne saurait être chargée d'une tutelle (Art. 442, 3°, C. civ.). Cela prouve bien qu'il ne s'agit pas ici d'une tutelle.

De plus, quand la loi établit un tuteur, elle établit bien un subrogé-tuteur, mais jamais une surveillance des parents, comme le fait l'article 303.

Enfin, tandis que dans tous les cas de tutelle dative, même provisoire (art. 142, C. civ.) le conseil de famille est appelé à donner son avis, dans le cas qui nous occupe, la loi laisse au tribunal le soin de tout régler. Le législateur n'a donc pas voulu établir une tutelle dans cette hypothèse.

M. Carpentier qui combat ce système dit avec raison :

« Remplacer la puissance paternelle par la tutelle, c'est faire la loi, ce n'est pas l'interpréter (1) ».

(1) Voir sur cette question :
Carpentier, p. 302 ; Massol, n° 333 ; Toullier, II, n° 1094, 1095 ; Marcadé sur l'article 390, I ; Demante, II, n° 138 bis.

Troisième système. — La puissance paternelle est maintenue avec tous ses caractères entre les mains du père.

Ce système qui est partagé par un certain nombre d'auteurs considérables (1), et qui a été admis par quelques arrêts (2), a été présenté par Proudhon (3).

Voici quels sont les arguments que donne cet auteur en faveur de son système :

1° La loi donne au père la puissance paternelle d'une manière absolue, sans fixation de terme, donc elle la lui donne jusqu'à la mort.

Sauf pour le cas de prédécès du mari, aucune disposition du code ne vient déroger à ce principe général, aucun texte ne vient enlever cette autorité au père pour la donner à la mère. Le divorce ne peut pas faire échec à ce principe, puisqu'on ne trouve aucune disposition concernant le divorce qui le dise formellement. La puissance paternelle qui appartenait au père avant le divorce, lui appartient encore après, même s'il est prononcé contre lui. L'article 373 dit bien que le père n'exerce cette autorité que « durant le mariage » et semble bien viser le cas de dissolution du mariage par le divorce aussi bien que celui où il prend fin par la mort d'un époux. Mais, dans cet article, le législateur a eu en vue *id quod plerumque fit*, c'est-à-dire la dissolution du mariage par la mort d'un époux. En énonçant dans cet article que le

____

(1) Demante, I, n° 287 ; Massé, et Vergé, I, n° 232 ; Marcadé, n° 317; Demolombe, IV, n° 511 ; Massol, n° 333 ; Carpentier, n° 301.

(2) Trib. Louvain, 24 nov. 1877, Belg. jud. 1878, 11 ; Bruxelles, 6 fév. 1879, Pas. Belg., 1879, 3, 358.

(3) Etat des personnes, I, p. 328.

père exerce le pouvoir paternel durant le mariage, on a voulu régler le cas le plus fréquent.

Ce qui le prouve bien, c'est l'article 384 du Code civil qui, employant la même expression « *durant le mariage* », ajoute, « et après la dissolution du mariage *le survivant* des père et mère... », ce qui semble bien démontrer qu'en employant les mots *durant le mariage*, l'article 373 a voulu dire jusqu'à la mort de l'un des époux. D'ailleurs, parlerait-il aussi de la dissolution du mariage par le divorce, qu'il ne faudrait pas pour cela en conclure que le père divorcé soit privé de la puissance paternelle par le divorce, de même qu'on ne conclut pas de cette expression, *durant le mariage*, que le père survivant en soit privé par la mort de la mère, le contraire résultant bien évidemment des articles 148, 346, 380, 384 et 397 du Code civil. Le législateur ne s'est pas occupé ici de régler les modes d'extinction de la puissance paternelle, mais seulement de déterminer quel est celui des époux qui est appelé à l'exercer pendant le mariage.

2° De plus, l'article 303 porte que les père et mère *conserveront* respectivement le droit de surveiller l'entretien et l'éducation de leurs enfants. Puisque la loi emploie le mot *conserveront*, c'est qu'il n'y a rien de changé dans leurs droits.

3° Enfin, pour Proudhon, la puissance paternelle absorbe en elle la tutelle. On ne peut être destitué de la tutelle que pour des motifs déterminés. Or le divorce n'est pas une cause de destitution, puisque la loi permet de confier les enfants, même à celui des époux contre lequel le divorce est prononcé. De plus, la destitution doit être débattue en conseil de famille, et on ne rencontre rien de tel ici. Donc, le père demeure le seul tuteur de ses enfants mineurs, et, comme la tutelle n'est qu'un dérivé de la puissance paternelle, s'il la conserve, c'est qu'il conserve aussi la puissance paternelle.

Le premier de ces arguments constitue une pétition de principes : Proudhon affirme précisément le point qui est à prouver. Il s'agit de démontrer que, même si le divorce est prononcé contre lui, le mari reste investi de la puissance paternelle et l'argument part de ce point qu'il admet comme certain que ce pouvoir est confié au père pour toute sa vie.

Cette façon d'envisager la question vient de ce que Proudhon assimile la puissance paternelle du Code civil à la *patria potestas* du droit romain ; or cette assimilation est inexacte : Chez les Romains, la *patria potestas* faisait du père non seulement l'être principal, mais le maître absolu de la famille, tandis que la femme et les enfants étaient des personnes inférieures, sans autorité, se groupant accessoirement autour du père, auquel elles étaient jointes par une sorte de lien d'esclave à maître.

Il y a loin de cette *patria potestas* à notre puissance paternelle, à ce pouvoir paternel de notre législation qu'un auteur belge, M. Willequet, dénomme avec beaucoup de raison *puissance parentélaire*. Elle n'est pas le privilège exclusif du père. S'il en a seul l'exercice pendant le mariage, si, à ce point de vue, il tient en subordination l'autorité de la mère, c'est à raison de la nécessité d'une direction unique dans l'association conjugale et dans l'éducation des enfants. L'exercice de la double autorité du père et de la mère conduirait inévitablement à des conflits sans issue : c'est pourquoi, pendant le mariage, le mari seul en a l'exercice. Cette suprématie qui ne se rattache qu'à l'exercice de la puissance paternelle, cesse de plein droit avec le mariage. Ainsi se justifie l'interprétation que comporte selon nous l'article 373.

On ne peut pas faire abstraction du principe moderne de l'égalité des droits entre les époux. Ces droits coexistent dans le mariage. Seulement, sous peine d'établir l'anarchie, il a fallu, dans cette société de deux, créer une prépondérance, concentrer ces droits dans une main unique, qui est naturellement celle du mari. Mais cette subordination de la femme, née de la nécessité, introduite dans un but d'ordre public, celui d'assurer à la société conjugale le bénéfice d'une direction unique, doit cesser lors de la dissolution du mariage.

De même que la femme cessera de devoir obéissance au mari, de même qu'elle ne devra plus le suivre, qu'elle aura un domicile indépendant, de même aussi elle rentrera dans la plénitude de ses droits de mère, dont l'exercice avait été confié au mari pendant le mariage, par une délégation légale (art. 373, C. civ.).

Le deuxième argument de Proudhon n'est guère sérieux.

De ce que l'article 303 porte que les parents conservent le droit de surveillance, l'auteur conclut qu'ils conservent tous les droits de la puissance paternelle : Il faudrait, pour que cela fût vrai, que le droit de surveillance contînt en lui toute la puissance paternelle.

Sans doute, l'autorité paternelle subsiste, mais son exercice est modifié. D'ailleurs, le texte parle de la mère aussi bien que du père. S'il avait la portée que veut lui donner Proudhon, il prouverait le contraire de ce qu'il veut lui faire dire.

Le troisième argument présenté par Proudhon repose sur une confusion complète entre la tutelle et la puissance paternelle.

L'auteur admet comme point de départ que, dès avant le divorce, le père était déjà tuteur de ses enfants, et, de ce que le Code ne formule pas ici de cause de destitution de la tutelle, il en conclut que le divorce n'est pas non plus une cause de destitution de la puissance paternelle.

Parce que la tutelle est une espèce de démembrement de la puissance paternelle, il ne s'ensuit pas que les formes et les causes de destitution de la tutelle s'appliquent aussi à l'autorité paternelle.

Nous n'avons pas à examiner ni à appliquer les règles de la tutelle. Toute la question est de savoir si le père est ou non dépouillé de la puissance paternelle.

Quatrième système. — La puissance paternelle est partagée entre les deux conjoints.

Le divorce laisse subsister les liens de paternité et de filiation. Les droits des père et mère, comme auteurs de leurs enfants, subsistent, tandis que ceux qu'ils avaient en tant qu'époux s'éteignent à la rupture du mariage.

Il y a dans l'institution du mariage une nécessité qui dérive de l'association conjugale même et que toutes les législations ont dû consacrer : c'est la suprématie de l'un des époux et la subordination de l'autre.

En principe, pendant le mariage, les deux conjoints ont les mêmes droits, la même autorité ; mais l'exercice simultané de leurs droits par les deux époux serait impossible, il conduirait inévitablement à des conflits sans issue. On devait donc, dans l'intérêt même de la société conjugale, confier l'exercice de ces droits, de cette autorité, à un seul des époux. C'est le mari, investi déjà de l'autorité maritale, qui était tout désigné pour exercer l'autorité paternelle durant le mariage. C'est lui que la loi a choisi.

Le Code civil consacre ces principes dans les articles 372 et 373.

Dans l'article 372 le législateur pose le principe : « Il (l'enfant) *reste sous leur autorité* (du père et de la mère) jusqu'à sa majorité ou son émancipation. »

L'article 373 ajoute : « *Le père seul exerce* cette autorité durant le mariage. »

L'enfant est donc bien sous l'autorité des deux époux ; mais le mari seul en a l'exercice pendant le mariage. Cette centralisation de tous les pouvoirs entre les mains du père pendant le mariage, qui fait la force de l'autorité maritale, ne nie pas et ne détruit pas le droit de la femme ; elle ne fait qu'en régler l'exercice dans un but d'ordre public.

La meilleure preuve de ce que nous avançons c'est que, même pendant le mariage, l'exercice de la puissance paternelle cesse d'être exclusif en faveur du père, quand, par une disposition spéciale, la loi accorde à la mère des droits égaux aux siens, ce qui n'arriverait jamais si la mère ne partageait pas en principe la puissance paternelle avec le père.

Ainsi, pour le mariage du fils âgé de moins de vingt-cinq ans et de la fille âgée de moins de vingt-un ans, il faut le consentement *des père et mère* (art. 148, C. civ.) et ce n'est qu'en cas de dissentiment que celui du père suffit.

L'article 151 du Code civil prescrit aux enfants ayant atteint la majorité de l'article 148, de demander, par un acte respectueux et formel, le conseil de leur père *et de leur mère,* avant de contracter mariage.

L'article 182 du Code civil permet à la mère, tout aussi bien qu'au père, d'attaquer le mariage contracté sans le consentement du père, dans les cas où ce consentement était nécessaire.

L'article 184 du Code civil donne ce même droit à tous ceux qui y ont intérêt, dans les cas de contravention aux articles 144, 147, 161, 162 et 163 du Code civil.

L'article 191 du Code civil donne aussi aux père et mère le droit d'attaquer le mariage « qui n'a point été contracté publiquement et qui n'a point été célébré devant l'officier public compétent ».

D'après l'article 346 du Code civil, si l'adopté a ses père et mère et qu'il soit âgé de moins de vingt-cinq ans, il sera tenu de rapporter le consentement donné à l'adoption par *ses père et mère* ; s'il est majeur de vingt-cinq ans, il sera tenu de recueillir leur conseil.

Hors le cas de l'article 366 du Code civil, nul époux ne

peut adopter qu'avec le consentement de son conjoint (art. 344, C. civ.).

Après la dissolution du mariage, la suprématie du mari n'a plus de raison d'être, l'inégalité cesse, la subordination disparaît, la femme a alors un droit égal à celui du mari.

Dans l'article 302 il ne s'agit pas de puissance paternelle. L'article indique simplement à qui doit appartenir la garde de l'enfant. Il énumère les personnes aux *soins* de qui les enfants peuvent être confiés ; qui dit *soins* dit *entretien* et *éducation*. D'ailleurs, l'article 303 indique bien que telle est la signification de l'article 302, en disant que l'époux qui n'est pas chargé de la garde, conserve le droit de surveiller l'entretien et l'éducation. Donc l'article 302 n'accorde au gardien que l'entretien et l'éducation, et, par suite, le gardien n'est pas investi de la puissance paternelle. En outre, en disant que les père et mère conserveront le droit de surveiller l'entretien et l'éducation de leurs enfants, l'article 303 fait suffisamment entendre que rien n'est modifié, en principe, dans les droits des père et mère relativement à la personne des enfants. Mais les choses ne sont pas dans le même état que pendant le mariage, où l'article 373 donnait l'exercice exclusif de la puissance paternelle au père. Maintenant que le mariage est dissous, cette suprématie du père sur la mère qui n'était nécessitée que par le besoin d'unité de direction, n'a plus de raison d'être, le mariage cessant ; les deux époux ont l'exercice de leurs droits.

Cependant, l'exercice de ce pouvoir égal par les deux

parents serait impraticable dans plusieurs cas, notamment quand il s'agit de l'éducation des enfants, parcequ'elle demande de l'unité dans la direction. Il fallait donc confier cette éducation à une seule personne, autant que possible, le père ou la mère.

La loi la confie, en principe, à celui des époux qu'elle présume le plus digne, sauf au tribunal de déroger à cette règle, sur la demande de la famille ou du ministère public, si l'intérêt des enfants l'exige (art. 302, C. civ.).

Mais, ce principe d'unité d'éducation étant sauvegardé, l'égalité des époux subsiste. Ainsi, chacun des père et mère a le droit de surveillance et tous les deux supportent les charges (art. 303, C. civ.) (1).

M. Carpentier (2) reproche à cette opinion d'attribuer à la mère de nouveaux droits, sous prétexte de lui conserver ceux qu'elle avait avant le divorce.

M. Legendre (3) répond aux objections de M. Carpentier :

« Nous ne donnons pas à la femme plus de droits qu'elle n'en avait. Nous lui restituons seulement l'exercice de ceux entiers, incontestables, dont pendant le mariage il fallait bien la priver pour obtenir unité d'éducation. Et, d'ailleurs, nous pourrions répondre que, d'une façon générale, le divorce a bien pour effet de don-

(1) Voir dans ce sens : Demolombe, II, p. 582, n° 511 ; Moraël, n° 632 et s. ; Willequet, p. 261 ; Laurent III, n° 294; Vraye et Gode, II, n° 748 et s. ; Boistel, *Puissance paternelle*, p. 190, *Pandectes Belges*, V° *Divorce*, n°s 1447 et s. ; — Cass., 30 mars 1859, Sir. 1859,1, 661 ; Cass., 29 avril 1862, Sir. 1862, 1, 945.

(2) Carpentier, p. 301.

(3) *Effets du divorce*, p. 217.

ner à la femme plus de droits qu'elle n'en avait, *durante matrimonio* ».

Cinquième système. — D'autres auteurs, et notamment M. Coulon, subdivisent la question.

Pour lui, si c'est le mari qui a fait prononcer le divorce et si la garde des enfants lui a été conservée, la puissance paternelle ne subit aucune atteinte et le mari l'exerce comme pendant le cours du mariage ; la femme n'a que le droit de surveillance qui lui est formellement reconnu par l'article 303 et qui lui permet de s'adresser aux tribunaux, quand elle estime que le père abuse du pouvoir qui lui est donné.

Quand ce n'est pas au mari qu'est attribuée la garde, cet auteur estime qu'il faut, pour résoudre la question de savoir ce que devient la puissance paternelle, ne pas vouloir poser un principe absolu, qu'une pareille question doit être tranchée par des distinctions, selon les différents éléments qui composent la puissance paternelle, et que c'est à propos de chacun des attributs de la puissance paternelle qu'une solution peut être indiquée (1).

Si c'est la femme qui a obtenu le divorce et si c'est à elle que les enfants ont été confiés, alors, par suite de ces circonstances, elle se trouve avoir l'exercice de certains droits qu'elle n'avait qu'en principe, *durante matrimonio*. D'un autre côté, par suite de ces mêmes circonstances, le père, tout en conservant en principe la puissance paternelle, se trouve très souvent empêché

____

(1) Voir, notamment, à propos du droit de correction : Coulon, *Manuel Formulaire*, 5ᵉ édit., p. 370.

de l'exercer. Dans ce cas, c'est la mère seule qui l'exercera.

Mais alors, que décider avec cette opinion, quand la garde est confiée à une tierce personne ? Il faudra bien, cependant, décider à qui appartient l'exercice de la puissance paternelle.

M. Coulon, dans ce cas, semble exiger que le tiers gardien s'adresse aux tribunaux, qui décident, après avoir pris l'avis des père et mère.

Sixième système. — Pour nous, nous sommes tentés d'admettre le quatrième système un peu corrigé.

Pendant le mariage, les deux époux ont simultanément la puissance paternelle ; seulement, par suite de l'impossibilité de la dualité dans l'exercice de cette puissance paternelle, cet exercice n'appartient qu'au père pendant le mariage, sauf dans des cas très rares où la loi accorde l'exercice de ce droit simultanément aux deux époux.

Quand le mariage est dissous par le divorce, en général, l'exercice de la puissance paternelle redevient possible pour le père et la mère, elle leur appartient également ; chaque époux exerce au même titre la même autorité que son ci-devant époux.

Par exception, pour certains des droits de la puissance paternelle, l'exercice simultané par les deux époux serait impossible ou difficile ; cette double autorité ne peut absolument pas fonctionner ; alors, pour le plus grand avantage des enfants, l'exercice de ces droits n'appartient qu'à l'un des époux, — d'ordinaire à celui qui a obtenu la garde des enfants, — soit que la loi l'ait indiqué formellement, soit que cela ressorte des principes généraux. C'est dans la nécessité seule que cette suprématie puise sa raison d'être ; et quand cette nécessité existe, c'est dans la loi qu'il faut chercher quels sont les motifs permettant d'attribuer la prépondérance à l'un des époux plutôt qu'à l'autre. Or, quand l'un des époux a obtenu la garde des enfants, il est clair que la plupart des attributs de la puissance paternelle seront forcément concentrés dans ses mains, l'exercice en étant impossible, ou tout au moins difficile, pour l'autre époux; l'exercice simultané des droits dérivant de la puissance paternelle ne sera autorisé que quand il ne gênera en rien l'exercice du droit de garde.

CHAPITRE II

La garde des enfants est un droit important découlant
de la puissance paternelle, si important même que certains ont voulu inférer de ce que la garde était retirée
au père, que celui-ci avait perdu la puissance paternelle (1). Nous avons vu ce qu'il fallait penser de cette opinion ; mais le seul fait qu'elle puisse être soutenue démontre l'importance du droit de garde.

Pendant le mariage, la garde des enfants appartient
sans conteste au père. Cependant, la doctrine et la jurisprudence admettaient généralement (2) que les tribunaux qui ne pouvaient, avant la loi du 24 juillet 1889,
priver les père et mère de la puissance paternelle que
dans le cas de l'article 335 § 2 du Code pénal, avaient le
droit, lorsque les circonstances l'exigeaient, d'en modifier ou d'en limiter l'exercice dans l'intérêt de l'enfant,
notamment en ce qui concerne la garde.

Cette question est, au contraire, très discutée depuis
la loi du 24 juillet 1889, dont le titre Ier s'occupe de la
déchéance de la puissance paternelle. Il semble que la

(1) Massé et Vergé, sur Zachariæ, I, n° 271.
(2) Voir les auteurs et les arrêts cités, page 9, note 1.

loi, permettant de déclarer le père déchu de la puissance paternelle, interdise par cela même aux tribunaux d'enlever *principaliter* la garde au père ou à la mère, en dehors des cas prévus par elle (1).

Nous n'entrerons pas dans les détails de cette intéressante question, car le législateur a pris le soin de s'expliquer sur le droit de garde dans le cas de dissolution du mariage par le divorce. Dans ce cas, les deux époux sont vivants ; le plus souvent l'époux contre lequel le divorce a été prononcé n'en est pas moins dévoué à ses enfants que celui qui l'a obtenu en sa faveur : Pour être mauvais époux, on n'est pas forcément mauvais père. Mais le mariage est dissous, la famille dispersée ; les enfants doivent suivre l'un des époux à qui est confiée la garde. Le législateur l'accordera à celui des parents qui paraît le plus digne, à celui au profit duquel le divorce a été prononcé. C'est auprès de lui que les enfants trouveront les meilleurs exemples. Leur intérêt commande ce choix.

Le droit de garde étant le plus important, et le seul pour lequel la loi se soit expliquée, nous allons l'étudier en détail et dire même, à son occasion, les généralités se rapportant aux autres mesures prises dans l'intérêt des enfants, en cas de divorce. Nous indiquerons, notamment, les moyens de recours donnés aux parties contre les décisions relatives à ces mesures, les tribunaux qui sont compétents pour statuer sur ces me-

(1) Agen, 6 nov. 1889, Dal., 1890, 2, 25 et la note complète de M. de Loynes, professeur à la faculté de droit de Bordeaux.

sures, etc., quitte à indiquer ensuite, en les étudiant séparément, les particularités qui pourraient se rattacher à chacune d'elles.

SECTION I. — Ancien Droit. Décret du 20 septembre 1792.

Le divorce n'existait pas dans l'ancien droit. La religion catholique étant la religion d'état, il était naturel que le principe de l'indissolubilité du mariage imposé par cette religion à ses fidèles, fût considéré comme un principe essentiel et fondamental, contre lequel aucune loi ne pouvait être promulguée.

Le décret du 20 septembre 1792 vint établir le divorce en France. Il prit soin de traiter avec assez de détails cette importante question de la garde des enfants ; sur certains points même il consacra des solutions qu'on regrette de ne pas retrouver dans la nouvelle loi.

La question de la garde était réglée dans les articles 1er à 9 du § 4 :

A. — Dans le cas de divorce par consentement mutuel ou sur la demande d'un époux pour incompatibilité d'humeur, le tribunal n'était pas saisi des griefs des deux époux, le divorce était prononcé purement et simplement, sans que le tribunal sût de quel côté étaient les torts ; dans ce cas, naturellement, le juge ne pouvait pas, pour le plus grand avantage des enfants, attribuer leur garde à l'époux non coupable, puisqu'il n'y avait pas d'époux coupable aux yeux du tribunal. Il ne pouvait régler la garde des enfants que selon ce qui paraissait devoir être leur intérêt, en partant de cette considération que les parents devaient être tenus pour également dignes de se la voir attribuer.

Les filles semblent avoir bien plus besoin des soins et de la direction de la mère que les garçons, de même les garçons d'un jeune âge. L'article 1er du § 4 de la loi du 20 septembre 1792 disposait que les filles et les garçons âgés de moins de sept ans devaient être confiés à la mère. Au contraire, pour les garçons âgés de plus de sept ans, bien qu'un peu jeunes encore, ils peuvent se passer des soins de leur mère ; de plus, destinés par leur sexe à affronter de bonne heure les luttes de l'existence, il est bon qu'ils vivent avec leur père et reçoivent de lui une éducation appropriée à leur genre de vie futur ; aussi, l'article 1er du   4 de la loi confiait-il au père la garde des garçons âgés de plus de sept ans.

B. — Quand le divorce était prononcé pour cause déterminée, le tribunal avait examiné les griefs de chacun des époux, il pouvait savoir lequel d'entre eux était le plus digne, cependant, il ne pouvait pas statuer lui-même sur le sort des enfants. Le législateur de 1792 estimait que le juge n'est pas apte à savoir toujours ce qui convient le mieux aux enfants. Leur sort était réglé par une *assemblée de famille* (§ 4, art. 2). En cas de nouveau mariage de l'un des époux divorcés, l'assemblée statuait à nouveau (1), (§ 4, art. 4).

Voilà, à notre avis, une mesure que l'on ne peut qu'approuver et qu'on doit regretter de n'avoir pas vue

____

(1) Et sans doute aussi quand survenaient des changements dans la situation des parents ou des enfants.

rèproduite par la loi de 1884 ; avec ce système l'on est
à peu près assuré que la garde des enfants sera toujours
attribuée à celui qui présentera pour eux le plus de garantie. L'assemblée de famille, présidée par un officier
municipal, était composée de personnes portant à l'enfant un grand intérêt, connaissant mieux que les juges
les dissentiments qui avaient entraîné la désunion, et
leurs véritables causes, connaissant la dignité dès parents, leur affection pour leurs enfants. Mieux que personne cette assemblée était à même de se décider dans
son choix. La seule critique qu'on pût adresser à cette
assemblée, c'était le rôle trop effacé du président. L'on
eût dû lui donner, en cas de désaccord, voix prééminente,
comme on l'a fait pour le juge de paix, président du conseil de famille.

Si le tribunal de famille ne tranchait pas la question,
elle était portée devant le tribunal du district (1).

Avec la règle admise par le législateur de 1804 et par
celui de 1884 et de 1886, tout porte à croire que les enfants seront remis à l'époux le plus digne ; mais malheureusement, parfois, l'époux qui obtient le divorce est,
non pas le plus digne, mais le plus adroit ; il a su prouver
les torts de son conjoint et cacher adroitement les siens.
Et, cependant, c'est lui qui obtiendra la garde des enfants.
Sans doute, nous verrons que l'article 302 permet au tribunal de déroger au principe, sur la demande de la famille ou du ministère public. Mais, en fait, la famille
pour qui cette intervention n'est qu'une faculté et non
un devoir, n'usera de son droit que très rarement, le

(1) Article 2, décret 8-14 nivôse, an II.

ministère public interviendra plus rarement encore, et le sort des enfants sera ainsi réglé parfois suivant le plus ou moins d'adresse des parties en cause. Cela est si vrai, que, contrairement aux tribunaux belges et à la lettre de la loi, les tribunaux français se sont arrogé le droit de ne pas confier la garde de l'enfant à l'époux qui a triomphé dans l'instance en divorce, et cela, sans être saisis de cette demande par la famille ou le ministère public.

Même en reconnaissant ce droit aux tribunaux, l'on doit regretter le système de la loi du 20 septembre 1792, car ces correctifs au principe posé dans l'article 302 sont insuffisants. La famille qui n'est pas obligée par la loi d'intervenir, restera le plus souvent indifférente ; quant au tribunal, il ne pourra souvent, pas plus que le ministère public, démasquer l'époux le plus adroit.

SECTION II. — Législation du Code et des lois du 27 juillet 1884 et du 20 avril 1886.

§ 1er. *De la garde des enfants pendant l'instance en divorce.*

I. Législation du Code et de la loi du 27 juillet 1884.

A. — *Principe : La garde reste au mari.* — L'article 267 du Code civil, maintenu sans modification par la loi du 27 juillet 1884, disait : « L'administration provisoire des enfants restera au mari demandeur ou défendeur en divorce, à moins qu'il n'en soit autrement ordonné par le tribunal, sur la demande, soit de la mère, soit de la famille ou du ministère public, pour le plus grand avantage des enfants ». Donc, la règle générale était que, pendant l'instance en divorce, le père, demandeur ou défendeur, gardait l'administration provisoire des enfants. Alors que rien ne vient permettre au tribunal de se décider en faveur de l'un ou de l'autre des époux, que le fait par la femme d'être demanderesse ne constitue pas une présomption suffisante pour permettre de porter aux droits du mari sur les enfants une telle atteinte, les choses doivent rester en l'état où elles étaient avant la demande en divorce. Le père conservait l'administration des enfants, et, par suite, la garde, tant que le mariage n'était pas dissous.

Cependant, comme il peut y avoir de graves inconvénients à ce que les enfants restent dans tous les cas sous la garde du père pendant toute l'instance en divorce, la loi autorisait expressément la mère, la famille et le ministère public à demander qu'il n'en fût pas ainsi, en faisant valoir les raisons qui militaient en faveur de l'exception réclamée.

Cette disposition de l'article 267 du Code de 1804, reproduite sans aucun changement par la loi du 27 juillet 1884, n'était pas suffisante. Elle ne permettait pas de régler provisoirement le sort des enfants dès le début de l'instance, conformément à leur intérêt. Que le père fût demandeur ou défendeur, l'administration provisoire lui restait, tant que le tribunal n'avait pas décidé le contraire, sur la demande de qui de droit. Sans doute, la puissance paternelle avec toutes ses prérogatives est chose respectable, et il ne faut y toucher qu'avec la plus grande réserve et le plus rarement possible ; on comprend

que le législateur ne prive que difficilement le père de
la garde de ses enfants, dès le début de l'instance, alors
que le mariage subsiste encore. Cependant, la règle de
l'article 267 était trop absolue. Il eût fallu que, dès le
début, le président conciliateur pût prendre telles mesures qu'il aurait cru bonnes pour les enfants. Qu'il doive
autant que possible conserver la garde des enfants au
père, c'est bien, mais il est des cas où il n'aurait pas hé-
sité à confier les enfants à la mère ou à une tierce personne s'il en avait eu le droit. La loi aurait dû lui donner ce pouvoir pour ces cas exceptionnels.

B. — *Le président pouvait statuer en cas d'urgence et
enlever la garde au mari.* — L'on comprenait si bien
combien fâcheuse était cette situation, que, malgré les
termes formels de l'article 267 : « à moins qu'il n'en soit
autrement ordonné par le *tribunal*..... », beaucoup d'auteurs étaient d'accord avec la jurisprudence pour permettre au président conciliateur de statuer *en cas d'urgence*, mais par une ordonnance spéciale rendue sur
référé, par application des articles 806 et suivants du
Code de Procédure civile. L'on raisonnait ainsi à propos
de la séparation de corps. La même solution aurait sans
doute été adoptée pour le divorce (1).

(1) Comparer : Demolombe, IV, 452 ; Aubry et Rau, V, p. 198,
§ 494 ; Laurent, III, n° 254 ; Massé et Vergé, sur Zachariæ, I, p. 278,
§ 155 ; Le Senne, n°s 258 et 259 ; Massol, p. 227 ; Bertin, *Ord. sur req.*,
2e édit., I, n° 680 et s.; Bazot *Ord.*, p. 281 et s.; de Belleyme, *Ord.
sur req. et réf.*, I, p. 322 et s.; Dijon, 28 déc. 1859, Sir., 1860, 2, 270 ;
Grenoble, 2 mai 1864, Dal., 1865, 2, 145 ; Orléans, 1er mai 1869, Sir.,
1870, 2, 13 ; Aix, 13 mai 1873, Sir., 1873, 2, 13 ; Cass., 15 juil. 1879,
J. Pal., 1880, 225 ; Paris, 1er mai 1873 et 19 juillet 1878, *J. P.*, 1880,
p. 228 ; — *Contrà*, Dijon, 28 décembre 1859, Sir., 1860, 2, 270.

L'article 878 du Code de Procédure civile indique ce que fera le président ou le juge conciliateur lors de la seconde comparution et les mesures qu'il pourra prendre. Il dit formellement que ce juge peut « autoriser la femme à procéder sur la demande et à se retirer provisoirement dans telle maison dont les parties seront convenues ou qu'il indiquera d'office », et ordonner « que les effets à l'usage journalier de la femme lui seront remis. » Il ajoute que « les demandes en provision seront portées à l'audience. »

Cet article 878 rapproché de l'article 267 du Code civil semble bien trancher la question en sens contraire. Le texte énumère les questions sur lesquelles le président décidera et il n'y est pas question de la garde des enfants. De plus, ajoutait-on, l'article 878 dit formellement que les demandes en provision seront portées à l'audience. C'est assez dire que toutes les mesures dont ne parle pas l'article 878 devront être demandées au tribunal.

A cela on répondait : Sans doute, l'article 878 du Code de Procédure civile ne prévoit que certaines mesures, les mesures inévitables, celles qui sont forcément la conséquence de la désunion des époux. Pour les autres, notamment pour la garde des enfants, ce sont des mesures accidentelles, sur lesquelles il n'y aura pas toujours à statuer : le texte n'en parle pas comme de celles qui doivent toujours se produire. Les enfants restent de droit chez leur père (art. 267, C. civ.) ; voilà la situation normale ; il n'y sera dérogé que dans des hypothèses rares.

Quant à l'argument *a contrario* employé pour élargir une exception, on sait ce que valent de pareils arguments. Tout ce que l'on peut tirer du silence de l'article 878 du Code de Procédure civile sur les autres mesures, et notamment sur la garde des enfants, c'est que le président saisi comme magistrat conciliateur ne peut pas, comme tel, statuer sur toutes les demandes des parties. Mais, il ne faut pas oublier qu'il y a au Code de Procédure civile un article 806 qui attribue compétence au président statuant en référé pour ordonner toutes mesures provisoires, à la condition qu'elles soient urgentes. C'est l'urgence qui permet de savoir qui, du tribunal ou du président, doit être juge des mesures à prendre.

Si l'on estime qu'il y a urgence à ce que la garde des enfants soit enlevée au père, l'on peut saisir le président par la voie du référé.

M. Labbé, dans une note très complète, sous un arrêt de la Cour de cassation du 15 juillet 1879 (*J. du Pal.* 1880, 225), dit fort justement : « L'article 267 du Code civil pose un principe ; mais il n'a pas été rédigé dans la pensée d'enlever au président la compétence spéciale que lui donne le fait de l'urgence. Le mot *tribunal* est employé dans cet article comme synonyme de *justice*. Le père garde l'administration des enfants du mariage pendant le procès, à moins qu'il n'en soit ordonné autrement par justice ».

Le législateur a voulu dire : si l'on veut faire enlever au père l'administration, il sera statué par le juge que désignent les principes généraux : le *président*, s'il y a urgence, le *tribunal*, dans les autres cas.

D'ailleurs le mot *tribunal* a été substitué dans les travaux préparatoires au mot *juge* pour éviter l'équivoque contraire (1).

C. — *Cette ordonnance devait-elle être motivée ?* — L'on comprend l'intérêt de cette question, qui était très discutée ; cela revenait à se demander si cette ordonnance était de juridiction contentieuse ou gracieuse, si elle était susceptible d'appel ou non.

Avec l'opinion que nous avons admise, le juge statuait comme juge des référés ; il devait donc motiver son ordonnance et elle était susceptible d'appel (2).

Cependant, même en admettant cette opinion, on peut soutenir que cette ordonnance n'était plus susceptible d'appel quand elle ne faisait que constater l'accord des parties ; elle ne serait susceptible d'appel que si elle avait été rendue sur une contestation (3).

Beaucoup d'arrêts n'admettaient pas l'appel en cette matière. Pour eux, l'appel était sans objet, la décision du président étant essentiellement provisoire et n'ayant d'effet légalement obligatoire que jusqu'au moment où le tribunal se trouvait saisi (4). Nous verrons plus loin que ce point de vue est inexact : Le tribunal ne peut sta-

______

(1) Fenet, *Travaux préparat. C. civ.* IX, p. 436 ; Pigeau, II, 555.

(2) Bioche, *Dict. proc.*, Vº *Ordonn.*, nº 9 ; *Journal des avoués*, 1876, p. 623 ; 1877, nº 89 ; Frémont, *Divorce*, nº 795.

(3) Demolombe, IV, nº 455 *bis* ; Aubry et Rau, V, p. 195, § 493 ; Dijon, 22 août 1856, Sir., 1856, 2, 529 ; Req. rej., 15 fév. 1859, Sir., 1859, 1, 201 ; Aix, 13 janvier 1873, Sir., 1873, 2, 11.

(4) Paris, 2 août 1841, Sir., 1843, 2, 473 ; Rennes, 14 août 1851, Sir., 1851, 2, 352 ; Dijon, 12 août 1856, Sir., 1857, 2, 529 ; Paris, 19 juillet 1878, *Fr. jud.*, 1877-78, 2, 680 ; Dijon, 28 déc. 1859, Sir., 1860, 2, 270.

tuer que sur un nouvel état de choses. Si les circonstances ne changent pas, c'est par la voie de l'appel seule qu'on peut faire modifier les mesures prises par le président. La loi n'interdisait pas formellement l'appel de cette ordonnance, il devait donc être admis.

Malgré sa double compétence, il avait été admis que le président pouvait statuer par une seule et même ordonnance. Le pourvoi contre un arrêt de la Cour de Paris du 27 mai 1879 soutenait que le président devait être saisi par une assignation distincte et rendre une ordonnance séparée, lorsqu'on sollicitait de lui un acte de la juridiction des référés, conformément à l'article 806 du Code de Procédure civile, après avoir obtenu un acte relevant de sa magistrature conciliatrice, aux termes de l'article 878 du Code de Procédure civile. C'est ce système que l'arrêt de la Cour de cassation du 15 juillet 1879 a repoussé (1).

II. — Législation actuelle.

A. — *Le juge conciliateur statue sur la garde provisoire des enfants.* — Aujourd'hui, ces points-là sont réglés par les paragraphes 2, 3, 5, 6 et 8 de l'article 238, paragraphes ajoutés à l'ancien article 238 par la loi du 20 avril 1886, et si nous avons dit quelques mots de la controverse ancienne, c'est parce que cette discussion nous permettra d'étudier complètement les solutions qui sont admises avec la nouvelle loi.

L'instance en divorce débute par la présentation d'une

____

(1) Voir cet arrêt, *Journal du Palais*, 1880, 2 25, les conclusions de M. l'avocat général Lacointa et la note très complète de M. Labbé.

requête au président du tribunal ou au juge qui en fait fonction. Cette requête est présentée par le demandeur en personne (art. 234). Le juge, après avoir fait au demandeur les observations qu'il croit utiles, répond la requête, et ordonne au bas d'icelle que les parties comparaîtront devant lui au jour et à l'heure qu'il indique (art. 235). A ce jour, le juge entend les parties en personne et tente de les concilier. S'il n'y parvient pas, il rend une deuxième ordonnance constatant la non-conciliation, et autorise le demandeur à assigner devant le tribunal (art. 238, § 1).

Dès lors, l'instance est engagée, la désunion consacrée, il convient de prendre les mesures urgentes, celles qui concernent les enfants, notamment. Leur intérêt le commande.

C'est ce qu'a fort bien compris le législateur de 1886, et il a pris des dispositions à cet égard, pour éviter les controverses auxquelles avait donné lieu sur ce point le silence du Code de 1804 et de la loi de 1884. Dans le paragraphe 2 de l'article 238, il donne au juge conciliateur le droit de statuer « sur la garde provisoire des enfants ».

Le droit de garde étant un des attributs essentiels de la puissance paternelle, ce droit ne doit être mis en échec que si le père, à qui elle appartient pendant le mariage, s'en est rendu indigne, ou si l'intérêt de l'enfant commande une mesure exceptionnelle, soit au point de vue moral, soit au point de vue hygiénique. Ce sera toujours avec la plus grande circonspection que la garde des enfants sera enlevée au père. Quand les tribunaux le feront, c'est que les faits révélés, lors des enquêtes et des débats, leur paraîtront motiver une telle mesure. C'est en parfaite connaissance de cause qu'ils agiront alors, en suivant les indications que leur fournit la loi.

Si cette question est délicate quand les débats seront terminés et que le tribunal aura en mains tous les éléments pour statuer, encore plus l'est-elle quand le procès commence et que le juge conciliateur est appelé à prescrire les mesures provisoires et à décider, notamment, à qui appartiendra la garde des enfants pendant l'instance. C'est chose si grave que d'enlever cette garde au père, quand les débats ne sont pas intervenus, faisant la lumière sur la conduite des deux époux, que le juge conciliateur hésitera à l'en priver. Et, en définitive, comme dans le système de 1884 et du Code civil, le père se verra le plus souvent maintenu provisoirement dans la garde de ses enfants.

Mais, et c'est ici que se trouve la différence entre le système de la loi du 20 avril 1886 et le système précédent, sans qu'il soit besoin de démontrer qu'il y a urgence à ce que des mesures concernant les enfants soient prises, le juge conciliateur statue sur ces mesures. S'il est établi, dès le début de l'instance, qu'il est de l'intérêt des enfants d'être enlevés à la garde de leur père, s'il y a, tout au moins, une forte présomption en faveur de cette mesure, le juge conciliateur pourra, dès le début de l'instance, accomplir cette œuvre saine, arracher les enfants à un milieu dès à présent reconnu peu moralisateur.

Ainsi, la mère demande le divorce. Elle a été abandonnée par le mari depuis de nombreuses années, les enfants ont toujours vécu avec elle, ils ne connaissent qu'elle, l'abandon est d'ores et déjà parfaitement établi. Avec le système de la loi du 27 juillet 1884, comme avec celui du Code civil, le mari conservait cependant la garde de ces enfants, dont il ne s'était jamais occupé, il pouvait les enlever à cette mère qui n'avait alors d'autre ressource que de s'adresser au tribunal pour se voir accorder, après de longs mois, la garde de ses chers enfants, à moins de prouver d'une urgence extrême. Avec le nouveau système, de même que cette mère se voit accorder sur sa demande le droit à une résidence séparée, c'est-à-dire l'indépendance vis-à-vis de son mari, de même, elle voit, dès le début de l'instance, consacrer son droit à la garde des enfants.

Ce n'est pas le moment d'étudier quels sont les mobiles qui doivent guider le juge dans le choix du gardien des enfants. La loi donne des indications précises pour le cas où la garde est attribuée par le jugement prononçant le divorce. Nous étudierons cette question quand nous traiterons ce sujet. Il nous suffira de dire ici que le juge devra statuer en examinant quel est le plus grand intérêt des enfants, au point de vue hygiénique, et surtout au point de vue moral, en se rappelant toutefois que le mariage subsiste et qu'il doit maintenir au mari la garde, sauf en des cas exceptionnels.

B. — *Le juge conciliateur doit-il statuer forcément sur la garde des enfants ?*

Les termes de l'article 238, § 2 semblent devoir faire admettre que le juge statue forcément sur ce point :

« Le juge *statue* ....., sur la garde provisoire des enfants ..... et *il a la faculté* de statuer également, s'il y a lieu, sur les demandes d'aliments ».

Quand il s'agit de la garde provisoire des enfants, l'article dit formellement que le juge *statue* ; au contraire, pour la demande d'aliments, le texte dit que le juge *a la faculté de statuer* ; si le législateur avait voulu ne pas imposer au juge l'obligation de statuer toujours sur la garde des enfants qui sont issus du mariage, il eût employé les mêmes termes pour toutes les mesures prévues dans cet article ; il eût dit : « Le juge a la faculté de statuer sur la garde provisoire des enfants, la demande d'aliments, etc., etc. ».

De plus, tandis que, lorsqu'il s'agit des aliments, le législateur parle d'une *demande* d'aliments, par conséquent n'autorise le juge à statuer sur ce point que si les parties le demandent, il ne parle pas d'une demande touchant la garde des enfants, il semble bien admettre que, s'il existe des enfants du mariage, le juge doit trancher la question de savoir à qui la garde en sera confiée, il doit statuer *sur la garde*.

Ce qui permet, enfin, de donner cette interprétation à l'article, c'est que la loi du 20 avril 1886 a modifié sur ce point ce qui était admis dans la législation antérieure. Avec l'ancien article 267, les enfants étaient toujours confiés au père, à moins qu'il n'en fût autrement ordonné par le tribunal, « *sur la demande*, soit de la mère,.... » Dans les cas d'urgence extrême, on admettait que le juge des référés pût être saisi pour décider si la garde pouvait être enlevée au père. Le législateur de 1886 a voulu, au contraire, que, dès le début de l'instance, une décision fût prise par le juge conciliateur en ce qui concerne la garde provisoire des enfants, pour leur plus grand intérêt. De là, les termes employés.

Cette interprétation serait, croyons-nous, facilement admise, si ce n'était une autre partie de l'article que nous avons intentionnellement écartée et qu'il faut examiner maintenant.

L'article 238, § 2, complet, est ainsi conçu : « Le juge statue à nouveau, *s'il y a lieu*, sur la résidence de l'époux demandeur, sur la garde provisoire des enfants, sur la remise des effets personnels, et il a la faculté de statuer également, *s'il y a lieu*, sur la demande d'aliments ».

Les adversaires de l'opinion exposée, rattachant les termes « *s'il y a lieu* » à toute la phrase, expliquent l'article ainsi : Le juge statue sur la garde des enfants, *s'il y a lieu*, c'est-à-dire si les parties le lui demandent. Lui demande-t-on de statuer sur la garde des enfants, il doit le faire ; mais, si aucun des époux ne le lui demande, et alors seulement, il peut ne pas statuer.

Nous pouvons répondre à cet argument :

D'après l'article 236 le juge « *peut* », par l'ordonnance permettant de citer, celle qu'il rend lors de la première comparution du demandeur, statuer sur la résidence séparée de l'époux demandeur. Lors de la comparution des parties, « le juge statue, à nouveau, s'il y a lieu, sur la résidence de l'époux demandeur », c'est-à-dire que si sa première ordonnance n'a pas tranché cette question, il le fait à ce moment ; s'il l'a déjà tranchée, il peut néanmoins, « *à nouveau* », revenir sur ce point, mais il ne le fait que *s'il y a lieu*, s'il lui apparaît par les explications contradictoires des parties en présence qu'il y a lieu de changer sa décision sur ce point. S'il a déjà statué, si rien n'est changé dans la situation première, et si l'adversaire qui comparaît pour la première fois ne discute pas cette question, il n'y a pas lieu de statuer.

Le terme « s'il y a lieu » s'explique ainsi facilement, et, de plus, par sa place dans la phrase ne se rapporte qu'à la question de résidence.

Si l'on admet que le membre de phrase « s'il y a lieu » se rapporte aussi aux autres mesures prévues dans l'article, cela signifie simplement que le juge ne statue que s'il y a des enfants issus du mariage. S'il y a des enfants, il y a lieu de statuer, le juge « *statue* », il doit forcément statuer, même s'il n'est pas saisi de cette question par l'un des époux (1).

Il est un cas, néanmoins, où, même avec l'opinion que nous venons d'exposer, l'on est forcé d'admettre que le juge ne statuera pas sur la garde des enfants, c'est quand les époux comparaissant devant lui ont laissé ignorer qu'il existât des enfants issus de leur mariage. Dans ce cas, comme dans tous les cas où il ne statue pas sur la garde, elle continuera à appartenir au père, puisque le mariage subsiste.

Le juge peut ordonner les mesures provisoires, même dans le cas où il usera du droit que lui confère l'article 238, § 6 d'ajourner les parties à un délai qui n'excède pas vingt jours, avant d'autoriser le demandeur à citer.

(1) *Contrà.* Vraye et Gode, II, n° 521.

C. — *Ce pouvoir accordé au juge conciliateur a paru
à beaucoup un pouvoir exorbitant.*

Pendant la discussion de la loi au Sénat, à la séance
du 7 décembre 1885, M. Baragnon demanda la suppression des mots « la garde provisoire des enfants ». M. de
Gavardie allait même plus loin, il demandait la suppression du paragraphe 2 tout entier. Malgré leur opposition
l'article fut adopté.

Sans doute, il peut y avoir des inconvénients à accorder à un seul juge le droit de statuer sur une matière
aussi délicate que celle de la garde des enfants, surtout
au début même de l'instance, alors qu'il n'a pas en mains
les documents ou les preuves qui lui permettraient de se
décider en parfaite connaissance de cause. Mais il est
bon, dans l'intérêt des enfants, de pouvoir les arracher
le plutôt possible à un milieu malsain. Mieux vaut encore
sur ce point la décision d'un homme éclairé et impartial,
imposant sa volonté à des parents désunis.

D'ailleurs, et ceci devrait désarmer toutes les suscep-
tibilités, les mesures ainsi prescrites sont, ainsi que
nous le verrons, essentiellement provisoires et révocables ; elles peuvent être modifiées chaque fois que la
situation et les circonstances dans lesquelles elles ont
été prises viendront à changer (art. 238, § 5) ; de plus,
l'ordonnance du juge conciliateur qui les prescrit est
susceptible d'appel. Si l'un des époux estime que la
bonne foi du juge a été surprise, ou que le juge a mal
jugé la situation, mal apprécié les circonstances, il lui
est loisible d'interjeter appel contre l'ordonnance rendue.

D. — *L'ordonnance du juge conciliateur est-elle suscep-*
tible d'appel? — La première ordonnance rendue par le
président du tribunal ou le juge en faisant fonction n'est
pas susceptible d'appel. C'est un acte de la juridiction
gracieuse, le demandeur seul est présent ; d'ailleurs, dans
cette ordonnance, le juge ne fait que permettre de citer
en conciliation et autoriser l'époux demandeur à résider
séparément. Or, lors de la tentative de conciliation qui a
lieu, les deux parties sont ou peuvent être présentes, il est
loisible au défendeur de faire revenir le juge sur sa décision, puisque dans la deuxième ordonnance qu'il rend
à cette occasion, il « statue, à nouveau, s'il y a lieu, sur
la résidence de l'époux demandeur » art. 238, § 2.

Cependant, la Cour d'Alger, dans un arrêt du 2 février
1885 (Sir., 1886, 2, 181) dit que la première ordonnance est susceptible d'appel. Aucun motif n'en est donné. Il est vrai que le moyen de non recevabilité n'avait
pas été soulevé.

Si nous admettons que la première ordonnance n'est
pas susceptible d'appel, c'est à condition de rester dans
les termes prévus par la loi ; si le président refusait d'ordonner la comparution des parties, d'assigner à la femme une résidence séparée ; il est évident que l'ordonnance qu'il rendrait serait susceptible d'appel (1).

Quant à la deuxième ordonnance, celle rendue par le
juge conciliateur, la seule qui intéresse notre matière,
elle est sans contredit susceptible d'appel. A ce moment,
en effet, un débat est possible entre les deux époux. D'ailleurs l'article 238 le dit formellement dans son paragra-

(1) Coulon, IV, 360 ; Curet, p. 120 ; Moraël, p. 200.

phe 3 : « Cette ordonnance est exécutoire par provision, *elle est susceptible d'appel*, dans les délais fixés par l'article 809 du Code de Procédure civile ».

D'après ce dernier article, l'appel « pourra être interjeté, même avant le délai de huitaine, à dater du jugement ; et il ne sera point recevable, s'il a été interjeté après la quinzaine, à dater du jour de la signification du jugement » ; de plus, « l'appel sera jugé sommairement et sans procédure ».

Ici nous rencontrons une question très discutée et très discutable :

L'article 238, § 3 du Code civil dit formellement que l'ordonnance du juge conciliateur est susceptible d'appel dans les délais de l'article 809 du Code de Procédure civile. Le paragraphe 5 du même article 238 dit, au contraire : « Lorsque le tribunal est saisi, les mesures provisoires prescrites par le juge peuvent être modifiées ou complétées au cours de l'instance par jugement du tribunal ». Il semble bien qu'il y a une véritable contradiction dans ces deux paragraphes de l'article 238. Tandis que le paragraphe 3 dit que l'ordonnance est susceptible d'appel, il semble, d'après le paragraphe 5, qu'une fois le tribunal saisi, c'est le tribunal seul qui peut modifier ou compléter les mesures prises par le juge ; or, le demandeur en divorce doit « user de la permission de citer qui lui a été accordée par l'ordonnance du président, dans un délai de vingt jours à partir de cette ordonnance » (art. 238, § 7) ; il ne reste donc qu'un temps trop court pour interjeter appel de l'ordonnance et faire juger cet appel, et, si cet appel n'est pas vidé avant que le tribunal soit saisi, il semble que la Cour doive se dessaisir, ce qui rendrait vain le droit d'appel qu'accorde le paragraphe 3.

Cette apparente contradiction peut être facilement expliquée, et l'explication donnée est tellement claire qu'elle ne trouverait pas de contradicteurs si l'on ne se trouvait en présence des travaux préparatoires. La discussion intervenue sur les deux paragraphes a été, en effet, tellement confuse, et les décisions proposées alternativement si contradictoires, que bon nombre d'esprits juridiques refusent encore de partager l'opinion que nous indiquerons.

Cette question mérite donc d'être étudiée en détail.

I. *Discussion au Sénat.* — Le projet de loi présenté par le gouvernement contenait les deux dispositions suivantes :

« Cette ordonnance est exécutoire par provision ; elle est susceptible d'appel dans les délais prévus par l'article 809 du Code de Procédure.

« Les mesures provisoires prescrites par le juge peuvent, dans tous les cas, être modifiées ou complétées au cours de l'instance par jugement du tribunal ».

Ce texte était très clair et très net. L'ordonnance était susceptible d'appel. Toutes choses restant en l'état, la Cour seule, sur l'appel interjeté, pouvait changer les mesures prises, si elle les estimait mauvaises, vu les circonstances dans lesquelles elles avaient été ordonnées. Si les circonstances changeaient, si de nouvelles mesures s'imposaient, si quelques-unes avaient été omises, alors c'était le tribunal qui « modifiait ou complétait »,

au cours de l'instance, les mesures édictées par le juge
conciliateur.

Malheureusement, un amendement fut proposé par
M. Griffe, dans la séance du 8 décembre 1885. Il était
ainsi conçu : « Cette ordonnance est exécutoire par provision. *Elle peut être attaquée devant le tribunal.* Si le
tribunal est déjà saisi de la demande principale, il est
statué sur un simple acte de conclusion. Dans le cas
contraire, le tribunal est saisi de l'incident par assignation, au délai de trois jours ».

De plus, le paragraphe 3 devait être supprimé.

C'était là encore un système très net : L'ordonnance
ne devait jamais être déférée à la Cour. La partie qui
avait à s'en plaindre devait l'attaquer devant le tribunal,
même quand celui-ci n'était pas encore saisi de la demande principale.

Pour expliquer son amendement, M. Griffe disait que
l'appel avec dévolution à la Cour était inutile, puisque
dès le lendemain de l'arrêt, et même avant si le tribunal
était déjà saisi, on pouvait toujours s'adresser au tribunal pour faire modifier les mesures prescrites. A un moment donné, la Cour et le tribunal pouvaient être saisis
en même temps et donner une solution contraire. De
plus, les frais pouvaient être très élevés.

Il eût suffi, pour éviter cette contrariété de décisions,
de bien spécifier que le texte entendait ne donner ce
pouvoir au tribunal que si les circonstances, en vue desquelles l'ordonnance avait été rendue, venaient à changer.

Une vive opposition se manifesta contre l'amendement,

et dans la même séance M. Denormandie vint combattre la thèse de M. Griffe, au nom de la commission.

La question de frais, dit-il en substance, est une question secondaire ; d'ailleurs, les frais de l'appel de l'ordonnance, appel jugé sommairement et sans procédure, seront parfois inférieurs à ceux d'une demande incidente ou principale devant le tribunal. La thèse de M. Griffe est le résultat d'une confusion. Le tribunal ne sera saisi à nouveau des mesures provisoires que si les circonstances changent. De plus, avec le système de M. Griffe, le président « sera contrôlé, jugé, infirmé ou approuvé par des magistrats qui sont ses inférieurs, dont il est le président ». Car, l'ordonnance rendue par le juge conciliateur est un acte de juridiction contentieuse, au moins lorsque les deux époux ne parviennent pas à se mettre d'accord sur les mesures provisoires.

« Or, à ce moment-là, ajoutait M. Denormandie, qu'est donc le président ? Il est un juge dans toute la force du terme ; il est le juge du contentieux ; il tranche une question ; il motive sa résolution, il rend une véritable décision ; et devant qui peut-elle être portée ? Devant la Cour d'appel, mais pas devant les juges du tribunal, qui sont les inférieurs, hiérarchiquement parlant, du président, et ne peuvent pas connaître de sa décision..... Admettre que cette ordonnance serait soumise au tribunal, au second degré, c'est bouleverser notre organisation judiciaire ».

La commission, à l'unanimité, demandait instamment de repousser l'amendement.

M. Griffe, à la même séance, répliqua qu'il préférait

l'ancien état de choses à la proposition permettant de saisir le tribunal ou la Cour. M. Denormandie répliqua en déclarant que c'était à peu près l'ancien état de choses qu'on demandait de consacrer. On considérait seulement comme toujours urgentes les mesures provisoires et on accordait toujours au juge conciliateur ce que l'article 878 du Code de Procédure civile ne lui permettait qu'en cas d'urgence.

Après quelques observations de M. de Gavardie et de M. Baragnon, demandant à ce que les enfants soient laissés sous la garde du père et le maintien des articles 267 et suivants du Code civil, le tribunal seul pouvant, à leur avis, trancher une question aussi délicate que celle de la garde des enfants, M. Paris soutint le système de la commission, en se basant sur ce que l'autorité paternelle n'est plus établie aujourd'hui que dans l'intérêt de la famille et dans celui des enfants.

Après cette longue discussion, l'amendement de M. Griffe fut repoussé.

M. le Président mettant aux voix le paragraphe présenté par la commission, M. Balbic demanda alors ce qui arriverait si la Cour n'avait pas encore statué quand le tribunal rendrait un jugement au fond prononçant le divorce, ou un jugement prescrivant d'autres mesures provisoires. La Cour devrait-elle déclarer qu'il n'y a lieu à statuer, ou bien devrait-elle statuer quand même ? Et dans ce dernier cas, qu'arriverait-il si elle prescrivait d'autres mesures que le tribunal ? Il faudrait décider que, quand l'instance sera engagée, l'appel tomberait de plein droit.

A cette observation M. Labiche répondit : « Ce qu'on aurait dû dire, c'est qu'il y a deux périodes (dans la procédure du divorce) : la première, tout à fait préparatoire, est celle où l'instance n'est pas engagée. C'est pendant cette période que le juge a les pouvoirs que nous venons de lui accorder, et que ses décisions sont susceptibles d'appel... On ne peut pas aller devant le tribunal, puisqu'il n'est pas saisi, on va devant la Cour. Maintenant il y a une seconde période, celle pendant laquelle il n'y a plus d'appel possible, puisque les mesures qu'on a prises règlementent la situation essentiellement provisoire qui a disparu. L'honorable M. Batbie a bien fait de poser la question ; il a dit : « Comment « ferez-vous si le tribunal est saisi et que la Cour n'ait pas « statué ? » Je réponds : dans ce cas la Cour doit être dessaisie... On donnerait satisfaction à nos honorables collègues en insérant un paragraphe ainsi conçu : « Lorsque « le tribunal est saisi... — voilà ce qui détermine la deuxième période, — « les mesures provisoires prescrites « par le juge peuvent être modifiées et complétées pen- « dant le cours de l'instance ». Ces deux procédures donnent satisfaction, je crois, à tous les intérêts légitimes. Comme il dépend du demandeur de prolonger la situation provisoire en ne portant pas l'instance devant le tribunal, on donne la faculté d'appel devant la Cour pendant cette période. Si l'on est sorti de cette période provisoire, alors on se trouve dans le droit commun, on va devant le tribunal, qui peut non seulement réformer la décision du président, mais encore toutes les décisions qu'il pourra prendre lui-même ; car, au commencement de l'instance, il y a des mesures provisoires que le tribunal juge bonnes et qu'il trouve mauvaises à la fin, parce que la situation s'est modifiée ».

Après cette discussion longue et confuse, le projet fut renvoyé à la commission (1).

A la séance du 10 décembre 1885, une nouvelle délibération eut lieu (2).

La commission, par l'organe de son rapporteur M. Labiche, proposa avec regret, « par déférence pour le vote du Sénat », l'adoption du texte suivant :

§ 3. « Cette ordonnance est exécutoire par provision, elle est susceptible d'appel dans les délais fixés par l'article 809 du Code de Procédure civile, *tant que le tribunal n'a pas été saisi de la demande. Dans ce cas la Cour se trouvera dessaisie* ».

Pour achever de préciser la situation, le paragraphe 5 était ainsi conçu :

« *Lorsque le tribunal est saisi,* les mesures provisoires prescrites par le juge peuvent être modifiées ou complétées au cours de l'instance, par jugement du tribunal ».

M. Labiche disait, en terminant ses explications :

« Nous espérons avoir déterminé la différence des deux périodes. dont la première est la période préparatoire, c'est-à-dire celle pendant laquelle l'instance prin-

---

(1) Voir cette discussion. Séance du 8 décembre 1885 : *Journal officiel*, Débats parlementaires du Sénat, 1885, p. 1261 et s.

(2) *Journal officiel* : Séance du 10 décembre 1885, Débats parlementaires du Sénat, 1885, p. 1273 et s.

cipale n'est pas née, et la seconde celle où l'instance est engagée ».

Ce texte qui était présenté avec regret par la commission ne satisfaisait ni les partisans du projet primitif, ni M. Griffe qui demandait davantage. Ce dernier expliqua que le projet de loi ne prévoyait pas une hypothèse qui pouvait se produire, celle où le demandeur n'assignerait pas le défendeur au principal, une fois l'ordonnance obtenue. Dans ce cas, le demandeur aurait obtenu par l'ordonnance une résidence séparée, la garde des enfants, etc., et se trouverait le seul maître de faire cesser cette séparation provisoire. Sur l'interpellation de M. Munier qui lui disait de proposer un remède, M. Griffe demanda qu'un délai de 8 jours fût imparti au demandeur pour assigner, faute de quoi les mesures prescrites par l'ordonnance seraient réputées comme non avenues.

M. Dauphin revenant à la véritable question, fit observer qu'une Cour ne peut pas être dessaisie :

« Je ne comprends pas très bien, ce que c'est que dessaisir une juridiction qui est saisie. On a fait appel d'une ordonnance ; il n'y a qu'une façon de vider cet appel, c'est de faire statuer sur l'appel ».

Et, ramenant la question sur son véritable terrain, il ajoutait :

« M. Batbie s'est inquiété de la crainte de rencontrer des décisions simultanées et contradictoires d'une Cour et d'un tribunal sur une même question. Je vous demande la permission de rassurer M. Batbie et le Sénat. Il peut y avoir dans une instance des étapes successives qui exigent des décisions diverses. Lorsqu'une

Cour d'appel est appelée à juger sur des mesures ordonnées par un président, elle statue sur ce qui existait à l'heure où le président a rendu son ordonnance, et elle dit si le président a eu raison ou s'il a eu tort, ce qui n'empêche pas que le tribunal saisi à nouveau sur un autre état de choses, doive examiner cet autre état et prenne d'autres mesures provisoires, sans qu'il y ait aucune opposition entre les deux décisions de justice... Ce sont les situations successives que le juge examine en première instance, que la Cour apprécie au jour où l'ordonnance a dû être rendue, ce qui n'empêche pas le moins du monde le tribunal de rendre ultérieurement une autre décision. Il ne s'agit que de mesures provisoires. La Cour a donc mission de juger si la mesure provisoire a été bonne à un jour déterminé, ce qui n'empêche pas le tribunal de juger au jour où il est ensuite saisi, s'il y a une autre mesure provisoire qu'il doit accorder. Je demande donc au Sénat de vouloir bien reprendre le projet de rédaction qui avait été présenté par la commission ».

Après ce discours donnant une nouvelle solution de la question, la discussion reprit uniquement sur la question du délai.

M. Léon Renault qui vint soutenir l'amendement Griffe touchant le délai, reconnaissait que cet amendement était « absolument distinct » des questions débattues à la dernière séance du Sénat, et en même temps il approuvait les déclarations de M. Dauphin :

« L'honorable M. Dauphin a très justement fait observer qu'il ne pouvait pas y avoir de contradiction à re-

douter entre les décisions qui pourraient intervenir aux
divers degrés de juridiction dans la matière des mesures provisoires. Je crois, par conséquent, que le Sénat
appelé à choisir entre la première rédaction de sa commission et celle qu'elle lui présente aujourd'hui, doit
s'attacher à la première, la seule qui soit conforme au
droit commun, qui corresponde à la réalité, qui per-
mette à chaque procédure de se dénouer régulièrement. »

Après lui, M. Allou, au nom de la commission, ajoutait :

« Je confesse qu'il ne faudrait pas nous presser beaucoup pour ramener la commission à la rédaction première qui avait été le résultat de ses efforts. Nous verrons volontiers la question se poser dans les termes où
M. Dauphin a repris notre rédaction première ».

Le reste de la discussion roula sur la question du délai. Cette question nouvelle apporta tellement de confusion dans la discussion et fit tellement bien oublier la
première question, que M. de Gavardie s'écria, osant
résumer sans doute l'opinion de beaucoup de sénateurs,
«Nous n'y comprenons plus rien », et demanda, après
un discours humoristique, le renvoi de l'article à l'examen du Conseil d'État, faute de quoi « le Sénat ne saurait pas ce qu'il décide ». Après des explications don-
nées, toujours sur la question du délai, l'article 238 fut
renvoyé à la commission, ainsi que le nouvel amendement Griffe et Léon Renault touchant le délai.

Dans la même séance, la commission présenta une
nouvelle rédaction qui n'était que la première rédaction

présentée par elle, précédée des mots : « lorsque le tribunal est saisi ». Elle proposait en même temps un paragraphe nouveau impartissant au demandeur un délai de vingt jours pour assigner.

Ces trois paragraphes furent votés dans la même séance du 10 décembre 1885.

Cette question de délai semble avoir été la seule préoccupation de l'assemblée, elle a fait oublier quelque peu l'autre question.

L'article 238 a été adopté à la Chambre sans discussion.

Par suite de cette obscurité dans les débats parlementaires, ni la doctrine, ni la jurisprudence ne sont d'accord sur le sens et la portée à donner au paragraphe 3 de l'article 238. Nous allons pouvoir maintenant étudier avec plus de facilité les diverses solutions proposées par la doctrine et celles que la jurisprudence a adoptées.

II. *Doctrine.* — Trois opinions se sont produites sur ce point :

Première opinion. — C'est au tribunal seul, à partir du moment où il est saisi, qu'il appartient de statuer sur les mesures provisoires. Quand l'instance principale est introduite, l'appel de l'ordonnance n'est plus possible ; s'il a été interjeté avant que le tribunal soit saisi, la Cour doit se dessaisir.

Sans doute, dit-on dans cette opinion, c'est là une dérogation aux règles ordinairees de la procédure, mais l'intention du législateur a été nettement manifestée. Le paragraphe 5 est absolument formel : « Lorsque le tribunal est saisi, les mesures provisoires prescrites par le juge peuvent être modifiées ou complétées au cours de l'instance par jugement du tribunal. » Les explications du rapporteur indiquent bien le sens que donnait la commission au texte présenté. Ce ne sont pas quelques opinions isolées exprimées par quelques membres du Sénat qui peuvent détruire ce fait. Sans doute, il est regrettable que le texte ne soit pas plus formel et qu'on n'ait pas cru devoir représenter le texte du paragraphe 3 tel qu'il avait été modifié par la commission lors du premier renvoi. Mais, si l'on a négligé de s'expliquer sur ce point, c'est que les débats ont dévié sur la question de délai, et il est certain que tel était bien le sentiment du Sénat. D'ailleurs, ajoute-t-on, si l'article 238, § 5 n'avait pas cette signification, l'article 240 serait inutile, il ne serait qu'une répétition quand il dit que « le tribunal peut ordonner toutes les mesures provisoires qui lui paraissent nécessaires dans l'intérêt des enfants. »

Avec cette opinion, l'article 238, § 3 n'a plus de raison d'être ; le droit d'appel qu'il accorde est un droit illusoire. La citation devant le tribunal suit en effet de très près l'ordonnance du président, elle doit même être signifiée dans les vingt jours à partir de cette ordonnance, faute de quoi les mesures provisoires ordonnées par elle cesseraient de plein droit (art. 238, § 8), et alors tout recours serait inutile. Ce délai très bref ne permettrait guère à la cour de statuer et rendrait illusoire le droit d'appel qu'accorde la loi. Bien plus, en pratique, c'est dans un seul et même acte que sont signifiées au défendeur l'ordonnance du président et la citation devant le tribunal ; il semble que, dans cette hypothèse, le délai d'appel (15 jours à partir de la signification de l'ordonnance, art. 809, C. Pr. civ.) commence à courir au moment même où l'appel ne peut plus être formé, puisque le tribunal est saisi par ce même acte et que le pouvoir de décider sur les mesures provisoires appartiendrait désormais au tribunal et non à la Cour. Que ce soit là la pensée de la commission, il n'y a guère à en douter ; mais rien ne vient démontrer que telles aient été la volonté et la pensée du Sénat, puisqu'il a renvoyé à la commission l'article où cette opinion était clairement exprimée.

Deuxième opinion. — M. Carpentier (1) résume cette opinion dans les trois propositions suivantes :

1° L'appel des décisions du président ne peut être porté que devant la Cour.

2° Il ne pourra l'être utilement qu'autant que le tribunal ne sera pas saisi.

3°- Mais le fait par le demandeur d'avoir lié l'instance devant le tribunal n'empêche pas la Cour de statuer, si elle a été saisie en temps utile.

Pour expliquer son opinion, M. Carpentier s'appuie sur l'article 238, § 5. A son avis, comme pour les partisans de la première opinion, le paragraphe 5 est absolument formel. Quand le tribunal est saisi de la demande en divorce, c'est lui seul qui peut s'occuper des mesures provisoires.

Mais, là où son opinion diffère de la première, c'est dans le cas où l'ordonnance a été frappée d'appel avant

(1) Carpentier, nᵒˢ 74 à 77.

que le tribunal soit saisi. Le paragraphe 3 autorise cet appel ; de plus, il est de principe qu'une Cour ne peut être dessaisie d'un appel que par l'arrêt qu'elle rend. A défaut de texte formel en sens contraire, il est impossible de refuser à la Cour le droit de statuer sur un appel qui lui a été régulièrement déféré.

Troisième opinion. — L'introduction de l'instance principale devant le tribunal ne met obstacle, ni au droit pour les parties d'interjeter appel de l'ordonnance du président, ni au droit pour la Cour de statuer sur cet appel.

Nous avons vu qu'au cours de la discussion du paragraphe 3, une addition avait été proposée, après le premier renvoi à la commission. M. Labiche, le rapporteur, l'avait soutenue assez énergiquement : « L'ordonnance est susceptible d'appel…, *tant que le tribunal n'a pas été saisi de la demande. Dans ce cas la Cour se trouvera dessaisie* ». Enfin, on proposait d'introduire en tête du paragraphe 5 les mots : « Lorsque le tribunal est saisi… »

Le paragraphe 3 ainsi modifié ne fut pas voté, il fut renvoyé une seconde fois à la commission, et il en revint tel qu'il avait été présenté au début, sans l'addition proposée ; mais on laissa les mots « lorsque le tribunal est saisi… », en tête du paragraphe 5.

Puisque, sur le refus du Sénat de voter le texte remanié et sur le renvoi de cet article à la commission, celle-ci a supprimé l'addition proposée par les adversaires de la présente opinon, et puisque le Sénat a voté le texte primitif, ne doit-on pas en conclure que l'on a renoncé à porter atteinte au pouvoir juridictionnel de la Cour ? Il est difficile de discerner les motifs exacts des deux ren-

vois de l'article devant la commission ; mais il est impossible de ne pas reconnaître, en présence des termes
formels, nets et précis, dans lesquels le paragraphe 3 a
été définitivement voté par le Sénat, que la faculté d'appel
de l'ordonnance statuant sur les mesures provisoires, a
été accordée d'une manière générale, absolue, que le tribunal ait été ou non saisi, pourvu qu'elle fût exercée
dans la quinzaine à partir de la notification. Sans doute,
le paragraphe 5 semble contraire à cette opinion ; mais
il ne faut pas le lire tout seul. Le paragraphe 3 existe et
il donne formellement le droit d'interjeter appel de l'ordonnance du juge conciliateur dans les délais prévus
par l'article 809 du Code civil, au titre des référés.

En matière de référés, l'appel va à la Cour. La garantie de l'appel s'imposait dans ce cas. De là, le paragraphe 3 qui dit formellement : « L'ordonnance est susceptible d'appel ». Le paragraphe 3 est là pour mettre le
pouvoir judiciaire en garde contre les exagérations que
la lecture du seul paragraphe 5 aurait pu entraîner.

Il est clair, comme le dit un arrêt de la Cour de Paris (1) « qu'on ne saurait admettre que le paragraphe 5
soit la contradiction flagrante du paragraphe 3 et puisse
amener cette conséquence étrange qu'il suffisait à l'é-
poux demandeur de hâter l'introduction de sa demande
principale pour rendre illusoire le droit d'appel expressément accordé à l'une et à l'autre partie ; qu'il est impossible d'admettre que le législateur de 1886 ait commis, au cours d'une même discussion, une si grande
inadvertance, et qu'elle se concilie facilement, au con-

(1) Paris (1re ch.), 11 mars 1890, Dal., 1890, 2, 333.

traire, avec la faculté d'appel entendue dans son sens le
plus général et le plus absolu ».

La confusion vient de ce qu'on n'a pas assez nettement
remarqué le caractère essentiellement provisoire des
mesures ordonnées dans une instance de divorce. Qu'elles
le soient par le président, par la Cour ou par le tribunal,
ces mesures sont, comme nous le verrons, essentiellement provisoires ; que les circonstances dans lesquelles
elles ont été ordonnées viennent à changer, et de nouvelles mesures peuvent être prises. Le législateur, dans
l'article 238, § 5, ne voulait pas donner au tribunal un
pouvoir réformateur des ordonnances de son président.
Il peut y avoir des circonstances nouvelles qui exigent
impérieusement la modification de certaines mesures.
Ainsi, l'enfant dont la garde avait été confiée à un tiers,
qui avait été mis en pension, tombe malade, il y a nécessité à ce qu'il ne reste pas dans cette pension, à ce
qu'il soit entouré de soins. A cette situation nouvelle il
faut des mesures nouvelles ; c'est le tribunal qui les
prendra : voilà le cas qu'a visé l'article 238, § 5. Ce qui
rend le tribunal compétent sur les mesures provisoires,
ce n'est pas uniquement l'ouverture de la période contentieuse, c'est la survenance de faits plaçant les époux
ou leurs enfants dans une situation différente de celle où
ils se trouvaient lors de l'ordonnance.

C'est ce qu'a fort bien exprimé M. Denormandie, pendant la discussion au Sénat : « Un procès en divorce
peut durer un an, deux ans, sinon davantage. Or, c'est
ce laps de temps énorme qui donne lieu à des incidents
fréquents : les enfants ont grandi, ou ils sont malades, ou

les établissements choisis à la première heure ne conviennent plus, ou le mari a un droit de visite dont il abuse, ou la femme a un droit de sortie dont elle se sert avec exagération. Il y a à chaque instant pendant ces tristes années, des incidents dont le tribunal est saisi... ». Le paragraphe 5 de l'article 238 est, d'ailleurs, conforme à cette explication. Ce texte ne dit pas que, lorsque le tribunal est saisi, il est seul juge d'appel, à l'exclusion de la Cour, il indique seulement que les mesures provisoires prescrites par le juge peuvent être *modifiées* ou *complétées* au cours de l'instance. La disposition du paragraphe 5 se concilie très bien avec la faculté d'appel entendue dans le sens général et absolu ci-dessus indiqué ; elle répond aux besoins et aux nécessités d'une situation différente.

M. Dauphin, notamment, a très bien mis la question en lumière, — et les orateurs qui lui ont succédé l'ont approuvé sur ce point, — quand il disait :

« Lorsqu'une Cour d'appel est appelée à juger sur des mesures ordonnées par un président, elle statue sur ce qui existait, à l'heure où le président a rendu son ordonnance, et elle dit si le président a eu raison ou s'il a eu tort ; ce qui n'empêche pas que le tribunal saisi à nouveau sur un autre état de choses, doive examiner cet autre état et prenne d'autres mesures provisoires, sans qu'il y ait aucune opposition entre deux décisions de justice ».

Par suite de l'urgence, le législateur a cru utile d'accorder au magistrat conciliateur le pouvoir qu'il n'avait pas, du moins en principe, dans la législation précédente, de statuer sur les mesures provisoires, notamment sur la garde des enfants, à charge d'appel. Après l'introduction de l'instance, si de nouvelles mesures s'imposent, si les mesures prises doivent être modifiées par suite des circonstances, il n'y a aucune utilité à dépouiller le tribunal du droit que lui accordait dans tous les cas l'ancien article 267 du Code civil de statuer sur ces mêmes mesures, de les modifier, de les compléter en raison de la situation des parties ou de l'intérêt des enfants. Bien entendu, le tribunal doit se reporter, pour les apprécier, non au moment où l'ordonnance a été rendue, mais au moment où il est appelé à nouveau à en faire l'appréciation. Il n'est pas vrai de dire que cette interprétation crée deux juridictions simultanément compétentes pour statuer sur les mesures provisoires ordonnées par le juge. La Cour n'aura à apprécier que les mesures provisoires ordonnées par le juge conciliateur, au moment où l'ordonnance a été rendue ; le tribunal n'est appelé à les modifier ou les compléter qu'en raison des situations nouvelles, différentes et successives dans lesquelles peuvent se trouver les époux ou les enfants.

D'ailleurs, une autre interprétation violerait les règles primordiales des juridictions. Pour admettre que le tribunal puisse être juge d'appel des ordonnances rendues par son président, il faudrait un texte absolument formel. Aussi, la plupart des auteurs partagent-ils la troisième opinion (1).

(1) Depeiges, p. 52 et 53, n° 247 ; Goirand, p. 122 ; Coulon, IV, p. 364 ; Curet, p. 129 à 131 ; Vraye et Gode, I, p. 231.
Contrà : Carpentier, II, n°ˢ 74 à 77 ; Poulle, p. 213 et s.

III. — *Jurisprudence.* — Quant à la jurisprudence, elle est divisée sur cette question. Il est intéressant de voir les opinions des diverses chambres de la Cour de Paris.

Dans un arrêt du 5 avril 1889 (1), la 1re chambre, présidée par M. Lefebvre de Viefville, a décidé que l'appel était irrecevable, quand il a été formé après l'introduction de la demande principale en divorce. En 1890, et depuis elle n'a pas varié, sous la présidence de M. le premier président Périvier, elle a jugé d'une manière constante que l'appel était recevable (2).

Dans un arrêt du 13 août 1886 (3), la 3e chambre décidait, au contraire, que l'ordonnance sur les mesures provisoires ne peut plus être attaquée par la voie de l'appel, quand l'instance principale est portée devant le tribunal, auquel seul il appartient dès ce moment d'apprécier si ces mesures doivent être maintenues ou modifiées. Elle a décidé de même dans plusieurs arrêts postérieurs (4). Dans un arrêt du 10 janvier 1889 (Sir., 1889, 2, 39), elle décide même que, lorsque l'instance principale est portée devant le tribunal, si la Cour est déjà saisie, elle n'a pas à statuer, qu'elle est dessaisie.

Cependant, cette même 3e chambre a eu une hésitation. Dans un arrêt du 20 décembre 1890 (*G. Pal.*, 1891,

(1) *Gaz. Trib.*, 13 avril 1889.

(2) Paris (1re ch.), 11 mars 1890, *Gaz. Trib.*, 20 mars 1890 ; 19 mars 1890, *Gaz. Trib.*, 27 mars 1890 ; 29 avril 1890, *Gaz. Pal.*, 14 mai 1890.

(3) Pand. franç., 1886, 2, 380.

(4) Voir notamment : 27 avril 1888, *Gaz. Pal.*, 18-19 mai 1888 ; 15 juin 1888, Sir., 1889, 2, 9 ; 27 juill., 1888, *Gaz. Trib.*, 12 oct. 1888 ; 8 février 1889, *Gaz. Trib.*, 24 février 1889.

1, 143), elle proclame la recevabilité de l'appel, alors même que le tribunal est saisi de la demande principale. Mais, dès le 24 décembre 1890 (1), elle revient à son ancienne jurisprudence : à partir du jour où le tribunal est saisi, l'appel de l'ordonnance est sans objet. C'est cet arrêt qui, comme nous le verrons, a été cassé par arrêt du 29 juin 1892 ; mais, avant cet arrêt de cassation, la 3ᵉ Chambre était revenue sur sa jurisprudence et avait déclaré l'appel recevable, dans un arrêt en date du 6 mai 1892.

Les 2ᵉ, 4ᵉ et 5ᵉ chambres de la Cour de Paris admettent constamment cette dernière opinion (2) : La Cour peut statuer sur l'appel de l'ordonnance, bien que la demande principale ait été introduite, pourvu qu'il ait été interjeté dans les délais de l'article 809 du Code de Procédure civile.

La Cour de Poitiers, dans un arrêt du 9 mai 1887, et la Cour de Chambéry, dans un arrêt du 31 décembre 1890 (3), partageaient l'opinion première de la 3ᵉ chambre de la Cour de Paris.

La Cour de cassation vient, fort heureusement, de trancher la question, dans un arrêt en date du 29 juin 1892 (4), que nous croyons devoir reproduire en entier. Cet arrêt condamne la théorie de la 3ᵉ chambre.

(1) *Gaz. Pal.*, 1891, 1, 143.

(2) Paris (2ᵉ ch.), 3 fév. 1887, *Rec. div. Smets.*, 1887, 170 ; Paris (5ᵉ ch.), 6 juin 1888, *Gaz. Pal.*, 25-26 juil. 1888 ; Paris (4ᵉ ch.), 12 janv. 1889 ; 19 mars 1890, *Gaz. Pal.*, 1890, 1, 713 ; et 15 juin 1888, *Fr. Judic.*, 1889, 14.

Contrà, Paris (4ᵉ ch.), 27 avril 1888, Sir., 1889, 2, 9.

(3) *Gaz. Pal.*, 1891, 1, 408.

(4) *Gaz. Trib.*, 6 juillet 1892.

« Attendu que de la combinaison des paragraphes 3
et 5 de l'article 238 du Code civil, il résulte que, jusqu'au jour où le tribunal est saisi de la demande en divorce, le président statue par voie d'ordonnances sur
les mesures provisoires que l'introduction de l'instance
rend nécessaires, après quoi les pouvoirs de ce magistrat passent au tribunal, lequel, s'il y a lieu, modifie ou
complète, sous forme de jugements d'incidents, les mesures provisoires déjà prescrites ;

« Attendu que cette dernière disposition ne saurait
avoir pour effet de supprimer le droit d'appel que le
paragraphe 3 consacre expressément au profit de la
partie intéressée, contre les ordonnances du président ;
que cette suppression ne résulte ni explicitement, ni
implicitement, des termes employés par le paragraphe 5,
dont le seul but a été d'autoriser le tribunal à pourvoir
aux changements qui, durant l'instance, peuvent survenir dans la situation des parties et nécessiter des
changements correspondants dans les mesures provisoires primitivement prescrites ; que vainement, pour
décider le contraire, l'arrêt attaqué invoque les travaux
préparatoires de la loi du 20 avril 1886 ;

« Attendu qu'il ressort de ces travaux que si la commission du Sénat avait bien, il est vrai, proposé une
disposition additionnelle suivant laquelle l'ordonnance
du président n'eût été susceptible d'appel qu'autant que
le tribunal n'aurait pas encore été saisi de la demande
principale, la disposition dont s'agit n'a pas été inscrite
dans la loi ; que, dès lors, l'appel, en cette matière,
reste soumis aux principes généraux, sous la seule res-

triction du délai dans lequel il doit être formé ;....

« Casse l'arrêt de la Cour de Paris du 24 décembre 1890, renvoie devant la Cour d'appel d'Amiens ».

Il est à regretter que la loi n'ait pas été plus précise et plus claire ; mais, nous n'hésitons pas à partager l'opinion de la majorité des auteurs et de la jurisprudence.

Elle peut se résumer ainsi :

Le président, lors de l'essai de conciliation, ordonne des mesures provisoires.

Ou bien la situation des époux ou de leurs enfants reste la même, alors, si l'on veut faire modifier l'ordonnance, il faut, dans les délais de l'article 809 du Code de Procédure civile, la déférer à la Cour, seule juge, en se plaçant à l'époque où elle a été rendue, du point de savoir si elle doit l'infirmer et la rectifier.

Ou bien des changements sont survenus dans cette situation depuis l'ordonnance, alors, le tribunal est compétent pour prescrire de nouvelles mesures, la Cour ne pourrait pas se baser sur ce nouvel état de choses pour infirmer l'ordonnance.

E. — *Les mesures prescrites par le président sont essentiellement provisoires et révocables*. — Bien que cela ne fût formellement indiqué, ni dans le Code de 1804, ni dans la loi du 27 juillet 1884, il est certain que cette opinion eût été facilement acceptée, car les arrêts et les auteurs l'admettaient en cas de séparation de corps (1).

(1) Bordeaux, 9 juin 1832, Sir., 1833, 2, 446 ; Paris, 5 juill. 1853, Sir., 1853, 2, 454; Cass., 9 juin 1857, Sir., 1857, 1, 590 ; — Massol, *Sépar. de corps*, p. 154, n° 5 ; Demolombe, *Mariage*, II, p. 530 ; Le Senne, *Sépar.*, p. 151, n° 248 ; Carpentier, n° 213.

Ainsi, un arrêt de la Cour de cassation du 9 juin 1857 déclare que « la disposition qui confère à la femme la garde et l'éducation de ses enfants n'a rien d'irrévocable et reste susceptible de toutes modifications qui pourraient devenir nécessaires suivant les circonstances ».

La loi du 20 avril 1886 a fait disparaître tout motif de discussion, en statuant sur ce point.

Nous avons déjà vu, en étudiant le paragraphe 5 de l'article 238, que le tribunal peut modifier ou compléter, au cours de l'instance, les mesures provisoires prescrites par le juge conciliateur. L'article 240 est encore plus explicite : « Le tribunal peut, soit sur la demande de l'une des parties intéressées, soit sur celle de l'un des membres de la famille, soit sur la réquisition du ministère public, soit même d'office, ordonner toutes les mesures provisoires qui lui paraissent nécessaires dans l'intérêt des enfants ».

Cet article est spécial aux mesures provisoires concernant les enfants. Le législateur montre ainsi quelle préoccupation il a du sort de ceux-ci. Il ne lui suffit pas d'avoir parlé d'eux dans l'article 238, à propos des mesures provisoires sur lesquelles le juge conciliateur a à statuer ; il parle spécialement des mesures qui les intéressent dans l'article 240.

F. — *Qui peut les demander?* L'article 240 n'est pas une simple répétition ; il a son utilité.—Quand il s'agit des autres mesures provisoires que celles concernant les enfants, les époux sont seuls intéressés à ces mesures, eux seuls peuvent demander qu'elles soient modifiées.

Au contraire, quand il s'agit des enfants, on ne pouvait pas laisser le soin d'intervenir aux seuls père et mère; aussi, l'article 240 dit-il formellement que le tribunal peut être saisi d'une demande sur ce point, non seulement pas les parties intéressées, mais encore par un des membres de la famille, par le ministère public, qu'il peut même les ordonner d'office.

De l'article 240, il résulte que le ministère public ou un membre de la famille ne peuvent intervenir qu'autant que le tribunal est saisi (1).

1° *Un membre de la famille*. — Par membre de la famille, on entend toute personne, qui tient aux enfants par les liens du sang, ou l'allié de cette personne. Peu importe le degré de parenté ou d'affinité, ce degré fût-il plus éloigné que le treizième. Parfois, ce seront les parents les plus éloignés qui, ne prenant parti pour aucun des époux, seront plus soucieux de l'intérêt des enfants. D'ailleurs, les débats et l'intérêt des enfants affectent la famille toute entière.

M. Labiche, dans son rapport au Sénat, disait : « On avait soulevé, dans la commission extra-parlementaire, la question de savoir s'il fallait réglementer à l'avance cette intervention de la famille, la limiter à un certain dègré de parenté, en déterminer les formes. On ne l'a pas pensé ».

2° *Le ministère public*. — En matière civile, le ministère public n'est, le plus souvent, que partie jointe. Ce n'est que dans quelques cas qu'il est partie princi-

(1) Depeiges, n° 72 ; de Folleville, *Rec. div. Smets*, 1889, 247 ; Coulon, IV, p. 261 ; Carpentier, II, n° 68.

pale, notamment dans les cas spécifiés par la loi. Nous nous trouvons, avec l'article 240, en présence de l'un de ces cas. Le ministère public, partie jointe dans l'instance en divorce, peut devenir partie principale dans la procé-dure accessoire relative aux mesures concernant les enfants, puisqu'il a le droit de les provoquer.

Étant partie principale, il est soumis, comme tout plaideur, aux obligations, prescriptions, nullités, forclusions, déchéances de procédure. Les exploits sont en son nom, ils sont signifiés à sa personne, en son parquet. Il n'a pas besoin de l'assistance d'un avoué.

Les parties intéressées à discuter la mesure qu'il provoque étant en cause, nous pensons qu'il n'a pas à les assigner ; il lui suffira de présenter requête au tribunal et de notifier cette requête aux deux époux (1).

S'il est partie principale, il pourra se pourvoir contre les jugements par toutes voies légales (2).

Quand il se borne à donner des conclusions, même pour demander des mesures différentes de celles qui sont demandées par les époux, il n'est que partie jointe ; mais, en fait, le tribunal pouvant statuer d'office, il pourra admettre les conclusions du ministère public, même dans ces conditions.

Les décisions sont essentiellement provisoires et les personnes dénommées dans l'article 240 pourront toujours introduire une nouvelle instance afin de faire décider que les enfants seront confiés à une autre personne (3).

(1) Massabiau, *Man. du min. publ.*, I, p. 191.
(2) Massabiau, *loc. cit.*, I, p. 505.
(3) Voir sur ces points : Goirand, p. 219 ; Coulon, III, art. 240 ;

G. — *Contre qui peuvent être demandées des mesures nouvelles?* — Si la garde appartient au mari et qu'on veuille la lui retirer, il faut mettre en cause le mari. S'il s'agit de retirer la garde à la femme ou à un tiers à qui elle a été confiée, il y a lieu de mettre en cause la femme ou le tiers.

Il y a lieu aussi de mettre en cause, croyons-nous, la personne sur l'initiative de laquelle la mesure avait été obtenue. Cette personne était partie au procès, elle a intérêt à prendre part à la nouvelle instance, pour discuter les raisons apportées par le demandeur au changement dans les mesures prescrites et faire repousser les nouvelles mesures réclamées, si elle les estime contraires au véritable intérêt des enfants.

H. — *C'est le plus grand intérêt des enfants qui doit guider le tribunal.* — Pas plus qu'au président conciliateur, aucune règle n'est imposée au tribunal pour les mesures qu'il prescrit pendant l'instance en divorce.

Le vœu de la loi, cependant, est clairement de laisser l'administration et la garde des enfants au mari pendant l'instance en divorce. L'article 267 du Code civil le disait formellement. L'exposé des motifs de la loi du 20 avril 1886 dit que le principe posé dans cet article est maintenu dans le paragraphe 1er de l'article 240.

Aubry et Rau, V, p. 302 ; Vraye et Gode, II, p. 14 ; Demolombe, *Mariage*, II, p. 530 ; Labori et Schaffhauser, *Rép. encycl. du dr. fr.*, *Divorce*, n° 200 ; *Pand. Belg.*, V° *Divorce*, n°s 955 et s., 1447 et s. — Cass., 18 mars 1868, Dal., 1868, 1, 420 ; Paris, 20 décembre 1890 et 24 déc. 1890, *Gaz. Pal.*, 1891, 1, p. 143 et 144 et la note ; — Civ. Brux. 27 mars 1890, *Pas. Belg.*, 1890, 3, 219 ; Liège, 12 fév. 1891, *Gaz. Pal.*, 1891, supp. 43.

Mais, le principe étant posé, c'est le plus grand avantage des enfants qui doit guider le tribunal dans son
choix (1). Cet avantage doit primer l'intérêt des parents (2). C'est pour le tribunal une question de fait
qu'il résout comme il lui paraît utile de le faire. Aucune
règle ne lui est imposée. Ainsi, la garde peut être confiée à la mère, à un tiers (3).

Nous étudierons plus longuement ces points-là, à
propos des mesures prises par le jugement définitif.

L'intérêt des enfants peut exiger que de nouvelles mesures soient prises dans le plus bref délai. Par jugement
en date du 29 septembre 1886, la chambre des Vacations du tribunal de la Seine s'est déclarée compétente
pour ordonner de nouvelles dispositions concernant la
garde des enfants ;

« Attendu, dit ce jugement, que la demande formée
est de la nature de celles qui peuvent être portées devant la chambre des vacations, puisqu'elle est fondée
sur des motifs d'urgence ; que la chambre des vacations
qui, pendant le temps de sa durée légale, représente le
tribunal entier, est donc compétente pour apprécier la
demande..... »

(1) Trib. Huy, 5 juil. 1866, Jurispr. des trib. 1re inst. Cloës et Bonjean, 1873-74, 66.
(2) Liège, 12 fév. 1891, *Gaz. Pal.*, 1891, supp. 43.
(3) Vraye et Gode, II, n° 515 et s. ; Duranton, II, n° 616 ; Aubry et
Rau, IV, p. 170 ; Demolombe, *Mariage*, II, p. 528, n° 450 ; Goirand,
p. 157 ; Coulon, IV, p. 256 ; Laurent, III, p. 296, n° 255 ; Demante et
Colmet de Santerre, I, n° 342, p. 524 ; Vazeille, *Mariage*, II, n° 512 ;
Cass., 3 avril 1865. Dal., 1865, 1, 255 ; Brux., 23 juil. 1868, *Pas.*,
Belg., 1868, 2, 826 ; Brux., 18 mai 1869, *Belg. Judic.*, 1869, 1318.

En raison de cette même urgence, certains auteurs (1) ont voulu, malgré les termes impératifs de l'article 240 du Code civil, permettre au juge statuant en référé de prescrire des mesures provisoires.

Nous avons vu que, sous l'ancienne législation, malgré l'article 267 du Code civil et l'article 878 du Code de Procédure civile, on permettait au président conciliateur d'ordonner des mesures provisoires, concernant, notamment, la garde des enfants, et cela s'il y avait urgence. De même, ici, il peut y avoir des cas d'extrême urgence, où il serait trop long d'attendre que le tribunal statue, où l'intérêt des enfants, étant gravement compromis, exige que des mesures soient prises le plus promptement possible. Pourquoi, dit-on dans cette opinion, ne pas permettre de se pourvoir en référé devant le président qui pourrait alors statuer provisoirement, vu l'urgence? D'ailleurs, la garantie de l'appel existe. Ici encore, comme dans l'article 267 du Code civil, le mot *tribunal* serait pris comme synonyme de justice. L'article signifierait : toutes les mesures provisoires nécessaires dans l'intérêt des enfants peuvent être ordonnées, par le tribunal, s'il n'y a pas urgence, par le juge des référés, s'il y a urgence.

Cette théorie que nous aurions admise comme exacte avant la loi du 20 avril 1886, ne peut plus l'être, à notre avis, en présence des termes formels de cette loi. L'article 240 ne laisse déjà aucun doute sur ce point; de

____

(1) Goirand, p. 156 ; Vraye et Gode, II, n° 520, p. 17. Comparer: Demolombe, *Mariage*, II, p. 529, n° 432 ; Demante et Colmet de Santerre, I, n° 323 *bis*, III ; Cass., 15 juil. 1879, Sir., 1880, 1, 97.

plus, l'article 238, § 5, fournit contre ce système un argument sans réplique, quand il dit : « Lorsque le tribunal est saisi, les mesures provisoires prescrites par le juge peuvent être modifiées ou complétées au cours de l'instance par *jugement du tribunal*, sans préjudice du droit qu'a toujours le juge de statuer, en tout état de cause, *en référé*, sur la *résidence de la femme* ». Donc, sauf l'exception prévue expressément par l'article, c'est au tribunal qu'il faut demander de nouvelles mesures.

Qu'on admît, avant la loi du 20 avril 1886, qu'en cas d'urgence, on pût s'adresser au juge des référés pour les mesures provisoires, cela se comprenait aisément, car, à ce moment, on ne se trouvait en présence que de l'article 267 du Code civil qui laissait au tribunal seul ce droit. Le président ne pouvait en principe prescrire ces mesures. Ce n'était que par exception, et vu l'urgence, qu'on l'avait admis à les ordonner comme juge des référés. Mais, aujourd'hui, il peut toujours prescrire des mesures provisoires, au début de l'instance. C'est à ce moment qu'il y a urgence et qu'il faut éviter tout retard. Mais, plus tard, quand l'instance est engagée, la situation des enfants est déjà suffisamment réglée au mieux de leurs intérêts ; s'il apparaît à l'un des époux ou à un membre de la famille, ou au ministère public, que de nouvelles mesures s'imposent, le tribunal pourra être saisi. Il pourra même statuer d'office. Il y a moins d'urgence dans ce cas qu'au début de l'instance.

Cependant, il y a des cas où l'urgence sera extrême, et où, par suite, il serait bon que des mesures fussent prises le plus promptement possible. Il y a peut-être lieu de regretter que la loi n'ait pas autorisé dans ce cas la voie du référé ; mais, en présence de textes formels, il nous semble impossible d'admettre l'opinion contraire.

§ 2. *De la garde des enfants après le divorce.*

L'instance a pris fin, le divorce est prononcé. Le jugement qui prononce la dissolution du mariage, qui consacre définitivement la désunion et rompt tous les liens entre époux, doit prescrire des mesures en ce qui concerne les enfants. Tandis que les époux vont devenir des étrangers l'un pour l'autre, les enfants, au contraire, n'en continueront pas moins d'être attachés à eux par les liens de la filiation ; cependant il y a une nouvelle situation pour eux résultant de la cessation de la vie commune de leurs parents. C'est cette situation qu'il faut régler.

I. — En principe la garde est confiée au plus digne.

Quand le divorce est prononcé, la puissance paternelle n'appartient plus exclusivement au père, elle est partagée entre les deux époux. Cependant, comme la garde ne se conçoit guère qu'exercée par une seule personne, on ne peut l'attribuer qu'à l'un deux. Il est naturel que ce soit au plus digne, à celui qui aura triomphé dans l'instance en divorce.

A ce moment, c'est en parfaite connaissance de cause que le tribunal pourra se prononcer. Les débats lui ont appris quel est l'époux le plus digne.

II. — C'est l'intérêt de l'enfant qui doit guider le tribunal.

L'article 302 du Code civil qui reproduit, sauf une légère modification, l'ancien article 302, semble dans sa première disposition contraire à cette interprétation : « Les enfants sont — (l'ancien article portait seront) — confiés à l'époux qui a obtenu le divorce... ». Il semblerait, d'après cette première partie de l'article, que si la garde des enfants est confiée à l'époux qui a triomphé dans l'instance, c'est par suite d'une faveur pour lui, pour ne pas le priver, lui le plus digne, des droits et aussi des douceurs de la garde des enfants.

Ce n'est pourtant pas là le mobile qui a guidé le législateur ; s'il les confie à celui des deux époux qui en est le plus digne, c'est parce qu'il présume que tel est leur intérêt (1).

Ceci est, d'ailleurs, explicitement indiqué par la deuxième partie de l'article 302, « à moins que le tribunal,..., n'ordonne, *pour le plus grand avantage des enfants*, que tous ou quelques-uns d'eux seront confiés aux soins, soit de l'autre époux, soit d'une tierce personne ». Le plus grand avantage des enfants, tel est le motif déterminant de la décision des magistrats (2).

A. — Le plus souvent, sans doute, c'est auprès de l'époux qui aura obtenu le divorce qu'il sera avantageux

(1) Laurent, III, n° 293.

(2) Amiens, 18 juin 1890, *Rec. d'Amiens*, 1890, p. 217. « Considérant que c'est *l'intérêt de l'enfant* qui est le *motif déterminant* de la décision des magistrats, et que, dans les circonstances de la cause cet intérêt commande que le fils des époux A... soit confié à la mère ».

pour les enfants de se trouver (1) ; de là le principe posé dans la première partie de l'article 302 du Code civil ; mais si l'avantage des enfants exige que ce ne soit pas à lui que la garde soit confiée, c'est cet avantage que le tribunal devra considérer, et non celui des parents. Mais il faudra que l'enfant y ait un grand intérêt. Il ne suffirait pas d'arguer de faits de minime importance, pour que la garde soit enlevée à l'époux qui triomphe (2). C'est ainsi qu'on prend en considération l'âge et le sexe des enfants (3).

A défaut de disposition du jugement portant exception au principe, la garde des enfants appartiendra à l'époux qui triomphe dans l'instance.

B. — *Qui peut demander qu'il soit fait exception au principe ?* — L'article 302 du Code civil autorise, pour le plus grand avantage des enfants, le *ministère public* et la *famille* à demander « que tous ou quelques-uns d'eux soient confiés aux soins, soit de l'autre époux, soit d'une tierce personne ».

a) Que faut-il entendre par la *famille ?*

I. — Pour certains (4), ce mot désignerait l'ancienne

(1) Vraye et Gode, II, n° 739 : « Il y a un époux coupable qui a violé ses devoirs envers son conjoint, une présomption devait donc s'élever contre lui dans l'esprit du législateur, c'est qu'ayant été mauvais époux, il était mauvais père ».

(2) Bordeaux, 6 janv. 1890, *Rec. Bord.*, 1890, 1, 126.

(3) Dans la séance du 26 vendém., an XI, au Conseil d'État, lors de la discussion de l'art. 267 C. Civ., le consul Cambacérès déclarait formellement que la situation n'était pas la même quand les enfants sont mâles que lorsque ce sont des filles. Portalis répondit que le juge doit avoir égard aux circonstances et à l'intérêt des enfants et que la section croyait des détails sur ce point inutiles.

(4) Frémont, p. 379, n° 793 ; Carpentier, p. 210 ; Poulle, p. 76.

assemblée de famille qui, d'après l'article 2, § 4 de la loi du 20 septembre 1792, décidait, en cas de divorce pour cause déterminée, auquel des époux les enfants étaient confiés, et qui se composait (§ 2, art. 1ᵉʳ) de six au moins des plus proches parents ou amis, trois choisis par le mari et trois par la femme.

Cette solution est quelque peu tentante. Il est possible que le législateur de 1804, en employant ce terme vague de *famille*, ait voulu faire allusion à l'*assemblée de famille* de la loi de 1792; et, cependant, il est étonnant que, si telle était sa pensée, il n'ait pas employé le terme consacré d'« *assemblée de famille* » dont se sert cette loi.

II. — La plupart des auteurs (1), surtout avant la loi du 20 juillet 1886, pensaient que le mot *famille* désignait le *conseil de famille* prévu par le Code au titre de la Tutelle. Dans le Code il n'y a que ce conseil qui représente les intérêts généraux de la famille. Le titre du Divorce avait été promulgué le 10 germinal an XI (31 mars 1803), tandis que celui de la Tutelle ne le fut que le 15 germinal an XI (5 avril 1803). Les termes n'étaient pas encore arrêtés; mais c'est bien le conseil de famille que l'article 302 entend désigner par le mot de « famille ».

La jurisprudence française était en ce sens, de même que la jurisprudence belge (2). Un arrêt de Cologne, du 29 mars 1843 (3) disait qu'un simple vœu du conseil de

---

(1) Demolombe, II, n° 454; Laurent, III, n° 293; Carpentier, I, n° 209; Goirand, p. 158 et 196; Frémont, n° 877; Coulon, Man. F. p. 375.

(2) Riom, 11 mai 1885, *Gaz. Trib.*, 20 août 1885; Bruxelles, 26 février 1887, *Rec. périod. et crit.*, 1888, p. 125; Gand, 2 juil. 1887, *Pand. b. périod.*, 1888, n° 343.

(3) *Belg. Jud.*, 1844, 285.

6

famille suffit. La Cour de Riom dit, au contraire, qu'il faut une demande du conseil, un mandat d'agir donné par lui à l'un de ses membres. Dans l'espèce, trois membres du conseil de famille intervenaient, mais ne justifiaient pas d'un mandat donné à eux par le conseil de famille qui avait émis le vœu que l'enfant fût confié au père. Ils agissaient aussi comme plus proches parents du côté paternel. La Cour n'a pas admis leur intervention, « considérant qu'il appartient au conseil de famille seul, par l'organe de son délégué, de se prévaloir de la faculté ouverte par l'article 302 du Code civil ».

III. — MM. Vraye et Gode (II, n° 743) proposent d'appliquer textuellement l'article. Pour eux, la famille serait toute réunion de parents, fussent-ils deux.

IV. — D'autres auteurs (1), et la jurisprudence, sont allés plus loin. Un arrêt de la Cour de Paris du 17 juillet 1886, a décidé qu'un membre quelconque de la famille, agissant individuellement, en l'espèce l'aïeule du côté paternel, pouvait demander au tribunal de confier les enfants à une autre personne qu'à l'époux qui a triomphé. Un arrêt de la Cour de cassation (2), a décidé de même pour un oncle. D'après ces décisions, le mot *famille* signifierait les membres de la famille, auxquels leur parenté donne qualité pour prendre soin des intérêts des enfants issus du mariage, lesquels auraient le droit d'agir individuellement.

A l'appui de cette interprétation, on peut dire que

(1) Willequet, p. 263 ; Carpentier, II, n° 89, p. 163 ; Guignot, *Questions sur le divorce*, p. 86.

(2) Req., 19 novembre 1888 (*Pand. franç.*, 1889, 1. 271).

l'article 302 n'ayant pas précisé le sens du mot *famille*, il faut entendre ce mot dans le sens qu'il comporte le plus naturellement, dans les conditions où il est employé par l'article 302. Les personnes les plus intéressées à prendre soin de l'enfant, ce sont les plus proches parents, et l'on comprendrait difficilement que le législateur eût refusé à ces personnes le droit de provoquer les mesures relatives à la garde de l'enfant, pour remettre ce soin au conseil de famille, composé pour partie, et peut-être en majorité, de parents plus éloignés. Pourquoi refuser à un membre de la famille ce droit qui n'est qu'un droit d'initiative, le droit de décider restant en définitive aux juges qui ont en cette matière un pouvoir souverain (1)?

Ce qui pourrait faire élever quelques doutes sur cette solution, c'est que, dans l'article 240 de la loi du 20 avril 1886, le législateur dit formellement que les mesures provisoires peuvent être prises sur la demande de « *l'un des membres de la famille* ». Si le législateur n'a pas répété dans l'article 302 cette expression si claire, il semble bien qu'il faille admettre que la solution de la jurisprudence n'est pas exacte. Le législateur a dit « la *famille* », ce terme ne peut pas, semble-t-il, être l'équivalent de « *un des membres de la famille* ».

On peut répondre à cela que l'article 302 du Code civil a été reproduit tel quel, et dans la loi de 1884 et dans celle de 1886. L'article 267 du Code civil qui prévoyait les mesures provisoires prises pendant l'instance parlait aussi de la demande de la *famille*, or il a été rem-

____

(1) Cass., 23 fév. 1881, *Sir.*, 1881, 1, 309 et les renvois.

placé par les articles 238 et 240 et l'article 240 parle
de la demande *d'un des membres de la famille*. Dans
l'idée du législateur de 1886, tel était donc bien le sens
du mot *famille*. S'il ne l'a pas remplacé dans l'article 302
par le nouveau terme adopté, c'est que l'article a été reproduit sans changement aucun et sans discussion. L'article 302 laissé en dehors de la loi du 20 avril 1886, doit
être aujourd'hui interprété par le rapprochement de l'article 240, et le mot « famille » doit y avoir le sens qu'on
lui a donné dans l'article 240 remplaçant l'ancien article 267. Il n'y a plus à se préoccuper du sens que le législateur de 1804 avait pu vouloir donner au mot *famille* dans l'article 267.

Si l'on n'admettait pas cette solution, il serait facile,
en pratique, à un parent, d'indiquer au ministère public
quel est le véritable intérêt de l'enfant ; et, si vraiment
cet intérêt bien entendu exigeait que la garde fût confiée
à une autre personne qu'à l'époux qui triomphe, le ministère public n'hésiterait pas, sur ses conseils, à agir.
Cependant il pourrait arriver qu'il refusât d'intervenir.
Ainsi, dans l'espèce tranchée par la Cour de Riom dans
l'arrêt déjà cité du 11 mai 1885, le conseil de famille
avait émis le vœu que la garde fût confiée à une autre personne que l'époux qui triomphait, plusieurs membres de
ce conseil étaient intervenus au procès pour demander
cette mesure. L'arrêt déclare ces membres non recevables dans leur intervention et il constate dans ses considérants que le ministère public ne demande pas que d'autres mesures soient prises. Mieux vaut permettre au
membre de la famille qui s'intéresse aux enfants d'in-

tervenir directement pour éclairer le tribunal sur leur véritable intérêt, que de le laisser s'adresser en vain au ministère public.

Cette intervention de la famille peut se produire volontairement ou sur une assignation reçue d'une des parties en cause (1).

b) Ministère public. — Le ministère public peut intervenir (art. 302, C. civ.), comme lorsqu'il s'agit des mesures provisoires prises pendant l'instance. Un simple avis ne suffit pas, il faut une demande (2) ; il faut que le ministère public intervienne comme partie principale à l'instance.

Il pourra interjeter appel du jugement sur ce point ; de même son intervention pourrait se produire pour la première fois en appel. M. l'avocat général Van Schoor, dans les conclusions précédant un arrêt de la Cour de Bruxelles du 26 janvier 1882 (3), disait : « Toute action en divorce mettant le juge dans la nécessité de statuer sur le sort des enfants, contient nécessairement et virtuellement la double demande accessoire que règle l'article 302. Celle-ci peut se produire indifféremment devant l'une ou devant l'autre juridiction ».

c) L'époux coupable peut-il demander au tribunal de ne pas confier les enfants à l'époux qui triomphe dans l'instance en divorce ?

L'article 302 ne parle que de l'intervention du ministère public et de la famille. Une dérogation ou une excep-

(1) Gand, 30 juil. 1887, *Jur. du div.*, 1888, p. 260.
(2) Riom, 11 mai 1885, *Gaz. Trib.*, 20 août 1885.
(3) *Pas. Belg.*, 1882, 2, 205.

tion à un principe ne peut être étendue au delà des termes et des conditions dans lesquelles elle est limitée. L'époux qui succombe ne peut donc pas demander que la garde des enfants soit accordée à une autre personne qu'à l'époux qui triomphe dans l'instance ; d'ailleurs, l'article 240 dit formellement que la garde provisoire des enfants peut être demandée durant l'instance, par l'une des parties intéressées (mari ou femme) ; en restant muet dans l'article 302 le législateur montre son intention de ne pas donner ce droit à l'époux qui succombe, quand il s'agit de la garde accordée par le jugement prononçant le divorce. Et ce n'est pas un oubli de la part du législateur. L'article 267 ancien qu'a remplacé l'article 240 donnait formellemement ce droit à la mère. L'article 302 ne disait rien de semblable. L'on comprend, d'ailleurs, qu'il en soit ainsi pendant l'instance, car alors il n'y a pas d'époux coupable ; pour le plus grand avantage des enfants, il faut qu'ils puissent être confiés à l'un ou l'autre des époux, selon les circonstances (1).

Cette solution ne nous paraît pas devoir être adoptée. Sans doute, l'article 302 ne prévoit l'intervention que du ministère public et de la famille, mais on ne peut pas conclure de là que l'époux qui succombe ne puisse pas, lui aussi, s'occuper de la question des enfants et demander qu'ils ne soient pas confiés à l'époux qui triomphe. L'article n'avait pas à prévoir l'intervention de l'époux

(1) Bruxelles, 26 janvier 1882, *Pas. b.*, 1882, 2, 205 ; Liège, 30 oct. 1884, 4 juillet 1885, *Jurisp.*, Cloës et Bonjean, p. 783, 785 ; Gand, 9 juil. 1887, *Jurisp. du div.*, 1888, p. 64 ; Tr. Brux., 26 février 1887, *Rec. div.*, *Smets*, 1887, 125 ; Tr. Brux., 17 déc. 1887, *Pand. Périod.*, 1888, n° 194 ; Laurent, III, n° 293.

qui succombe ; cet époux est partie au procès, il a pu dans ses conclusions demander au tribunal de prendre telles mesures concernant les enfants qu'il croit utiles. Au moment où il conclut sur les mesures à prendre quant aux enfants, il n'y a pas d'époux coupable ou non coupable, sa demande est sûrement recevable ; pourquoi la déclarer non recevable plus tard, parce qu'on a découvert que c'est contre lui que le divorce doit être prononcé, si, d'ailleurs, les mesures demandées par lui le sont pour le plus grand avantage des enfants. D'ailleurs, que déciderait le tribunal dans le cas où le divorce serait prononcé entre les deux époux ? Dans ce cas les deux époux sont coupables. Si le ministère public ou la famille n'interviennent pas, il faudra bien que le tribunal soit saisi par la demande des époux, à moins qu'il ne puisse statuer d'office, pouvoir qu'on lui dénie généralement.

Ce droit pour l'époux coupable qu'on ne peut, à notre avis, lui refuser, quand il conclut dans l'instance principale, doit lui être accordé, même quand il fait défaut, même après que le divorce a été prononcé.

Et d'abord, il est bien certain que l'époux qui a succombé dans l'instance en divorce peut, plus tard, directement, demander au tribunal de revenir sur les mesures prescrites par lui concernant les enfants ; sinon, l'article 303 qui reconnaît formellement à l'ex-conjoint qui n'a pas la garde, le droit de surveiller l'éducation et l'entretien de l'enfant, n'aurait pas de raison d'être et serait dépourvu de sanction.

Ce droit que le conjoint aurait pendant l'instance

(art. 240), après l'instance (arg. art. 303), il ne l'aurait pas au moment du jugement ! Pourquoi cela ?

Supposons que l'époux défendeur fasse défaut. Le demandeur, s'il désire obtenir la garde des enfants, aura bien soin de ne pas divulguer les circonstances militant en faveur de l'attribution du droit de garde, soit au défendeur, soit à une tierce personne, et les enfants lui seront confiés. Pour éviter ce danger, le législateur a permis à la famille et au ministère public d'intervenir. Ce faisant, il n'a voulu qu'accorder une garantie de plus aux enfants, assurer « le plus grand avantage des enfants » ; or, en quoi la demande formée par l'époux coupable peut-elle porter préjudice aux enfants ? Ou bien cette demande n'est pas fondée, et alors le juge en déboutera le conjoint coupable, en mettant les frais et dépens à sa charge, en le condamnant même au besoin à des dommages-intérêts en cas de procès vexatoire ou téméraire. Ou bien cette demande s'appuie sur des motifs sérieux, et, dans ces conditions, pourquoi obliger le magistrat à déclarer non recevable une action répondant au but que le législateur s'est proposé ?

D'ailleurs, si l'on admet que par *famille*, le législateur a entendu parler d'un membre quelconque de la famille, il est évident que l'époux qui succombe est un membre de la famille et que, comme tel, il a le droit d'intervenir pour s'occuper du sort des enfants. Si l'on ne donne pas ce droit à l'époux coupable, c'est enlever le droit d'intervenir à l'un de ceux qui portent le plus d'intérêt aux enfants.

Sans doute, l'époux coupable peut s'adresser au mi-

nistère public et à la famille pour leur demander d'agir.
Mais le ministère public pourra ne pas être de l'avis de
cet époux, il pourra être mal éclairé ; quant à la famille,
il faut compter sur la répugnance qu'éprouveront tous
ses membres à se mêler à un pareil procès. Il ne convient pas de refuser ce droit de demander que les enfants ne soient pas confiés à l'époux qui triomphe, à la
seule personne qui, le cas échéant, n'hésitera pas à en
user. Le législateur a voulu, et on ne peut que le louer
de cette bonne intention, accorder une garantie aux enfants en autorisant l'action de la famille ou du ministère public ; mais il ne faut pas s'exagérer l'efficacité de
cette disposition. En fait, l'intervention de la famille ou
du ministère public sera très rare. Pourquoi contraindre l'époux qui succombe à recourir à l'indifférente intervention du ministère public ou d'un membre de la
famille, et ne pas lui donner directement un droit qui
peut être si utile aux enfants ?

Contrairement à la jurisprudence belge, la jurisprudence française tend à admettre notre opinion (1).

d) Le tribunal peut-il statuer d'office ? — Il est d'a-
bord bien certain que rien n'oblige les tribunaux à être
de l'avis de la famille ou du ministère public et à consacrer toujours leur demande. Le tribunal est absolument
maître de ne pas admettre cette demande, il a un pouvoir discrétionnaire.

Son pouvoir va-t-il jusqu'à lui permettre de ne pas
accorder la garde des enfants à l'époux qui triomphe,

(1) Paris, 17 juil. 1886 (*Sir.*, 1888, 2, 129).

en l'absence de demande de la famille ou du ministère public ?

Parlant des mesures provisoires concernant les enfants, l'article 240 donne expressément ce droit au tribunal : « Le tribunal peut...., *même d'office*, ordonner.... ». L'article 302, au contraire, ne parle que de la demande du ministère public et de la famille et il n'ajoute pas que le tribunal puisse statuer d'office. La comparaison de ces articles semble dicter une réponse négative à la question posée. C'est là l'opinion qu'il paraît impossible de ne pas partager en comparant l'article 302 à l'article 240 (1). Le texte impose même tellement cette solution que certains jugements vont jusqu'à dire que, même si le jugement ne statue pas sur ce point, l'époux qui triomphe pourra réclamer la garde des enfants (2).

Il y a cependant quelques raisons de douter.

Le législateur de 1886 n'ayant pas remanié l'article 302, n'a pas songé à ajouter à cet article ces mots « *même d'office* » qu'il ajoutait à cet article nouveau. Mais il ne faut pas voir dans cette différence de rédaction une intention bien arrêtée chez lui de marquer une différence dans les pouvoirs du tribunal statuant sur les mesures concernant les enfants, suivant qu'il rend un jugement interlocutoire ou le jugement définitif. Il était de jurisprudence constante que l'article 302 s'appliquait

(1) Laurent, III, nᵒ 293 ; Bruxelles, 10 mai 1859, *Pas. b.*, 1860, 2, 411.

(2) Bruxelles, 10 mai 1859; *Pas. b.*, 1860, 2, 411.— *Contrà*, Demante et Colmet de Santerre, I, p. 524 et 525 ; Cass., 24 juillet 1878, Sir., 1879, 1, 424.

à la séparation de corps, et que les enfants pouvaient
être confiés à la mère de préférence au père, si les tribunaux le jugeaient convenable. L'on admettait aussi
que le père contre lequel la séparation avait été prononcée pouvait être maintenu dans la garde, sans que le ministère public ni la famille le demandassent (1). D'ailleurs, ajoute-t-on, c'est « *le plus grand avantage des
enfants* » que l'on doit considérer pour l'attribution de
la garde (2), par suite, c'est lui qui doit guider le tribunal,
même en l'absence d'une demande du ministère public
ou de la famille.

Il est, semble-t-il, un cas où le tribunal doit forcément
statuer d'office, sous peine d'arriver à un résultat contraire au plus grand avantage des enfants, c'est quand il
prononce le divorce contre les deux époux et que ni le
ministère public, ni la famille, n'interviennent pour demander que telles ou telles mesures soient prises en faveur des enfants. Chaque époux est coupable, si l'on
n'admet pas que la demande de l'époux coupable touchant la garde des enfants soit recevable, il va de soi que
le tribunal devra statuer d'office dans ce cas. Même en
reconnaissant ce droit à l'époux coupable, si chaque
époux demande que la garde lui soit attribuée, si l'intérêt des enfants exige qu'elle ne soit accordée ni à l'un
ni à l'autre des époux, et que, ni le ministère public, ni
la famille, ne demandent d'autres mesures, il faudra

(1) Aubry et Rau, § 494, p. 201 et les auteurs et arrêts cités à la
note 13.

(2) Le Mans (1re ch.), 11 août 1885, *Droit*, 15 novembre ; Nîmes,
19 mai 1886, *Pand. fr.*, 1887, 2, 160.

bien que le tribunal tranche cette question d'office (1).

D'ailleurs, si l'on admet que le tribunal puisse statuer sur la demande de la partie qui succombe, alors, en fait, il sera presque toujours saisi de pareille demande par l'époux coupable. Autant lui permettre de statuer d'office.

Il reste cependant des cas où il eût été utile que le juge pût statuer d'office. Ainsi, l'époux coupable fait défaut, et, cependant, le tribunal estime qu'il ne serait pas avantageux pour les enfants de confier leur garde à l'époux qui triomphe. Malgré tout le désir que l'on aurait de voir dans ce cas ce droit appartenir aux tribunaux, on ne peut, il nous semble, le leur accorder. Si le tribunal estime qu'il est de la plus grande utilité pour les enfants que la garde n'en soit pas accordée à l'époux qui triomphe, il peut demander au ministère public d'intervenir et de demander ces mesures.

e) Les époux sont d'accord sur la question de la garde des enfants. Que doit faire le tribunal? — Il est à présumer que les deux époux se sont mis d'accord sur la garde des enfants, précisément pour le plus grand avantage de ceux-ci ; de plus, il n'y a plus ici la même raison d'hésiter à ne pas confier la garde à l'époux qui triomphe (art. 302), puisque lui-même consent à la confier à une autre personne ; donc, nous admettons, avec la généralité des auteurs et la jurisprudence, que dans ce cas, le tribunal n'est pas lié par les termes impératifs de l'article 302 ; mais nous n'allons pas jusqu'à dire qu'il est forcé de sanctionner l'accord des époux. Le

____

(1) Riom, 11 mai 1885, *Gaz. Trib.*, 20 août 1885.

plus souvent, il le sanctionnera, parce que ce sera pour le plus grand intérêt des enfants ; mais, s'il pensait qu'il n'en fût pas ainsi, il pourrait refuser de sanctionner cet accord et trancher différemment la question de la garde, sur la demande du ministère public ou de la famille (1).

Un arrêt de la Cour de cassation (2) déclare « *que dans une telle situation l'accord des époux doit être sanctionné par les tribunaux, alors du moins qu'il n'en résulte aucun préjudice pour les enfants* ».

C. — *A quel moment doit être introduite la demande concernant la garde ?* — Toute demande en divorce contient implicitement une demande de statuer sur le sort des enfants. Il en résulte qu'on pourrrait pour la première fois devant la Cour formuler des conclusions de ce chef (3). Cette demande touchant la garde peut même se produire après que le jugement est passé en force de chose jugée, soit que celui-ci ait statué sur ce chef, soit qu'il ait gardé le silence, le tribunal n'ayant pas été saisi de la question. En effet, dans les deux cas, l'intérêt des enfants peut exiger qu'une décision nouvelle soit rendue, et il est certain que l'article 302 est général et s'applique aussi bien au cas où la garde des enfants est débattue après le jugement prononçant le divorce. qu'à celui où elle doit être réglée par ce jugement (4)

---

(1) Comp. Demolombe, *Mariage*, II, n° 511 *bis*, p. 583 ; Vraye et Gode, II, n° 751 ; — *Contra* ; Carpentier, I, n° 277 ; Liège, 19 fév. 1852, *J. Pal.*, 1852, 2, 63.

(2) Cass., 6 fév. 1865, Sir., 1865, 1, 58.

(3) Bruxelles, 26 janv. 1882, *Pas. b.*, p. 205 ; Gand, 9 juil. 1887, *Pand. Périod.*, 1888, n° 343.

(4) Curet, p. 217 ; Frémont, p. 440 ; Goirand, p. 197 ; Bruxelles,

D. — *A qui peut être confiée la garde des enfants?*
— *a*) En règle générale, les enfants seront confiés à l'époux qui a obtenu le divorce. « Pour le plus grand avantage des enfants », sur la demande des personnes que nous venons d'indiquer, tous ou quelques-uns d'entre eux peuvent être confiés « aux soins de l'autre époux ou d'une tierce personne ».

b) L'époux coupable peut se voir confier la garde d'un ou plusieurs enfants (1); cependant les tribunaux devront se montrer très circonspects dans cette attribution. Il faudra que l'intérêt des enfants exige cette dérogation à la règle pour que le tribunal y consente.

Un arrêt de la Cour de Bordeaux du 6 janvier 1890 (2) dit que le motif tiré de ce que le père, faisant de fréquents voyages, serait hors d'état de donner à l'enfant les soins dont il a besoin, n'est pas suffisant pour faire échec au droit de garde du père, alors surtout qu'il est établi que le père de l'enfant demeure avec ses parents, dont l'honorabilité est irréprochable et qui sont dans des conditions d'aisance qui offrent les plus sérieuses garanties.

Si la femme contre laquelle le divorce a été prononcé n'est pas indigne, si les enfants sont jeunes, mieux vaut pour eux les confier à la mère. Un arrêt de la Cour de Paris du 20 août 1886 déclare que l'enfant peut être confié à la mère contre qui le divorce a été prononcé pour tentative de meurtre de son mari

9 mars 1874, *Pas. b.*, p. 200; Trib. Brux., 26 février 1887, *Pand. Période.*, 1889, p. 1214.

(1) Cela était admis même dans la séparation de corps; Cass., 15 juil. 1879, *J. Pal.*, 1880, 1, 225.

(2) *Rec. Bordeaux,* 1890, 1. 126.

suivie d'un acquittement, lorsqu'en dehors de cet acte, rien dans sa vie ne permet de la considérer comme indigne de cette garde et que cette mesure apparaît, à raison de la conduite du mari, comme conforme à l'intérêt de l'enfant.

Ce sont des questions de fait très délicates sur lesquelles le tribunal a à statuer (1).

Les enfants peuvent être confiés aux deux époux alternativement.

c) Les enfants peuvent être confiés aux soins d'une tierce personne.

Ils peuvent, par exemple, être confiés aux parents de l'un des époux, même aux parents de l'époux contre lequel le divorce a été prononcé. C'est ce qu'a décidé un jugement du tribunal du Mans en date du 11 août 1885 ;

« Considérant que, si honorables que soient M. et Mme B... (aïeux paternels), ils ne se trouvent pas dans une situation égale à celle de M. et Mme F... (aïeux maternels), pour donner aux jeunes filles B... les soins qui leur sont nécessaires, particulièrement en ce qui concerne la plus jeune dont la constitution nerveuse et impressionnable est de nature à causer les plus sérieuses inquiétudes ; que, d'un autre côté, et au point de vue de leur instruction, les enfants B... ont intérêt à continuer de demeurer chez leurs aïeux maternels, qui habitent une grande ville, où se trouvent de nombreux établissements d'instruction pour les jeunes filles....... » ;

____

(1) Voir aussi : Trib. du Mans, 11 août 1885, *Droit*, 14 août 1885 ; Nîmes (1re ch.), 19 mai 1886, *Pand. fr.*, 1887, 2, 160 ; Cass., 24 novembre 1886, *Pand. fr.*, 1887, 1, 81.

L'enfant peut être mis en pension (1), et c'est même ce qui arrivera le plus souvent pour les enfants d'un certain âge et d'une certaine condition. Mais le tribunal indiquera quelles mesures prendre pendant les vacances, chez lequel de ses père et mère l'enfant les passera.

Le tribunal a le droit de décider que l'enfant pourra être visité par l'autre époux, qu'il lui sera conduit à certaines époques déterminées. Les arrêts entrent dans une foule de détails que nous ne pouvons indiquer dans cette étude, qui sont dictés par le désir de concilier les sentiments d'affection des parents pour leurs enfants avec l'intérêt de ceux-ci.

E. — *Les dispositions du jugement concernant les enfants sont essentiellement provisoires.* — *a)* Les mesures prescrites peuvent être modifiées aussi souvent que l'intérêt des enfants le commande (2).

Il peut se faire que le tribunal prévoie, dès le jugement, que certains changements se produiront dans l'avenir et avise dès ce moment aux mesures à prendre dans ce cas. Ainsi, le tribunal peut ne confier l'enfant à la mère que jusqu'à certain âge (3).

S'il se produit des changements que le tribunal n'a pas prévus ou même ne pouvait pas prévoir, le tribunal peut prescrire de nouvelles mesures. Ainsi, si le tribunal n'a pas statué sur la garde dans son jugement,

(1) Cass., 3 avril 1865, Dal., 1865, 1, 287.
(2) Cass., 25 août 1884, Sir. 1884, 1, 424; sur renvoi, Orléans, 8 janvier 1885, Sir. 1885, 2, 45 ; Cass., 24 nov. 1886, *Pand. fr.*, 1887, 1, 81 ; Paris, 26 juil. 1887, *Rec. div. Smets*, 1888, 46 ; Toulouse, 22 juin 1892, *Gaz Trib.*, 7 juillet.
(3) Bruxelles, 24 juin 1869, *Belg. Jud.*, 1871, 506.

on peut postérieurement le lui demander. S'il a statué
sur la garde, mais que les circonstances prévues par lui
ne se réalisent pas, que l'application des mesures prescrites devienne fâcheuse et dangereuse pour la santé et
la moralité de l'enfant, le tribunal peut être saisi, et modifier les mesures qu'il a prises (1), maintenir pour un
temps plus long la garde à la personne qui n'en était
chargée que jusqu'à un certain moment, ou l'enlever à
la personne qui en est devenue indigne pour la confier à
une autre personne. Ainsi, la Cour de cassation, dans un
arrêt du 12 janvier 1867 (2), a décidé que le tribunal
peut ordonner qu'à raison de sa constitution débile et
maladive, l'enfant restera confié à la garde de la mère,
au delà de l'âge déterminé par le jugement sur le fond.

Pour modifier les mesures précédemment prescrites,
il faut une décision nouvelle. Mais le tribunal auquel on
demande ces modifications peut refuser de les ordonner,
et son refus est suffisamment motivé par le considérant
qu'il n'est justifié d'aucune raison devant faire modifier
les décisions antérieures (3).

Des modifications aux dispositions du jugement concernant la garde deviendront souvent nécessaires au
cas d'un second mariage de la mère à qui les enfants
avaient été confiés. Le seul fait du nouveau mariage de
la mère ne saurait entraîner pour elle la perte de la
garde (4), même dans le cas excessivement grave où la

(1) Demolombe, *Mariage*, II, n° 511, p. 583 ; Trib. Troyes, 27 juil.
1886, Sir., 1886, 2, 182 ; et les arrêts cités à la note 3 de la page 74.
(2) Sir., 1867, 1, 212.
(3) Cass., 24 nov. 1886, *Pand. fr.*, 1887, 1, 81.
(4) La Novelle CXVII, ch. 7, enlève dans ce cas la garde à la femme :

mère aurait, malgré l'article 298, épousé son complice. Il faudra solliciter du tribunal un jugement nouveau, prescrivant de nouvelles mesures, en raison de la situation nouvelle (1). Le tribunal pourra, malgré le nouveau mariage de la mère, lui conserver la garde qu'elle avait obtenue, l'autoriser à continuer à visiter ses enfants, en un mot, maintenir les mesures précédemment prises. S'il modifie ces mesures, il le fera, non pas uniquement à cause du second mariage de la mère, mais par suite des circonstances qui ont pu l'accompagner, de l'attitude de la mère ou de son nouvel époux, vis-à-vis des enfants (2).

Ces modifications aux mesures prescrites peuvent être demandées par toutes les personnes visées par l'article 302, c'est-à-dire par les ex-époux, par la famille et le ministère public. L'article 302 est général ; il s'applique, même quand la question se discute après le jugement de divorce (3).

b) C'est le tribunal qui a prononcé le divorce qui reste compétent pour statuer sur les modifications demandées dans l'intérêt des enfants, quand bien même les époux, ou l'un deux, auraient changé de domicile.

Cette demande n'est pas une demande nouvelle ; elle

« *Si pater occasionem separationis præbeat, et mater ad secundas non venerit nuptias, apud matrem nutriantur, expensas patre præbente* ».

(1) Dalloz, 1887, 2, 64.

(2) Paris, 17 juillet 1886, Dal., 1887, 2, 211 ; Paris, 26 juillet 1887, Loi, 26 juillet 1887 ; Paris, 15 déc. 1886, *Rec. div. Smets.*, 1888, 46 ; Toulouse (1re ch.), 22 juin 1892, *Gaz. Trib.*, 7 juillet.

(3) Paris, 17 juill. 1886, *Pand. fr.*, 1886, 2, 283 ; Bruxelles, 26 fév. 1887, *Rec. div. Smets.*, 1887, 125.

se rattache à l'exécution des mesures prescrites anté-
rieurement, et cela, quand bien même le tribunal ne se
serait pas réservé d'user, le cas échéant, du droit de
modification (1).

Si la demande n'est introduite qu'après le jugement
définitif et que cette décision ne contienne aucune disposition sur ce point, le tribunal compétent sera celui
du domicile de l'époux qui a obtenu le divorce, car il
s'agit alors d'une action nouvelle et indépendante de
l'action principale en divorce (2).

S'il y avait un fait violent, le tribunal du lieu où le
fait s'est produit, sera compétent pour modifier les dispositions prises par le jugement de divorce. Il a été jugé
ainsi dans le cas d'enlèvement (3). C'est ce tribunal seul
·qui peut connaître exactement les circonstances de ce
fait ; et, de plus, il y a urgence en pareil cas à modifier
les dispositions du jugement.

Le juge des référés est incompétent pour modifier les
mesures prises par le jugement définitif (4).

F. — *Voies de recours contre le jugement définitif.* —
Le jugement prononçant le divorce et statuant sur la
garde des enfants est susceptible de toutes les voies de
recours.

a) Opposition. — Le Code de 1804 et la loi du 27 juillet 1884 ne parlaient pas de l'opposition aux jugements

(1) Demolombe, II, n° 453; Vraye et Gode, II, p. 251 ; Coulon, III,
p. 464 ; Cass., 25 août 1884, Sir. 1884, 1, 424; Orléans, 8 janv. 1885,
Sir. 1885, 2, 41.
(2) Vraye et Gode, II, p. 252 ; Nancy, 28 juil. 1884, Dal. 1886, 2, 83.
(3) Tr. Brux., 19 avril, 1880, *Belg. Judic.*, 1881, 554
(4) Paris, (ch. vacat.), 17 sept. 1886, *Droit.*

par défaut en matière de divorce. On leur appliquait les mêmes règles qu'aux jugements par défaut ordinaires. Le législateur de 1886 a, au contraire, édicté des délais spéciaux en cette matière.

D'après l'article 247 nouveau, l'opposition est recevable dans le mois de la signification du jugement, si elle a été faite à personne. Puisque l'époux contre lequel le divorce est prononcé a connaissance du jugement rendu, un délai d'un mois est suffisant pour lui permettre de faire opposition, s'il le juge convenable. Mais, si la signification n'a pas été faite à personne, il est à présumer que l'époux contre lequel le divorce a été prononcé n'en est pas avisé ; lui accorder un délai trop court pour faire opposition serait ouvrir la porte à de nombreuses fraudes. D'un autre côté, l'époux défaillant ne peut pas ajourner indéfiniment par son absence l'effet du jugement pris contre lui. Dans ce cas, la loi prescrit la publication par extrait du jugement dans les journaux que le président du tribunal désigne ; l'opposition est recevable dans les huit mois qui suivront le dernier acte de publicité.

L'opposition intervenant, le jugement tombe, l'on se trouve dans les mêmes conditions qu'au début de l'instance ; mais la garde des enfants reste réglée par le jugement, sauf à l'époux opposant de demander au tribunal, en vertu de l'article 240, de statuer à nouveau sur la garde des enfants.

b) Appel. — Sous le Code de 1804, d'après l'article 263, l'appel n'était recevable qu'autant qu'il avait été interjeté « dans les trois mois à compter du jour de la signification du jugement rendu contradictoirement ou par défaut ». La loi du 27 juillet 1884 réduisait le délai à deux mois (art. 263).

On avait discuté sur le point de savoir si l'article 263 s'appliquait à tous les jugements en matière de divorce ou seulement au jugement définitif, et cela en raison de l'article 262 qui, lui, ne parlait que de l'appel du jugement définitif et du jugement d'admission (ce dernier n'existe plus avec la nouvelle loi).

La loi du 20 avril 1886, dans l'article 248, qui traite de l'appel, est venue changer ces textes sur plusieurs points.

Tout d'abord, l'article ne distingue pas entre les diverses sortes de jugements. L'appel semble donc recevable pour tous jugements : « L'appel est recevable pour les jugements contradictoires... S'il s'agit d'un jugement par défaut.... ». Cependant, malgré les termes de l'article 248 qui ne fait d'exception pour aucun jugement, nous estimons que les jugements préparatoires ne sont pas susceptibles d'appel.

Enfin, le point de départ du délai de deux mois n'est plus le même que sous la législation de 1804 ou de 1884, quand il s'agit d'un jugement par défaut : « Le délai ne commence à courir qu'à partir du jour où l'opposition n'est plus recevable » (Art. 248, § 2).

Donc, si le jugement a été prononcé par défaut faute de comparaître, le délai d'appel part de l'expiration du mois qui suit la signification, si elle a été faite à personne ; si la signification n'a pas été faite à personne, mais seulement à domicile, le délai d'appel court de

l'expiration des huit mois qui suivront le dernier acte de
publicité. Dans le cas où un jugement a été prononcé par
défaut faute de conclure, le délai d'appel commence à
courir, dans les instances ordinaires, à l'expiration de
la huitaine de la signification à avoué, (art. 157, C. proc.
civ.); mais, en matière de divorce, la signification à partie est nécessaire pour faire courir le délai, et le délai
est le même dans ce cas, la loi ne distingue pas entre
les deux sortes de jugement par défaut (art. 247, C. civ.).

L'appel est-il suspensif en ce qui concerne les mesures touchant les enfants ?

Nous avons vu que l'ordonnance du juge conciliateur
prescrivant des mesures au début de l'instance était
exécutoire par provision, nonobstant appel (art. 238,
§ 3). Cela se comprend aisément dans ce cas. Il s'agit
avant tout de confier les enfants provisoirement à celui
des époux qu'on présume le plus digne ; il y a urgence
à ce que les mesures prescrites soient exécutées immédiatement. Dans le cas qui nous occupe, les juges sont
éclairés, ils savent par les débats à qui, pour le plus
grand intérêt de l'enfant, il faut confier la garde, le jugement édicte les mesures qui conviennent. Il est urgent
que ces mesures soient exécutées, que les enfants soient
enlevés le plus rapidement possible à la garde de celui
qui ne paraît plus en être digne. De plus, l'on a à crain-
cre que celui-ci n'essaie de cacher les enfants pour éviter l'exécution du jugement. Il semble donc qu'à plus
forte raison, dans ce cas, le jugement, en ce qui concerne
les mesures touchant les enfants, devrait être exécutoire
nonobstant appel.

La loi est muette sur ce point. Cependant, la plupart des auteurs sont d'avis que le tribunal peut ordonner l'exécution provisoire de ses décisions sur les incidents, notamment sur la garde des enfants (1).

Quand l'affaire viendra devant la Cour, les magistrats devront se reporter aux circonstances de fait qui existaient au moment du jugement, pour décider si les mesures qu'il a prescrites l'ont été à bon droit. Par exemple, si la Cour juge différemment sur le fond, si elle prononce le divorce contre l'époux qui l'avait obtenu en première instance, elle pourra changer les mesures prescrites concernant les enfants.

Si l'arrêt déclare qu'il n'y a pas lieu à divorce, le mariage subsiste, le mari reprend tous ses droits de puissance paternelle sur les enfants.

c) *Pourvoi en cassation.* — L'ancien article 263, § 2, du Code civil, réglait ainsi la question : « Le délai pour se pourvoir à la Cour de cassation contre un jugement en dernier ressort sera aussi de trois mois à compter de la signification ». La loi du 27 juillet 1884 reproduisait ce paragraphe de l'article, en remplaçant seulement le délai de trois mois par un délai de deux mois.

La loi du 20 avril 1886 a remplacé ce paragraphe par le § 5 de l'article 248 : « Le délai pour se pourvoir en cassation court du jour de la signification à partie, pour les arrêts contradictoires ; et, pour les arrêts par défaut, du jour où l'opposition n'est plus recevable ».

Le délai pour se pourvoir est le délai ordinaire de deux

_____

(1) Vraye et Gode, I, n° 335 ; Coulon, IV, p. 391 ; — *Contra*, Carpentier, I, n° 147.

mois (art. 1er de la loi du 2 juin 1862). L'article 248 n'a pas répété ce que disait l'article 263 ; c'était inutile, ce délai étant le délai ordinaire.

D'après le paragraphe 6 de l'article 248 de la loi du 20 avril 1886, comme dans la législation précédente (art. 263 ancien), « le pourvoi est suspensif ». On n'a pas voulu que l'un des époux convolât, tant que l'instance ne serait pas complètement terminée ; si plus tard la décision avait été cassée, il y aurait eu bigamie.

Une controverse assez vive s'est élevée sur le point de savoir si cette exception s'appliquait aux pourvois formés contre tous les jugements en matière de divorce, ou seulement contre le jugement définitif.

A notre avis, c'est seulement quand il s'agit du jugement définitif, que le pourvoi en cassation est suspensif.

Un premier argument qui semble péremptoire, est tiré du motif qui a fait admettre cette exception : « On a cru, trouve-t-on dans les observations du Tribunat, que le pourvoi devait être suspens.f, parce qu'il s'agit d'une chose irréparable par sa nature. Il est plus convenable dans ce cas de suspendre la prononciation du divorce ». Or, dans les jugements interlocutoires on ne trouve pas les mêmes inconvénients. Ce n'est que lorsqu'il s'agit du jugement définitif qu'on peut éprouver cette crainte. De plus, l'effet suspensif du pourvoi en cassation étant une dérogation à une règle générale, on ne doit interpréter cette exception que *stricto sensu* (1).

D'autres auteurs et arrêts vont même plus loin et n'ac-

(1) Moraël, p. 217 ; Coulon, IV, 397 ; Besançon, 1er juin 1885, Sir., 1886, 2, 131 ; Dijon, 30 déc. 1886, Sir. 1887, 2, 154.

cordent l'effet suspensif au pourvoi en cassation que pour
le jugement définitif *admettant le divorce* (1). Un arrêt de
la Cour de Paris en date du 7 février 1889 émet cette
opinion : « Considérant que si l'article 248 du Code civil,
in fine dispose que le pourvoi en cassation en matière de
divorce est suspensif de sa nature, cette disposition ne
saurait s'entendre qu'en ce qui concerne le jugement définitif *prononçant* le divorce ; — qu'en effet, si, contrairement aux règles du droit commun, les pourvois en cassation ont été déclarés suspensifs en cette matière, ce n'a
été que dans le but d'éviter les graves inconvénients qui
pourraient résulter, au point de vue de l'état civil, de la
célébration d'un nouveau mariage, avant qu'il ait été
statué définitivement sur la régularité de la décision ayant
eu pour effet de rompre le lien conjugal ».

Dans les observations du Tribunat, dit-on dans cette
opinion, on déclarait qu'il était « plus convenable dans
ce cas de suspendre la *prononciation* du divorce ». C'est
dans le cas seulement de prononciation du divorce que
l'inconvénient signalé est à craindre. D'ailleurs, l'article 248 vient après un article qui prescrit des mesures
de publicité pour le jugement ou l'arrêt par défaut qui
prononce le divorce ; et l'article 248 qui s'occupe du point
de départ du délai pour se pourvoir en cassation, renvoie à cet article 247 *in fine* pour la fixation du point de
départ du délai dans les arrêts par défaut. Cela paraît
bien indiquer qu'il ne s'agit dans l'article 248 que du
pourvoi contre un arrêt définitif prononçant le divorce.

(1) Carpentier, II, n° 143 ; Vraye et Gode, I, p. 314 ; Paris, 7 fév.
1889, Sir. 1890, 2, 63.

Dans un système contraire, est suspensif tout pourvoi contre un jugement quelconque en matière de divorce. Les arguments fournis par les partisans de ce système sont assez forts.

Les termes de l'article 248, disent-ils, sont généraux et ne spécifient pas de quel jugement il est question. Cet article parle des *arrêts* contradictoires et par défaut. Ce pluriel est caractéristique, L'ancien article 263 employait le singulier, ce qui pouvait motiver quelque hésitation ; il était précédé de l'article 262 qui, à propos d'appel, ne parlait que du jugement définitif et du jugement d'admission ; mais cet article 262, et aussi les articles 264, 265, qui ne parlaient que du jugement définitif, ont disparu de la nouvelle loi. De plus, l'on a réuni dans l'article 248 les règles concernant le point de départ du délai de l'appel et de celui du pourvoi en cassation ; or, les prescriptions des deux premiers paragraphes de l'article 248 s'appliquent à tous les jugements susceptibles d'appel, il semble qu'on doit admettre que dans les paragraphes 5 et 6 on vise aussi tous les jugements ou arrêts susceptibles de pourvoi en cassation, puisque la loi n'a pas formellement limité l'exception. D'ailleurs, si l'on n'admet pas l'effet suspensif du pourvoi pour tous les jugements qui en sont susceptibles dans cette matière, il pourra se produire des conséquences très graves que cette exception a eu précisément pour but d'éviter. Ainsi, une enquête a eu lieu en vertu d'un arrêt qui l'ordonnait et qui a été l'objet d'un pourvoi en cassation. Si le pourvoi n'est pas suspensif, la procédure de divorce continue, sur cette enquête le divorce est prononcé. Si, plus tard, la Cour de cassation statuant casse l'arrêt qui avait ordonné l'enquête, celui prononçant le divorce se trouve par suite annulé. Si l'un des divorcés s'était remarié dans l'intervalle, on voit que les inconvénients que le législateur a voulu éviter peuvent se produire, quand on n'admet pas le système proposé (1).

Cette dernière raison, qui paraît la plus sérieuse, ne se présente pas dans les arrêts qui concernent les mesures provisoires prescrites pour la durée de l'instance. Aussi admet-on, même dans ce système, que l'effet suspensif du pourvoi ne se produit pas pour les arrêts qui statuent sur ces mesures.

L'effet suspensif du pourvoi s'étend-il aux dispositions accessoires contenues dans l'arrêt définitif, par exemple à celles concernant les enfants?

Il semble qu'on ne puisse pas sérieusement soutenir la négative, car il est impossible de ne pas attacher un caractère indivisible au pourvoi. Or, le pourvoi relatif au jugement définitif est sûrement suspensif (2).

Un arrêt de la Cour de Besançon dit « qu'en confiant la garde de la fille à la mère, la Cour n'a pas entendu prendre une mesure provisoire pour la durée du procès, mais bien régler définitivement la situation de l'enfant durant la séparation ; qu'elle participe donc du caractère définitif de l'arrêt et ne peut en être distraite pour être

(1) Voir sur cette question : Poulle, *Rec. div. Smets.*, 1888, p. 122 ; Depeiges, p. 81 ; Curet, n° 248 ; Besançon, 1er juin 1885, Sir. 1886, 2, 131 ; Dijon, 30 déc. 1886, Sir. 1887, 2, 154.

(2) Voir la note précédente ; voir en outre : Vraye et Gode, I, nos 342 et 342 *bis*; Moraël, p. 217 ; Coulon, IV, p. 399.

exécutée isolément, et alors que l'exécution de l'arrêt lui-même est suspendue par le pourvoi ».

L'opinion contraire a été cependant présentée (1) : L'arrêtiste de Dalloz qui l'a soutenue invoque l'opinion de M. Frémont (2) et la théorie d'un arrêt de Bruxelles du 29 décembre 1881, pour appuyer la sienne. En réalité ce n'est pas ce qu'admettent ni l'auteur ni l'arrêt cités. Ils disent que l'effet suspensif du pourvoi ne s'étend pas aux arrêts incidents, mais ils ne disent rien de plus. L'on ne saurait conclure de là qu'ils admettent que l'effet suspensif du pourvoi contre le jugement définitif, n'atteint pas les mesures concernant les enfants prescrites par ce jugement définitif. Ce n'est pas un arrêt incident qui les a prononcées. Il n'y a pas de raison pour vouloir faire dire à M. Frémont et à l'arrêt de Bruxelles plus qu'ils ne veulent dire.

Lorsqu'il y a pourvoi, les mesures prescrites avant le jugement définitif subsistent jusqu'à ce que l'instance soit terminée ; à raison de l'effet suspensif du pourvoi, aucune des dispositions de l'arrêt définitif, même celles destinées à remplacer les mesures provisoires prescrites, ne peut recevoir d'exécution.

Ce n'est pas seulement le pourvoi lui-même qui est suspensif, mais encore le délai du pourvoi. C'est ainsi qu'était interprété l'ancien article 265 (3).

d) Requête civile. — La requête civile ne suspend jamais l'exécution. Cela est très grave en matière de di-

----

(1) Dal., 1886, 2, 64, note sous l'arrêt de Besançon du 1ᵉʳ juin 1885.
(2) Frémont, p. 314 et s.
(3) Cass., Belg., 28 nov. 1822, *Pas. b.*, 286.

vorce. Aussi, se demande-t-on si la requête civile est
admise en ce cas.

Avant la loi du 20 avril 1886 il était permis de douter.
L'article 263, § 3, disait : « Le *pourvoi* sera suspensif ».
Or le mot pourvoi est synonyme de recours et comprend,
outre le pourvoi en cassation (sens exact), la requête
civile et même l'acte d'appel (1).

Dans l'article 263 lui-même le mot pourvoi semble
pris dans les deux sens (sens étroit et sens large). Dans
le paragraphe 2, l'article 263 parle du pourvoi en cassation, il dit formellement : « Le délai pour se pourvoir à
la Cour de cassation... ». Le législateur craignait une
confusion, et, comme le délai que fixe ce paragraphe ne
s'appliquait qu'au pourvoi en cassation, pour l'éviter, il
a ajouté les mots « à la Cour de cassation ». Dans le paragraphe 3, le législateur entend parler de toutes les
voies de recours, la confusion n'est plus à craindre, il
dit simplement le « pourvoi » sans distinguer.

La doctrine était cependant contraire à cette opinion (2):

Pour trancher cette difficulté, lors de la discussion
de la loi du 20 avril 1886, le projet de loi présenté contenait un article 17 ainsi conçu : « Le jugement ou l'arrêt qui prononce le divorce ne peut être exécuté qu'autant qu'il n'est plus susceptible d'aucune voie de recours
de la part des parties. *Il ne peut être attaqué par la voie
de la requête civile* ».

(1) Ordonnance d'avril 1667 sur la procédure, art. 3, titre XXXV :
« Les ecclésiastiques seront reçus à *se pourvoir* par *requête civile* ».
Art. 41, *id.* De même, art. 241, 481, 487, 503, C. proc. civ.
(2) Laurent, n° 249 ; Carpentier, I, n° 188.

Au Sénat, le commissaire du gouvernement, M. Forichon, vint soutenir la disposition finale de l'article. Les délais de la requête civile sont parfois très longs, les causes de requête civile peuvent ne se révéler que fort longtemps après le jugement rendu. Une nouvelle union peut avoir été formée, des enfants peuvent en être nés. Si la voie de la requête civile était admise et si, sur le pourvoi formé, le jugement ayant prononcé le divorce était annulé, on comprend quelles conséquences fâcheuses s'en suivraient. M. Xavier Blanc fit observer que les mêmes hypothèses pouvaient se présenter en cas d'annulation de mariage et que pourtant la requête civile était admise en ce cas. Ce n'était pas là une raison bien convaincante. Si l'on reconnaissait qu'il y avait là un danger, pourquoi ne pas l'éviter, au moins dans le cas de divorce ?

M. Delsol dit qu'on devait considérer cette voie de recours comme un *ultimum subsidium*, très utile dans certains cas déterminés. M. Forichon répliqua que les enfants nés de la première union étaient aussi à plaindre que ceux de la deuxième, qui seraient la plupart du temps traités comme putatifs. Les délais exorbitants de cette voie de recours étaient une menace perpétuelle pour les uns et les autres.

Pour éviter autant que possible ces inconvénients, tout en conservant la garantie de la requête civile, M. Oudot proposa un amendement, d'après lequel la voie de la requête civile était admise en matière de divorce, mais le délai pour se pourvoir était ramené dans la plupart des cas à six mois, à compter du jour de la signification prévue par l'article 484 du Code de Procédure civile. Sur les observations de M. Allou, le Sénat rejeta le projet de la commission et l'amendement.

De cette discussion il ressort pleinement que la voie de la requête civile a été admise conformément au droit commun.

Les effets de la requête civile, quand elle aboutit à l'annulation du jugement attaqué, peuvent être très graves au point de vue qui nous occupe. Si l'époux divorcé s'est remarié, le nouveau mariage est annulé, le premier mariage subsistant. Si c'est le mari qui s'est remarié, les enfants qu'il a de son nouveau mariage sont adultérins, si c'est la femme, ils sont légitimes, le premier mari en est considéré comme le père ; sauf, si le second mariage a été contracté de bonne foi, auquel cas les effets du mariage putatif se produisent pour les enfants et pour les époux de bonne foi (1).

G. — *Exécution des mesures ordonnées par le tribunal touchant la garde des enfants.* — Des difficultés peuvent se présenter à l'occasion de l'exécution de ces mesures. Celle qui se présentera le plus souvent sera la suivante : l'époux à qui le jugement enlève la garde des enfants refuse de les rendre. Comment l'y obligera-t-on ?

a) A notre avis, l'époux qui veut faire exécuter la décision du tribunal lui accordant la garde des enfants pourra faire accompagner l'huissier chargé de l'exécution par des agents de la force publique qui l'assisteront, et assureront, au besoin par la force, l'exécution du ju-

____

(1) *Répert.*, *Gaz. Pal.*, *Divorce*, n° 252 ; Vraye et Gode, II, n° 840.

gement. C'est là, sans doute, un moyen que l'époux gardien aura souvent quelque répugnance à employer ; mais il peut être rendu nécessaire par la mauvaise volonté de l'autre époux.

Ce moyen sera le plus souvent efficace. Quand il s'agit de faire réintégrer à une femme mariée le domicile conjugal, l'emploi de la force est un moyen, dans presque tous les cas impuissant, car la femme peut très facilement quitter le domicile qu'on l'a forcée à réintégrer. Pour les enfants, il n'en est pas de même ; l'on n'a guère à craindre que les enfants rendus au mari, par exemple, soient enlevés aussitôt par la mère. Le rapt de mineurs constitue un crime prévu et puni par les articles 354 et suivants du Code pénal. D'ailleurs, le mari peut les surveiller, et éviter leur enlèvement. D'un autre côté, à moins que la mère ne les ait élevés dans la haine de leur père, les enfants, quand ils seront revenus auprès de celui-ci, y resteront volontiers (1).

C'est aux magistrats qu'il appartient d'autoriser ou non l'emploi de la force.

b) Si l'exécution *manu militari* est impossible ou si l'époux qui a obtenu la garde ne veut pas l'employer, plusieurs auteurs ont proposé, comme moyen coercitif, la condamnation de l'autre époux à des dommages-intérêts fixés à une certaine somme par jour de retard.

Les obligations de faire, dit-on, dans cette opinion,

____

(1) *Sic.* Laurent, III, n° 256, p. 297 ; Goirand, p. 159 ; Vraye et Gode, II, n° 528 ; Coulon, IV, p. 258 ; Trib. Seine (1re ch.), 22 janv. 1892, *Gaz. Trib.*, 19 mars 1892 l'a autorisé contre les grands parents. — *Contrà*, Delvincourt, I, p. 75, note 4 ; — Duranton, II, n° 440.

se résolvent en dommages-intérêts, en cas d'inexécution de la part du débiteur, d'après l'article 1142 du
Code civil. C'est ici le cas d'appliquer cet article (1).

La jurisprudence paraît fixée en ce sens (2). Mais,
tandis que certains arrêts admettent la condamnation à
des dommages-intérêts dans le but de forcer le défendeur
à exécuter ce qui a été ordonné, d'autres n'accordent
des dommages-intérêts qu'à raison de la violation des
droits du demandeur sur ses enfants (3).

D'autres auteurs (4), au contraire, refusent d'admettre ce moyen. Pour eux, il ne peut y avoir aucun dommage pour le père ou la mère à qui on refuse de remettre les enfants.

« A vrai dire, dit M. Laurent, il ne s'agit pas des
parents, mais bien de l'avantage des enfants. La chose
est de toute évidence quand c'est sur la demande du
ministère public que les mesures sont prises. Il n'est
donc pas exact de dire que l'époux récalcitrant cause
un dommage et qu'il est tenu de le réparer. En réalité,
le tribunal prononce une peine pécuniaire ; or, peut-il
y avoir une peine sans loi pénale ? »

Mais, tandis que M. Laurent déclare simplement que
cette voie d'exécution lui « laisse des scrupules », M. Goi-

---

(1) Demolombe, II, 119 ; Delvincourt, I, p. 84 ; Aubry et Rau, IV,
120 ; Vraye et Gode, n° 528 ; Coulon, IV, p. 258.

(2) Cass., 4 avr. 1865, Dal. 1865, 1, 387 ; Cass. Belg., 15 mars 1883.
Sir. 1883, 4, 23 ; Trib. Seine (1ʳᵉ ch.,22 janv. 1892, *Gaz. Trib.*,19 mars
1892.

(3) Paris, 7 août 1876, 13 février 1877, et Cass. Belg., 19 janv. 1881,
Sir. 1882, 4, 19.

(4) Laurent, n° 256 ; Goirand, p. 291.

8

rand n'hésite pas à déclarer que ces décisions « sont contraires au principe de notre droit ».

M. Labbé (1) n'admet pas non plus que les tribunaux puissent condamner l'ex-époux récalcitrant à des dommages-intérêts pour chaque jour de retard jusqu'à la remise des enfants.

D'après le savant professeur, certainement condamner à des dommages-intérêts est un mode de sanction de l'obligation de rendre, qui n'excède pas le pouvoir de la justice ; mais le profit des dommages-intérêts prononcés à cause de l'inexécution d'une obligation doit être pour celui qui souffre un dommage de l'inexécution ; or, dans notre espèce, c'est l'intérêt des enfants qui est en jeu, c'est à l'avantage des enfants que l'époux récalcitrant devrait être condamné à payer des dommages-intérêts.

Qu'on ne réponde pas que la femme résistant méconnaît l'autorité maritale, M. Labbé répond toujours que si dans le mari un droit est violé, c'est la puissance paternelle et que la puissance paternelle est établie aujourd'hui dans l'intérêt de ceux sur qui elle s'exerce, comme le démontre l'article 302 lui-même (2).

On pourrait répondre, nous semble-t-il, à ces objections, que si l'on peut discuter le droit à des dommages-intérêts de la part du père ou de la mère gardien, on ne peut pas, tout au moins, nier que ce droit existe au profit des enfants. Le tribunal a jugé que, pour leur

(1) Sir., 1882, 4, 20.

(2) Sir., 1878, 1, 193 et la note ; Cass. belg., 19 janv. 1881, Sir. 1882, 1, 19.

plus grand avantage, les enfants doivent être confiés aux soins du père, par exemple ; la mère refuse de les remettre au père ; par suite de ce refus l'enfant éprouve un préjudice, puisque ce qui est considéré comme avantageux pour lui, ne peut pas être exécuté ; or, le gardien a, selon l'opinion généralement admise (1), non seulement la garde de la personne de l'enfant, mais encore l'exercice de ses droits; le père pourra donc, au nom de son enfant, demander des dommages-intérêts à la mère qui refuse de le lui rendre.

c) La jurisprudence consacrait aussi un autre moyen de coercition : la saisie des revenus de l'époux récalcitrant.

Les arrêts et les auteurs appliquaient ce moyen pour contraindre la femme à réintégrer le domicile conjugal (2). Déjà, pour ce cas, la question était douteuse. Et, pourtant, on pouvait dire que la femme, en refusant de réintégrer le domicile conjugal, violait une obligation qu'elle avait contractée en se mariant ; elle était débitrice dans le sens le plus large du mot et l'on conçoit à la rigueur qu'elle soit contrainte de remplir son devoir par la saisie de ses revenus.

Mais ici, l'époux récalcitrant n'est nullement débiteur. Il s'agit seulement de le contraindre à exécuter une décision judiciaire concernant la garde des enfants. Il faudrait un texte pour autoriser le juge à ordonner la saisie (3).

(1) Voir *infrà*, p. 190 à 197.
(2) Demolombe, II, p. 119, n° 105 ; Demante, I, n° 297 *bis* 3 ; Aubry et Rau, IV, p. 120 ; Cass., 4 avril 1865, Dal., 1865, 1, 387.
(3) Duranton, I, n° 367, II, n°s 438 et s. ; Laurent, III, § 256 ; Goi-

d) D'autres arrêts ont admis comme moyen d'exécution la condamnation à une astreinte. Le père ou la mère refusant d'obéir aux ordres de la justice, est condamné à une astreinte.

Les astreintes (*astringere*) sont des condamnations prononcées à titre de menace ou de peine par le juge civil, comme sanction de ses décisions. Tandis que l'astreinte a pour cause principale le refus d'exécuter, et qu'elle tend à contraindre à l'exécution, les dommages-intérêts ont pour but unique la réparation du préjudice que la résistance occasionne. D'un côté, l'on trouve une peine pécuniaire calculée sur l'intensité du refus ; de l'autre, une indemnité proportionnée au dommage que ce refus entraîne (1).

A notre avis, l'astreinte est illégale, quand il s'agit des mesures concernant les enfants. Il ne peut y avoir de condamnation que comme réparation d'un dommage et non comme peine (2).

Une femme a été autorisée par jugement à visiter son enfant, et le père a été condamné à laisser visiter l'enfant sous peine de payer une somme de mille francs. Pendant l'instance, le conjoint refuse de laisser voir l'enfant et offre les mille francs auxquels il a été condamné. La mère l'actionne à nouveau devant le tribunal de Louvain, pour faire porter à 5.000 francs l'indemnité, basant cette demande sur ce que « l'attitude

rand, p. 221 ; Vraye et Gode, II, n° 528 ; Pau, 11 mars 1863, Dal. 1863, 2, 193.

(1) *Pand. belg.*, V° *Astreinte*, n°ˢ 8 et s.

(2) Belg. Cass., 9 janv. 1879, *Pas. b.*, 1879, p. 50 ; Belg. Cass., 15 mars 1883, *Pas. b.*, 1883, p. 67.

du défendeur devant l'exécution des décisions de la justice a, d'une part, augmenté le dommage moral que la mère éprouve par chaque contravention, et, d'autre part, démontré qu'il y a lieu de majorer l'astreinte pour ne pas laisser ses décisions mortes et inefficaces ». Le tribunal de Louvain, par jugement du 10 mars 1883 (1), répondit « que ce n'était point à titre de pénalité pour infraction à l'ordre du tribunal que le défendeur avait été condamné éventuellement au paiement de la somme de 1.000 francs ; que, d'après l'article 9 de la Constitution, « nulle peine ne peut être établie qu'en vertu d'une « loi », et qu'aucune disposition légale ne permet aux juges de prononcer des peines pour forcer à l'exécution de leurs jugements ; que la somme allouée pour chaque refus constituait la réparation du dommage moral éprouvé par la mère ; et que la résistance du père et les démarches vaines de la mère n'étaient pas des causes nouvelles de préjudice ».

La Cour de Bruxelles, dans un arrêt en date du 4 juin 1883 (2), déclare, au contraire, « que cette décision de l'intimé, (de s'opposer à tout rapprochement de l'enfant avec sa mère), en même temps qu'elle accuse une résistance aveugle aux injonctions de la justice, est contraire à l'intérêt sagement compris de l'enfant, comme l'établissent à l'évidence les considérants de l'arrêt précité du 26 juillet 1882 (3) ; qu'elle blesse cruellement l'appelante dans sa tendresse maternelle et ajoute une humi-

(1) *Pand. Belg.*, V° *Astreinte*, n° 36.
(2) *J. des Trib.*, 1883, p. 410.
(3) *Pas. b.*, 1883, p. 67.

liation nouvelle aux condamnations dont elle a été frappée au cours de l'instance en séparation de corps, humiliation d'autant moins justifiée qu'il a été allégué sans contradiction que depuis la séparation de corps des époux, sa conduite aurait été irréprochable ; qu'il est impossible dès lors de méconnaître la réalité du dommage nouveau que fait subir à l'appelante le refus obstiné de l'intimé... », et elle porte l'indemnité à 2.000 fr. pour chaque contravention nouvelle à l'exercice par la mère de son droit de voir son enfant.

Un arrêt de la Cour de cassation de Belgique, rendu dans une affaire célèbre, le 5 août 1880 (1), est aussi utile à consulter dans cette question.

Cet arrêt déclare que « si toute obligation de faire se résout en dommages-intérêts en cas d'inexécution, ceux-ci ne pourront dépasser le préjudice réel qui en est la conséquence, ni se mesurer à la force de résistance et à l'importance des revenus de la partie en demeure de s'exécuter ». Il ajoute « qu'aucune disposition légale n'autorise les tribunaux civils, pour assurer l'exécution de leurs dispositions, à prononcer des condamnations pécuniaires à titre de sanction ou de contrainte ; que cette pratique consacrerait une véritable usurpation d'un droit de punir, d'autant plus dangereux qu'il serait abandonné à l'arbitraire, alors qu'en matière répressive même, le législateur renferme ce droit dans de strictes limites ».

Nous préférons la jurisprudence belge à la jurispru-

(1) Cass. B., 5 août 1880, Cloës et Bonjean, XXIV, p. 415, et les conclusions de M. l'avocat général Van Schoor, *Belg. jud.*, 1880, p. 1315 et s.

dence que les tribunaux français semblent enclins à admettre.

D'autres difficultés peuvent se présenter, pour lesquelles les tribunaux auront aussi à intervenir.

Ainsi, l'un des père et mère a obtenu la garde de ses enfants ; mais le jugement a réservé à l'autre parent la faculté de visiter les enfants ou de les recevoir chez lui une partie de l'année. Que faire si l'époux qui a la garde refuse de laisser visiter les enfants par son ex-conjoint ou de les envoyer chez lui ?

Une sanction spéciale résultera du droit qui appartient à la justice d'enlever la garde des enfants à l'époux qui n'observerait pas scrupuleusement les injonctions du jugement. C'est même là la sanction la plus efficace ; mais il faut, pour que cette mesure puisse être appliquée, qu'elle soit d'accord avec l'intérêt des enfants, qui, en cette matière, prime tout. Puisque le tribunal avait déjà accordé à cet ex-conjoint un droit de visite, c'est qu'il ne le jugeait pas complètement indigne de s'occuper de ses enfants. Il sera tout naturellement porté à enlever la garde à celui à qui il l'avait précédemment accordée, qui ne se montre guère attaché à ses enfants, puisqu'il refuse de les laisser visiter par leur autre parent, comme le tribunal l'avait ordonné pour leur plus grand avantage.

Il a été jugé que, quand le parent gardien mésuse de son droit en déplaçant l'enfant à l'insu de l'autre époux, il y a lieu de lui retirer la garde (1). De même, peut être

(1) Paris, 17 juill. 1886, Sir., 1888, 2, 129.

déclaré déchu de son droit l'époux chez qui l'enfant commun devait être conduit à des époques fixées et qui a profité de cette faveur pour faire disparaître l'enfant (1).

Si les enfants ont été mis en pension avec autorisation pour le père et la mère de les visiter et de les garder chacun chez soi pendant une partie des vacances, et si le maître de pension se refuse, soit de sa propre initiative, soit sur l'ordre de l'un des parents, à laisser visiter l'enfant par l'autre parent, il sera loisible à ce dernier de demander au tribunal la désignation d'une autre pension où sera placé l'enfant (2).

Comme on le voit, les décisions du tribunal en ce qui concerne la garde des enfants, ne seront pas dans certains cas exécutées et celui des père et mère qui avait obtenu ces mesures ne pourra pas arriver à leur réalisation. Il serait à désirer que la loi vînt autoriser formellement et régler l'emploi de la force publique et la condamnation à des dommages-intérêts.

Dans l'avant-projet de révision du Code civil de M. Laurent, se trouve proposé un article 240 (C. Nap., 267) ainsi conçu : « Sur la demande, soit du père ou de la mère, soit du conseil de famille ou du procureur du roi, le tribunal décidera à qui l'administration provisoire des enfants sera confiée. Le jugement sera exécuté, s'il y a lieu, par l'emploi de la force publique, par la saisie des revenus de l'époux récalcitrant ou par sa con-

---

(1) Brux., 2 juin 1869, *Belg. J.*, p. 973.
(2) Riom, 11 mai 1885, *Gaz. Trib.*, 20 août.

damnation à des dommages-intérêts par chaque jour de retard ».

De plus, la loi pourrait édicter pour ce cas une sanction spéciale. Pourquoi, par exemple, le fait de ne pas rendre l'enfant à l'épouse qui s'en est vu confier la garde, ne constituerait-il pas un délit, assimilable au rapt d'enfant ?

H. — *Droits du gardien.* — Le droit de garde accordé par l'article 302 comprend l'entretien et l'éducation de l'enfant. Les termes des articles 302 et 303 le démontrent bien.

Article 302 : « Les enfants sont confiés....., que tous ou quelques-uns seront *confiés aux soins....* » Qui dit *soins*, dit entretien, éducation.

D'ailleurs, l'article 303 ne laisse aucun doute sur ce point : « Les père et mère conserveront respectivement le droit de surveiller l'*entretien* et l'*éducation* de leurs enfants et seront tenus d'y contribuer, à proportion de leurs facultés ».

Celui qui a la garde des enfants, a donc le droit de soigner leur entretien et de diriger leur éducation (1).

Ce sont là les seuls droits qu'il ait, en tant que gardien, les seuls que possède le tiers qui a obtenu la garde. Si le père ou la mère gardiens ont d'autres droits, c'est en tant que père et mère et non en leur qualité de gardien.

(1) Bruxelles, 6 février 1879, *Pas. b.*, 1879, 3, 358. « Attendu que la justice, en confiant l'enfant des parties à la défenderesse, a investi celle-ci du droit exclusif de *soigner son entretien* et *de diriger son éducation* ».

I. — *Droit de surveillance du conjoint non gardien.*— Par suite de la nécessité, on a enlevé à l'un des époux la garde des enfants issus du mariage. Les enfants ont été remis entre les mains d'une personne qui ne les laissera manquer de rien et les tiendra à l'abri des mauvais exemples.

Mais, ce serait dépasser le but que d'enlever aux parents le droit de contrôler et de surveiller l'éducation de leurs enfants. Un jour viendra où les enfants disposeront en toute liberté de leur personne ; il faut que ce jour-là ils ne soient pas devenus tout à fait étrangers au parent dont la fréquentation leur est rendue. C'est le mariage seul qui a été rompu par le divorce ; la qualité de parents que la nature avait donnée aux conjoints est indestructible et subsiste malgré le divorce. Déjà, même pendant le mariage, l'on admettait la femme à surveiller l'entretien et l'éducation des enfants dont le père était chargé ; l'on allait même jusqu'à admettre que les tribunaux pouvaient retirer la garde des enfants à l'époux qui en abusait (1). A plus forte raison, doit-il en être ainsi après le divorce.

La loi du 20 avril 1886 est absolument formelle dans son article 303. Le père et la mère qui n'ont pas la garde « conserveront respectivement le droit de *surveiller* l'entretien et l'éducation de leurs enfants... ». L'époux qui n'a pas obtenu la garde de ses enfants n'a donc pas

____

(1) Demolombe, VI, n° 365 et s. ; Aubry et Rau, VI, p. 82, § 550, texte et note 24 ; Laurent, IV, n° 274 ; Bordeaux, 13 juin 1860, Dal., 1861, 2, 92. — Cass., 27 janv. 1879, Dal., 1879, 1, 223.

perdu tout droit sur eux, même en ce qui concerne leur entretien et leur éducation.

Ce droit de surveillance accordé par la loi à l'époux qui n'a pas la garde, suppose que celui-ci sera mis à même de l'exercer, que les enfants seront mis en contact avec lui, au moins à certaines époques déterminées. Ce droit de surveillance de l'époux non gardien est régulier, pourvu qu'il s'exerce sans porter atteinte au droit de garde. Mais l'article 303 ne donne pas à l'époux non gardien un droit d'autorité, il lui donne seulement un droit de contrôle, ce qui implique évidemment pour les tribunaux pouvoir d'ordonner sur sa demande ce qu'il appartiendra pour le plus grand avantage des enfants.

Le droit de surveillance n'implique pas le droit de garder les enfants pendant quelques jours ; mais, comme il ne saurait s'exercer sans un rapprochement, au moins momentané, avec les enfants, on a jugé avec raison qu'il suppose un droit d'entrevue (1). Il est laissé à la sagesse des parties ou des tribunaux de réglementer ce droit d'entrevue. Au cas où les parties ne s'entendraient pas sur ce point, les juges fixeront les moments et la durée de ces entrevues.

En ce qui concerne les visites, la surveillance, l'entretien, les décisions judiciaires sont susceptibles d'entrer dans un grand nombre de détails qu'il est inutile de rapporter dans cette étude. On trouve un exemple des détails dans lesquels entrent parfois les jugements en cette

____

(1) Liège, 12 août 1869, *Pas. b.*, 1870, 2, 95.

matière dans un arrêt de la Cour de Bruxelles du 6 février 1879 (1).

Le droit de surveillance qui est accordé à l'époux non gardien s'étend à toutes les dispositions qui pourraient être prises, soit au point de vue matériel, soit au point de vue moral. Certains arrêts accordent ce droit à propos du choix d'un pensionnat (2), d'une marraine (3).

L'époux non gardien qui croirait que l'enfant ne reçoit pas l'éducation qui lui convient, qui penserait que le gardien n'agit pas dans l'intérêt de l'enfant, pourrait saisir le tribunal et lui demander d'intervenir ; il pourrait même lui demander de revenir sur les mesures qu'il a ordonnées.

Une question qui peut être étudiée à cette place est celle de savoir où se trouve le domicile légal de l'enfant, après le divorce.

Sous le régime de la séparation de corps, l'on admettait généralement que l'enfant mineur non émancipé avait son domicile légal chez le père, même au cas où la mère avait obtenu la garde.

« Considérant, dit un arrêt (4), qu'il ressort de l'article 108 du Code civil, que les mineurs non émancipés ont leur domicile légal chez leur père, et à défaut de celui-ci chez leur mère ou tuteur ; que ces dispositions sont absolues et limitatives ; que s'il en était autrement, il en résulterait qu'un domicile pourrait leur être assi-

(1) *Pas. b.*, 1879, 3, 358.
(2) Lyon, 10 mars 1866, Dal. 1867, 3, 96.
(3) Cass. Req., 29 juin 1868, Dal. 1871, 5, 352.
(4) Angers, 5 mai 1885, Sir., 1886, 2, 15.

gné en dehors de celui fixé par la loi ; considérant que la séparation de corps ne modifie en rien ce principe ; qu'en effet il doit en être ainsi, alors même que l'enfant a été confié à la garde de la mère ».

Nous pensons qu'avec le divorce, quand le mariage est dissous, que la suprématie du mari n'a plus de raison d'être, il n'en est plus ainsi, et que le domicile de l'enfant se trouve là où il habite, chez celui de ses père ou mère auquel il a été confié (1). Quand l'enfant a été confié à une tierce personne, selon M. Willequet (2), cet enfant aurait son domicile chez elle. Il serait avantageux pour l'enfant qu'il en fût ainsi ; mais nous pensons que cette solution est trop contraire à l'article 108 du Code civil pour pouvoir être admise. A notre avis, le domicile légal de l'enfant, dans ce cas, sera chez son père (3).

J. — *Fin de la garde.* — La garde prendra fin, soit à la majorité des enfants ou à leur émancipation, soit à leur décès, soit à la mort du gardien.

a) Dans les deux premiers cas, il n'y a pas de difficulté ; la question de savoir à qui la garde passe ne se pose même pas. Une seule difficulté peut se produire au cas de décès de l'enfant, à propos de sa sépulture. La mort de l'enfant fait disparaître la situation privilégiée du conjoint qui avait obtenu la garde. En ce qui concerne la revendication du corps et le choix du lieu de

(1) Vraye et Gode, II, n° 760, p. 250.
(2) Willequet, p. 270.
(3) Voir : Vraye et Gode, II, n° 760, p. 250 ; Bioche, *Dict. Proc.*, III, V° *Domicile*, n° 97.

sépulture, les droits des deux conjoints redeviennent égaux ; il appartient aux tribunaux de décider, d'après les circonstances de la cause, mais il faut que la sépulture de l'enfant commun soit accessible aux deux parents (1).

b) Dans le troisième cas, au contraire, une vive controverse s'élève sur le point de savoir si le droit de garde passe de plein droit à l'époux survivant.

Il est certain, d'abord, que les effets du jugement, même en ce qui concerne la garde, ne survivront pas au décès de l'un des époux (2). La garde des enfants ne sera pas réglée par le jugement.

Il est certain aussi que le survivant des père et mère acquerra la tutelle des enfants mineurs. Mais acquerra-t-il en même temps la garde de leur personne ?

Sous la législation antérieure à la loi admettant le divorce, la Cour de Paris avait rejeté cette solution dans un arrêt du 17 juillet 1882 (3) ; mais la Cour de cassation avait décidé, le 13 août 1884, que le droit de garde devait suivre nécessairement la puissance paternelle et la tutelle.

Le jugement n'avait ordonné les mesures concernant les enfants qu'en considération du divorce et en appréciant les modifications qu'il fallait, pour leur plus grand avantage, apporter à la puissance paternelle. Mais, quand l'un des parents vient à mourir, l'autre reste seul vis-à-

____

(1) Trib. Chartres, 27 mars 1890, *Gaz. Pal.*, 19 avril 1890.

(2) Faustin-Hélie, Dal., 1883, 2, 145 ; Cass., 13 août 1884, Dal., 1885, 1, 40.

(3) Sir., 1883, 2, 219.

vis des enfants ; or, le divorce n'a pas brisé les liens
existant entre les enfants et leurs père et mère ; on doit
appliquer dans ce cas les règles relatives à la puissance
paternelle et tutélaire. Le père, à la mort de la mère
gardienne, ou la mère, à la mort du père gardien, exercera seul cette puissance.

D'après certains auteurs, c'est l'opinion contraire que
l'on doit admettre. L'époux non gardien doit demander au tribunal qui avait attribué la garde à l'autre
époux, de réformer la décision précédemment rendue.
Le tribunal avait consacré ces mesures pour le plus
grand avantage des enfants. Tant que le tribunal n'aura
pas reconnu que d'autres mesures doivent être prises
dans l'intérêt même des enfants, le jugement doit continuer à recevoir son exécution et le parent à qui il n'a-
vait pas accordé la garde doit en rester privé. D'ailleurs,
les droits qui découlent de la tutelle légale, comme de
la puissance paternelle, n'ont pas un caractère absolu ;
ils n'existent que corrélativement aux devoirs de protection et d'éducation envers les enfants à l'égard desquels ils s'exercent, et il appartient aux tribunaux de
les réglementer et d'en restreindre l'étendue, s'il est nécessaire (1). Or, quand le tribunal a confié la garde d'un
enfant à l'un des conjoints ou à une tierce personne,
c'est qu'il a estimé que l'intérêt de l'enfant commandait
une pareille mesure. C'est donc au parent survivant à
prouver qu'il présente actuellement de meilleures garanties qu'au moment du jugement. Alors seulement, le

(1) Cass., 27 janv. 1879, Sir. 1879, 1, 464.

tribunal pourra ordonner de nouvelles mesures et lui confier la garde qu'il lui avait refusée auparavant (1).

Cette théorie qui pouvait être soutenue avant la loi du 24 juillet 1889 sur la protection des enfants maltraités ou moralement abandonnés, ne nous paraît pas exacte aujourd'hui. Avant cette loi, la jurisprudence admettait que la famille pouvait demander aux tribunaux de prendre des mesures en ce qui concerne les enfants, et même d'enlever la garde au père ou à la mère. La loi du 24 juillet 1889, dans le chapitre 1er de son titre 1er, traite de la déchéance de la puissance paternelle. Sauf le cas de divorce, où les tribunaux peuvent enlever la garde des enfants au père ou à la mère, sans cependant les déclarer déchus de la puissance paternelle, les tribunaux ne peuvent plus détacher les attributs de cette puissance, ils ne peuvent que prononcer la déchéance de la puissance paternelle dans les cas d'indignité prévus par la loi. C'est dans ce cas seulement que la garde sera enlevée au père ou à la mère, en même temps que les autres attributs de la puissance paternelle ; elle ne pourra pas l'être *principaliter*. Quand celui des anciens époux qui avait obtenu la garde des enfants vient à mourir, l'on retombe dans le droit commun, le père ou la mère survivant reprend la garde de ses enfants, à moins que la famille ne fasse prononcer contre lui la déchéance de la puissance paternelle. Ce n'est que par suite de la situation créée par le divorce que les enfants sont confiés à la garde de l'un des anciens époux, le plus digne ; quand cette si-

____

(1) Curet, p. 229 ; Paris, 7 juil. 1883, Sir. 1883, 2, 219 ; Cass., 13 août 1884, Sir. 1885, 1, 80.

tuation vient à cesser par la mort de l'un des ex-conjoints, l'autre reprend *ipso jure* tous les droits que lui
confère la puissance paternelle, et entre autres la garde,
jusqu'au moment où un jugement l'en déclarerait déchu.

C'est ce que dit fort bien un jugement de la 1re chambre du tribunal de la Seine du 22 janvier 1892 (1) : « Que
si, à la vérité, par l'effet d'une décision de justice, la
garde de l'enfant commun avait été confiée à la mère; la
mort de celle-ci a eu pour résultat *ipso jure* de restituer
le père dans celui de ses attributs qui en avait été détaché en faveur de la mère seule..... Qu'en réalité il n'est
spécifié aucun fait, aucun acte, de nature à lui faire encourir la déchéance de la puissance paternelle, dans les
termes et par application de la loi du 24 juillet 1889 (2) ».

L'on a voulu soutenir aussi que, pour empêcher l'é-
poux survivant de reprendre la garde de ses enfants, il
suffisait d'obtenir contre lui la destitution de la tutelle,
qui ne permettrait guère de laisser au père ou à la mère
contre qui elle est prononcée la garde de son enfant (3).
On peut répondre à cela que l'on conçoit très bien une
mère conservant la garde de ses enfants, tout en perdant l'administration de leurs biens. La destitution de
tutelle n'entraîne pas forcément la déchéance de la puissance paternelle.

Nous reproduisons un arrêt de la Cour de Poitiers du

(1) *Gaz. Trib.*, 19 mars 1892.
(2) Voir aussi : Agen, 6 novembre 1889, Dal., 1890, 2, 25 et la note de
M. de Loynes, professeur à la faculté de droit de Bordeaux; Trib.
St-Quentin, 27 décembre 1889, *Gaz. Pal.*, 1890, 1, 175.
(3) Demolombe, VI, no 388.

9

21 juillet 1890 (1) qui pose les principes en cette matière.

« Attendu que les appelants ne peuvent opposer à G... ni le jugement du 11 janvier 1886 — (jugement de divorce) —, dont les effets se sont évanouis avec la dissolution même de son mariage, *ni la destitution de tutelle* dont il a été l'objet à la date du 25 juin 1889, *cette destitution n'ayant point entraîné, en droit, la déchéance de la puissance paternelle*; que leur demande incidente tendant à ce que la garde et la surveillance de l'enfant lui soient enlevées pour leur être confiées à eux-mêmes et, en cas de décès, au survivant d'eux, est mal intervenue, au motif justement relevé par le tribunal *que la doctrine sur laquelle cette demande est formée se trouve aujourd'hui en opposition avec la loi du 24 juillet* 1889, laquelle a institué les seules règles de fond et de procédure qui puissent être désormais suivies pour soustraire l'enfant aux abus de la puissance paternelle..... ;

« Attendu que ces nouvelles dispositions législatives emportent virtuellement abrogation de toutes dispositions contraires et incompatibles ; que, dans l'espèce, il est inutile de rechercher si les dispositions de l'article 302 du Code civil sont atteintes par la nouvelle loi, puisque cet article a pour but unique de régler l'exercice de la puissance paternelle entre époux vivants, séparés de corps ou divorcés, ce qui n'est point le cas au procès ; qu'il est certain que, par suite du décès de sa femme, G... est aujourd'hui seul nanti de la plénitude de cet exercice ; que jusqu'ici, il est vrai, la loi faisant défaut, les tribunaux s'étaient arrogé le droit nécessaire d'enle-

____
(1) *Gaz. Pal.*, 1890, 2ᵉ sem. 184.

ver aux père et mère les attributs de la puissance paternelle dans la mesure que commandait l'intérêt supérieur
de l'enfant ; mais que la loi a substitué un texte positif
au droit arbitraire ainsi déduit par la jurisprudence de
cet intérêt lui-même ; que ce texte comporte la déchéance
possible des droits de G... dans le cas où « par son in-
« conduite notoire et scandaleuse », il compromettrait la
moralité de son enfant (art. 2, § 6 de la loi) ; qu'il est
loisible aux mariés G... B..., s'ils croient menacés les
intérêts moraux de leur petits-fils, de provoquer contre
l'intimé la déchéance de la puissance paternelle, mais
alors en se conformant, tant au fond qu'en la forme,
aux prescriptions de la loi précitée... ».

Nous avons raisonné jusqu'ici dans le cas où la
garde des enfants avait été confiée à l'un des père et
mère. Quand la garde a été confiée à un tiers, si ce
tiers vient à mourir, l'enfant ne reviendra pas pour cela
sous la garde de ses père ou mère. Le tribunal avait jugé
que ni l'un ni l'autre d'entre eux ne devait avoir la garde
des enfants. Ce sera encore le tribunal qui décidera à
qui elle sera confiée. Si les circonstances n'ont pas
changé, il est probable que le tribunal confiera encore
la garde des enfants à un tiers.

K. — *De quels enfants parlent les articles* 238, 240 *et*
302 *du Code civil ?* — Ces articles s'appliquent sûrement aux enfants nés du mariage dont on demande la
dissolution. S'appliquent-ils aux enfants nés d'un précédent mariage de l'un des époux ou à ses enfants naturels ?

Si les enfants sont issus du mari, celui-ci conservera
sur eux le droit d'administration et de garde qu'il avait

avant la demande en divorce. Son conjoint n'a aucune autorité, même éventuelle, à exercer sur ces enfants. Nous ne pensons pas que le président ou le tribunal aient le droit de confier ces enfants à une autre personne qu'au mari, en vertu des articles susvisés, même s'ils pensaient qu'il y ait danger pour eux à rester sous la garde de leur auteur. S'il s'agit d'un enfant né d'un précédent mariage du mari, le père est tuteur de cet enfant, s'il est d'une « inconduite notoire », il pourra être destitué de la tutelle (art. 444, C. civ.). L'instance en divorce pourra démontrer au tribunal cette inconduite notoire ; mais il faudra une instance spéciale pour que cette destitution soit prononcée.

Il était admis, d'après une jurisprudence que nous avons étudiée *suprà*, que les tribunaux pouvaient contrôler les abus de la puissance paternelle. Il pouvait se faire dans ces conditions qu'en présence des faits articulés ou prouvés contre le père à l'occasion de l'instance en divorce, le tribunal prît des mesures pour confier à une autre personne la garde de l'enfant né du premier lit, ou l'enfant naturel du mari, voire même à la femme demanderesse ou défenderesse au divorce, s'il était établi qu'elle n'avait cessé d'entourer les enfants de son mari de soins dévoués (1). Mais, depuis la loi du 24 juillet 1889, la jurisprudence refuse ce droit aux tribunaux. Si l'on craint des abus de puissance paternelle de la part du père sur les enfants, il faut demander la déchéance de la puissance paternelle du père, on ne peut pas *principaliter* enlever la garde au père.

____

(1) Comparer : Paris, 14 floréal, an II, *Sir.*, 1, 2, 135.

Quand l'enfant est né d'un précédent mariage de la
mère, il n'y a aucun droit pour le mari, en principe.
L'instance en divorce n'enlèvera à la mère aucun des
droits de puissance qu'elle avait sur lui, il faudra la
faire déclarer déchue de la puissance paternelle pour
qu'il en soit ainsi ; mais les articles 238, 240 et 302 ne
pourront avoir aucune application dans ce cas. Il en
sera de même au cas où la tutelle aura été conservée à la
mère remariée ; elle conservera les droits que lui confè-
rent la puissance paternelle et la tutelle, à moins d'être
déchue de l'une et destituée de l'autre.

Ces articles sont-ils applicables aux enfants d'étrangers ?

Nous n'avons pas à examiner si les tribunaux français
sont compétents ou non pour prononcer le divorce entre
époux étrangers ?

Les tribunaux français sont sûrement compétents
pour statuer sur les mesures concernant les enfants,
notamment sur la garde des enfants mineurs, les législations de toutes les nations civilisées exigeant qu'il
soit pourvu aux mesures relatives aux enfants (1).

A plus forte raison, il en sera de même, quand l'instance principale est engagée entre deux époux, étrangers
au moment de leur mariage et devenus français après la
naissance des enfants. Alors même que les enfants ne
soient pas français, le tribunal pourra statuer sur les
mesures concernant leur garde.

---

(1) Voir : Amiens, 12 déc. 1888, *Sir.*, 1889, 2, 12 ; Paris, 26 mars
1889, *Sir.*, 1889, 2, 116 ; Paris, 19 janv. 1889, *Gaz. Pal.*, 1889, 1, 506.

CHAPITRE III

Le législateur ne s'est expliqué clairement qu'en ce qui concerne la garde. Pour tous les autres attributs de la puissance paternelle, la loi reste muette, aucune disposition formelle n'indique auquel des anciens époux ils appartiennent après le divorce ; de là l'importance de la question que nous avons étudiée, de savoir à qui appartenait en principe la puissance paternelle, après le divorce. Il est évident que, selon la solution admise sur ce point, les opinions différeront sur l'attribution des divers droits de la puissance paternelle à l'un ou à l'autre des époux divorcés.

Le droit de correction est l'un des plus importants après la garde. Il est une conséquence de l'autorité accordée aux parents par l'article 372 du Code civil qui soumet l'enfant à l'autorité de ses père et mère jusqu'à sa majorité ou à son émancipation. Ce droit de correction est la sanction des divers droits de l'autorité paternelle. Il permet aux parents d'élever leurs enfants dans le devoir et l'obéissance et d'exercer le droit d'éducation.

L'article 372 ne fait aucune distinction et reconnaît ce droit au père et à la mère. Mais, comme pour tous les attributs de la puissance paternelle, l'article 373 n'en accorde l'exercice qu'au père, pendant le mariage.

Voyons rapidement ce que comprend le droit de correction. Nous étudierons ensuite les changements qu'apporte le divorce dans son exercice.

Pour rendre possible l'exercice par le père du droit d'éducation, la loi interdit à l'enfant de quitter la maison paternelle sans son consentement, si ce n'est à l'âge de vingt ans pour s'engager volontairement au service militaire (1). Si l'enfant quitte le domicile paternel, les parents peuvent, en obtenant une ordonnance du président du tribunal, faire ramener l'enfant à la maison paternelle par les agents de la force publique. En outre du droit qu'ont les parents d'infliger à leurs enfants, dans un but d'amendement, des punitions domestiques, la loi leur accorde aussi la faculté de les faire détenir par mesure de correction, lorsqu'ils ont gravement à se plaindre de leur conduite (art. 375, C. civ.).

Pour obtenir l'ordre d'arrestation nécessaire à cet effet, les parents doivent s'adresser au président du tribunal de première instance dans le ressort duquel ils ont leur domicile. L'ordre d'arrestation peut être réclamé par voie d'*autorité*, c'est-à-dire sans que le magistrat ait le droit de s'enquérir des motifs de la demande et de les apprécier, lorsque la demande en est formée par le père, non remarié, contre un enfant ayant moins de seize ans commencés, qui n'a point de biens person-

---

(1) L'art. 374 du Code civil portait dix-huit ans. Il a été modifié par l'art. 32, n° 5 de la loi du 21 mars 1832, qui a été reproduit par les lois militaires subséquentes.

nels et qui n'exerce aucun état (art. 376, 377, 380, 382, alin. 1, C. civ.). Quand ces conditions ne sont pas réunies, l'ordre d'arrestation ne peut être demandé que par voie de *réquisition*, c'est-à-dire que les motifs de la demande doivent être soumis au président qui est chargé de les examiner et qui peut accorder ou non l'ordre d'arrestation, après en avoir conféré avec le ministère public.

Quand c'est la mère survivante qui demande l'arrestation, elle ne peut jamais le faire que si elle n'est pas remariée, que par voie de réquisition, et, de plus, avec le concours des deux plus proches parents paternels (1), ou, à leur défaut, de deux amis du père (2).

L'article 381 du Code civil ne parle que de la mère survivante, mais il doit être étendu aux différents cas où la mère est, durant le mariage, appelée à exercer la puissance paternelle au lieu du père (3).

La détention est plus ou moins longue selon les cas (4).

Quand le divorce est prononcé, le privilège accordé au mari par l'article 373 du Code civil, cesse. Cet article, en spécifiant que « le père seul exerce cette autorité *pendant le mariage* », indique clairement que, les liens du mariage étant rompus, le mari n'est plus seul à exercer cette autorité.

Faut-il décider que le père et la mère l'exerceront concurremment ? Nous ne le pensons pas. Nous avons admis

---

(1) Art. 381, C. civ.

(2) Demolombe, VI, 353 ; Zachariæ, § 549, note 14 *in fine*. — *Contrà* : Allemand, *Du Mariage*, II, 1091.

(3) Demolombe, VI, 348 ; Aubry et Rau, VI, § 550.

(4) Art. 376, 377 et 379, C. civ.

qu'après le divorce chaque époux avait, en principe, l'exercice de la puissance paternelle qui appartenait au père
seul pendant le mariage, mais que, cependant, lorsqu'il
était impossible de concevoir la dualité, dans les différents cas que nous examinerions, on devrait n'accorder
qu'à l'un des époux, celui ayant obtenu la garde des
enfants, le droit qui, théoriquement, appartient aux deux
époux. C'est la règle que nous appliquerons ici.

Conserver au père non gardien le droit de correction,
ce serait, en certains cas, enlever la garde à la mère
qui en a été investie. Le vœu du législateur en accordant l'exercice de ce droit au mari seul pendant le mariage, a été précisément d'éviter les inconvénients pouvant résulter pour les enfants de cette dualité de droits
égaux qui naissent de l'article 372 du Code civil. Dans le
cas présent, les mêmes inconvénients se présentent, il
est impossible de donner aux deux époux l'exercice du
droit de correction. Il est conforme, croyons-nous, à la
pensée du législateur, de décider que, dans le cas de dissolution du mariage par le divorce, le droit d'autorité, et
par conséquent celui de correction, appartient à l'époux
qui a obtenu la garde des enfants. Pour nous faire abandonner cette opinion, il faudrait trouver dans la loi un texte
contraire, ou, tout au moins, il faudrait que l'esprit de
la loi fût manifestement opposé à cette solution. Or,
la loi ne s'est pas explicitement expliquée sur ce point,
et il est certain que notre opinion ne va pas à l'encon-
tre de son esprit.

Le père n'exerce ce droit, pendant le mariage, qu'en
qualité de chef de famille. Albisson, orateur du Tribu-

nat, disait, dans la séance du 24 mars 1803 : « Ainsi, c'est au mari, comme *chef de la société conjugale*, que la puissance sur les enfants doit appartenir pendant la durée de la société, pour passer ensuite à la femme après sa dissolution ». Comme, après la dissolution, il n'est plus le chef de la société conjugale, il n'y a plus de raisons pour qu'il conserve seul le droit d'autorité ; il convient d'attribuer l'exercice de ce droit au seul époux qui a obtenu la garde des enfants et qui, par conséquent, à l'égard des enfants, devient le véritable chef de la famille. D'ailleurs, quand le législateur, en parlant de dissolution du mariage, entend ne prévoir que le cas de dissolution par la mort naturelle ou civile, il le dit formellement, comme dans l'article 390 du Code civil (1). D'autre part, si le législateur avait entendu n'accorder à la mère le droit d'autorité qu'après la mort du père, il aurait dit simplement : « La mère n'exerce cette autorité qu'après la mort de son mari », au lieu de dire que le père l'exerce seul « durant le mariage », ce qui devait faire naître une certaine ambiguïté, trois modes de dissolution du mariage étant en vigueur à cette époque.

Nous n'hésitons pas à admettre que l'époux gardien.a le droit de correction. Il en a seul l'exercice ; c'est lui seul qui en a l'usage possible ; c'est à lui seul qu'il est nécessaire.

Si tout le monde s'accorde avec nous à reconnaître ce droit de correction au père gardien, avec le correctif du

______

(1) Art. 390, Civ. : « Après la *dissolution du mariage arrivée par la mort naturelle ou civile* de l'un des époux, la tutelle,.. »

droit de surveillance qu'accorde l'article 303 du Code civil à l'époux non gardien, beaucoup d'auteurs, au contraire, refusent de reconnaître ce droit à la mère gardienne. MM. Vraye et Gode, notamment, (II, n° 752) ne partagent pas cette opinion. Pour ces auteurs, le droit de correction est adhérent à la qualité de père. Les articles 375 et suivants du Code civil qui s'occupent du droit de correction, ne parlent que du père ; et, après sa mort, la mère n'a pas un droit aussi étendu que celui du père, puisqu'elle ne peut faire détenir l'enfant que par voie de réquisition et avec le concours des deux plus proches parents paternels. Si la loi n'a pas voulu le donner complètement à la mère, après la mort du père, il semble invraisemblable qu'elle puisse, par suite du divorce, avoir ce droit, alors que le père est encore vivant. Le législateur, dans l'article 303 du Code civil, accorde à la femme divorcée, comme au mari, « le droit de surveiller l'entretien et l'éducation de leurs enfants ». Voilà seulement ce que la loi a voulu accorder à la mère. Ce serait aller trop loin que de lui accorder le droit de correction. Après le divorce, la mère partage sans doute avec le père l'autorité paternelle, mais non pas les droits spéciaux qui, comme le droit de correction, et bien que dérivant de la puissance paternelle, sont exclusivement attachés à la qualité de père.

Ce qui semblerait devoir faire admettre cette opinion, c'est que l'article 381 du Code civil parlant du droit de correction exercé par la mère, parle de la mère « *survivante* » ; mais l'on doit admettre sans hésiter avec la plupart des auteurs (1) que le texte n'a voulu parler que du *quod plerumque fit*. Malgré les termes formels de l'article, la disposition doit être, par analogie, étendue aux différents cas où la mère est, même durant le mariage, appelée à exercer la puissance paternelle au lieu et place du père. Il ne reste donc que l'argument tiré des articles 375 et suivants. Sans doute, d'après ces articles, la mère n'a jamais des droits aussi étendus que le père en matière de correction, mais cela ne signifie pas que le droit de correction soit adhérent à la qualité de père et ne puisse jamais appartenir à la mère, lui vivant. En tirer cette conséquence, c'est faire dire au texte plus qu'il ne dit. La seule conséquence qu'on puisse tirer de l'article 381 du Code civil, c'est que la mère divorcée, gardienne de ses enfants, ne pourra exercer le droit de correction que dans les conditions que prévoit cet article. Or, entre autres conditions, l'article 181 exige, pour que la mère puisse faire détenir son enfant, le concours des *deux plus proches parents paternels*. Le père qui est le plus proche parent paternel de l'enfant, devra donc concourir à la réquisition de détention faite par la mère. On voit qu'en définitive sa volonté sera prépondérante, et que, sans son concours, la mère ne pourra pas user de son droit de correction.

La différence qu'il y a entre notre système et celui que nous avons combattu, c'est que, dans le nôtre, si le concours du père est nécessaire, celui de la mère gardienne ne l'est pas moins, tandis que, pour les partisans de l'opinion contraire, même quand la mère a la garde

(1) Demolombe, VI, 348 ; Aubry et Rau, VI, § 550.

de ses enfants, le père peut user de son droit de correction sans le concours de la mère (1).

Nous n'avons étudié jusqu'à présent que le cas où l'un
des père et mère avait été investi de la garde des enfants.
Si la garde a été confiée à un tiers, faut-il lui confier le
droit de correction?

Il s'agit ici d'un attribut de la puissance paternelle.
On ne peut donc pas l'accorder à un tiers. « La délégation de la puissance paternelle serait une chose inouïe
en droit », dit M. Laurent (III, n° 294).

Mais alors à qui appartiendra le droit de correction?

Les uns proposent d'accorder ce droit au tribunal.
Seul le tribunal pourrait exercer le droit de correction,
sur la demande du gardien ou de l'un des père ou
mère (2). L'intervention du père et de la mère ne pourrait en aucun cas être omise : ils devraient, au moins,
donner leur avis.

D'autres décident, au contraire, et ceci nous paraît
plus juridique, que le droit de correction appartient exclusivement et également au père et à la mère (3). Seulement, dans ces conditions, on peut craindre que la garde
ne soit rendue, dans certains cas, impossible au tiers
qui en a été chargé.

____

(1) Comp. sur cette question : Demolombe, II, n° 511 ; Demante et
Colmet de Santerre, I, n° 287 ; Laurent, III, n° 294 ; Goirand, p. 198 ;
Carpentier, I, 215 ; Coulon, IV, p. 262 ; Willequet, p. 27 ; Curet,
n° 290.

(2) Trib. Brux., 6 fév. 1879, *Pas. belg.*, 1879, 3. 358.

(3) Trib. Brux., 9 mars 1874, *Pas. belg.*, 1874, 2, 200.

Dans tous les cas, il faut reconnaître au tiers gardien le droit de correction légère : punitions, etc.

L'article 303 accorde au père et à la mère non gardiens le droit de surveiller l'entretien et l'éducation de leurs enfants, quelle que soit la personne à qui ils ont été confiés. C'est assez dire que les parents auront le droit d'intervenir si le tiers gardien abusait de ses droits.

CHAPITRE IV

L'article 477 du Code civil dit que « le mineur même non marié, pourra être émancipé par son père, ou, *à défaut de père*, par sa mère, lorsqu'il aura atteint l'âge de quinze ans révolus ». Si l'on prend le texte de cet article à la lettre, il semble bien que la mère divorcée, même si elle obtient la garde de son enfant, ne pourra pas l'émanciper seule, et qu'il faudra pour cela le concours du père. Beaucoup d'auteurs (1) n'hésitent pas à ne reconnaître ce droit qu'au père, même après le divorce prononcé, même quand la garde lui a été enlevée.

A leur avis, le législateur aurait été plus explicite, s'il avait voulu indiquer qu'après la dissolution du mariage par le divorce le père cessait d'avoir seul le droit d'émancipation . Dans tous les cas analogues, la loi s'exprime nettement (2) ; les termes employés par elle « *durant le mariage* », semblent bien indiquer qu'elle ne lui en accorde plus l'exercice exclusif, quand le mariage est dissous, soit par sa mort, soit par le divorce. Au contraire, le législateur ne subordonne en aucune façon le droit d'émancipation à la durée du mariage. La mère

(1) Carpentier, n° 393 ; Frémont, n° 881.
(2) Art. 373, 384, 389 (C. civ.).

n'a le droit d'émancipation qu'à « *défaut du père* ». Il semble que la mère ne peut émanciper son enfant que dans le cas où le père est mort ou dans l'impossibilité de manifester sa volonté. C'est bien là, ajoute-t-on, la pensée du législateur, puisque, dans l'exposé des motifs du titre de la Minorité, Berlier s'exprimait ainsi : « Le mineur qui a ses père et mère ne pourra recevoir l'émancipation que de son père ; *si l'un des deux est mort*, le droit d'émancipation appartiendra au survivant ».

Comme la loi sur le divorce n'a pas formellement déclaré le contraire, la simple privation du droit de garde ne peut pas emporter la déchéance d'un droit qui est un des attributs essentiels de la puissance paternelle (1), droit que l'on reconnaît même au père destitué de la tutelle de son fils (2).

Nous ne nous dissimulons pas que les arguments que nous avons résumés ont une grande valeur. Aussi, est-ce avec une grande hésitation que nous refusons d'admettre cette théorie.

Sans doute, le législateur de 1884 et de 1886 est resté muet sur cette question ; mais il s'est expliqué sur la question de la garde. Si les tribunaux ont accordé la garde des enfants à l'un des époux, il est inadmissible que le législateur ait voulu permettre au père non gardien de tourner en certain cas la loi, en émancipant l'enfant, dont la garde avait été confiée à la mère. Si le père non gardien avait ce droit, il ferait facilement échec

(1) Dalloz, 1852, 2, 200 ; 1852, 5. 231 ; Demolombe, VI, n° 485, Marcadé, II, 365.

(2) Demante et Colmet de Santerre, II, n° 243 *bis*, I.

aux dispositions de l'article 302 (C. civ.). L'enfant émancipé cesserait d'être sous la garde de la mère ou du tiers
à qui il aurait été confié.

De plus, nous verrons dans la deuxième partie de notre étude, que l'article 386 (C. civ.) déclare que la jouissance légale des biens des enfants, qui dure jusqu'à
dix-huit ans, n'a pas lieu au profit de celui des père et
mère contre lequel le divorce a été prononcé. On comprend alors que le père coupable veuille priver de la jouissance légale la mère gardienne (1). En émancipant l'enfant à l'âge de quinze ans, il arriverait à ce résultat qui
nous semble impossible à consacrer. Nous pensons donc
qu'on doit admettre, au profit de la mère gardienne, le
droit d'émancipation, tout au moins avec le concours du
père, et que ce droit doit être refusé au père non gardien, comme portant atteinte au droit de garde dont la
mère a été investie (2).

Les adversaires de notre opinion reconnaissent ce
danger. Ils y parent de la façon suivante : Si le père
émancipe l'enfant dont il n'a pas la garde, la mère gardienne pourra demander aux tribunaux l'annulation de
cette émancipation. Le tribunal pourra l'annuler, ou, au
moins, tout en la maintenant, en retrancher les effets
qui anéantiraient les décisions passées en force de chose
jugée qui avaient réglé le sort des enfants pour un temps
déterminé (3).

(1) En admettant que la jouissance légale passe à la mère gardienne, ce qui est très douteux.
(2) Vraye et Gode, II, n° 753 ; Goirand, p. 199 et 202.
(3) Rapprocher : Cass., 4 avril 1865, Dal., 1865, 1, 387. — *Sic* : Vraye
et Gode, II, n° 753, n° 822. — *Contrà*, Goirand, p. 202.

La 4ᵉ chambre du tribunal de la Seine a eu à trancher la question que nous venons d'étudier, elle a semblé admettre en même temps les deux manières de voir. Elle annule l'émancipation comme contraire à l'intérêt de l'enfant, et aussi comme entravant le droit de garde de la mère (1).

Quand la garde appartient au père, on doit admettre sans difficulté que le droit d'émanciper l'enfant lui appartient.

Quand la garde appartient à la mère, à notre avis, le père ne peut pas émanciper son enfant ; mais nous hésitons à donner ce droit à la mère, sans exiger le concours du père, et cela, à cause de l'article 477 du Code civil, qui ne le lui accorde qu' « à défaut du père ». C'est la seule concession qu'il nous semble possible de faire à l'opinion adverse.

Quand la garde appartient à un tiers, il est évident que ce tiers n'a pas le droit d'émanciper l'enfant. Nous hésitons à accorder ce droit au père. En tous cas l'émancipation qui serait ainsi faite ne doit pas préjudicier au droit de garde. Les tribunaux pourraient être saisis dans l'intérêt de l'enfant, par application de l'article 303 du Code civil.

(1) Trib. Seine (4ᵉ ch.), 12 juin 1891, *Le Droit*, 1ᵉʳ juillet 1891.

CHAPITRE V

L'ENFANT DOIT HONNEUR ET RESPECT A SES PÈRE ET MÈRE,
MÊME APRÈS LE DIVORCE.

SECTION I. — Consentement au mariage des enfants.

L'article 148 du Code civil décide que le fils qui n'a pas atteint l'âge de vingt-cinq ans accomplis et la fille qui n'a pas atteint l'âge de vingt-un ans accomplis ne peuvent contracter mariage sans le consentement de leurs père et mère. En cas de dissentiment, le consentement du père suffit. L'article 149 du Code civil ajoute : « Si l'un des deux est mort, ou s'il est dans l'impossibilité de manifester sa volonté, le consentement de l'autre suffit ». L'expression « dans l'impossibilité de manifester sa volonté », vise les cas d'interdiction et d'absence déclarée. Quand le père est mort, interdit ou absent, le consentement de la mère suffit, voilà ce que dit l'article. Il ne parle pas du cas de dissolution du mariage par le divorce et ne nous indique pas quelles règles l'on doit suivre dans ce cas. Il semble donc que, hors ces cas, et même après le divorce, tant que le père vit et qu'il est dans la possibilité de manifester sa volonté, son consentement est nécessaire et suffisant. Aussi plusieurs auteurs (1) se refusent-ils à enlever au père

(1) Vraye et Gode, II, n° 759.

ce privilège, même quand le divorce est prononcé contre lui, même lorsque la garde des enfants ne lui est pas confiée.

Mais l'on doit remarquer que les articles 148 et 149 sont placés dans le titre du Mariage. Il est donc présumable que ces articles ne visent que le cas où le mariage existe. C'est, d'ailleurs, pendant la durée du mariage seulement, que se comprend la prééminence du mari. C'est parce qu'il faut une direction à la société conjugale et à la famille que le consentement du mari est exigé pendant le mariage. De plus, le titre du Divorce est postérieur à celui du Mariage (1) ; le législateur ne se préoccupait pas de cette question spéciale, au moment où les articles 148 et 149 étaient discutés et votés. Ils ne peuvent pas consacrer le privilège du père dans le cas qui nous occupe.

Malheureusement, les articles qui concernent le divorce n'ont pas parlé de cette situation. Nous devons donc appliquer à ce cas la règle commune.

Après la dissolution du mariage par le divorce, la puissance paternelle reste partagée entre le père et la mère ; mais celle-ci en recouvre l'exercice qu'elle n'avait pas pendant le mariage. Le père, même non gardien, doit, sans doute, donner son consentement, pour que le mariage soit possible, mais ce consentement n'est plus suffisant. Il n'y a plus de raison ici pour lui accorder la prééminence qu'il avait pendant le mariage ; l'on

______

(1) Le titre du Mariage a été promulgué le 6 germinal, an XI (27 mars 1803) et le titre de Divorce le 10 germinal, an XI (31 mars 1803).

conçoit très bien l'exercice de ce droit par les deux époux conjointement ; le droit de garde de la mère gardienne n'est en rien gêné, puisque son consentement est nécessaire. Nous ne croyons pas devoir aller plus loin et admettre l'opinion qui rendrait prééminente la volonté de celui des père et mère qui a la garde.

Avec l'opinion que nous admettons, si l'un des père et mère refuse par pur caprice son consentement au mariage de l'enfant dont il n'a pas la garde, celui-ci ne peut pas se marier ; mais cela ne nuit en rien au droit de l'époux gardien ; au contraire, par suite de ce refus, celui-ci restera plus longtemps investi de la garde, puisque le mariage de l'enfant aurait entraîné son émancipation.

Si l'on admet, au contraire, la solution présentée par nos adversaires, il est des cas où le droit de garde de la mère serait annihilé. Que le père non gardien consente au mariage de l'enfant, et la mère se trouve privée de la garde.

Ce n'est, d'ailleurs, pas une chose extraordinaire que de voir le consentement des deux parents exigé, quand il s'agit des enfants communs. La loi nous en offre un exemple dans l'article 346 du Code civil, où elle exige, même pendant le mariage, que le consentement de la mère vienne se joindre à celui du père pour que l'enfant qui est issu d'eux puisse être adopté par une autre personne.

Sans doute, la solution que nous admettons pourra entraîner des conséquences fâcheuses pour les enfants. Il pourra se faire que le père refuse d'accorder son consentement, par sentiment de vengeance ; mais ceci est moins à craindre qu'on ne le pense, car, pour être mauvais époux, on n'en est pas moins très souvent bon père ; de plus, puisqu'il est privé de la garde de son enfant, le père aura tout intérêt à ce qu'il se marie. Il lui sera plus facile de se rendre dans son propre domicile, que de l'aller visiter chez sa mère. Le mariage, qui émancipera l'enfant, ne pourra que lui plaire.

D'ailleurs, les enfants n'auront qu'à attendre l'âge de vingt-un ou de vingt-cinq ans, selon le sexe, pour pouvoir se passer de tout consentement (art. 151, C. civ.). Pour leur éviter d'attendre quelques années, nous ne croyons pas qu'on puisse, en l'absence de texte formel, attribuer la prééminence à l'un des parents, pas plus au père qu'à l'époux ayant obtenu la garde.

Quand la garde des enfants a été confiée à une tierce personne, la solution est la même : le consentement des deux parents est nécessaire.

Quand les enfants ont atteint l'âge de vingt-un ou de vingt-cinq ans, suivant le sexe, ils n'ont plus besoin du consentement de leurs parents pour se marier ; mais ils « sont tenus de demander, par un acte respectueux et formel, le conseil de leur père et de leur mère » (art. 151, C. civ.). Nous n'hésitons pas à exiger la même formalité, après le divorce. Même pendant le mariage, l'enfant doit demander le conseil de sa mère ; il est évident qu'il devra le lui demander à plus forte raison, après le divorce, qui a donné à la mère l'exercice, même de droits qu'elle n'avait pas pendant le mariage.

On pourrait dire que l'enfant ne devrait pas avoir a demander le conseil de celui de ses père et mère contre lequel le divorce a été prononcé. Mais il faut se rappeler que, pour avoir eu des torts vis-à-vis de son conjoint, il n'en a pas eu forcément vis-à-vis de ses enfants et qu'il a droit à leur respect.

C'est la même opinion que nous admettons en ce qui concerne l'adoption de l'enfant mineur issu du mariage. Cet enfant a besoin, pour pouvoir être adopté, du consentement de ses père et mère, même pendant le mariage (art. 346, C. civ.) ; à plus forte raison en sera-t-il ainsi après la prononciation du divorce.

SECTION II. — Consentement à l'engagement militaire des enfants et à leur engagement dans les ordres sacrés.

L'article 46 de la loi du 27 juillet 1872 porte que les engagements sont reçus dans l'armée de mer, à l'âge de seize ans, et dans l'armée de terre à l'âge de vingt ans : « Si l'engagé a moins de vingt ans, il doit justifier du consentement de ses père, mère ou tuteur (1) ». Le même consentement était exigé pour les engagés conditionnels au volontariat d'un an, par l'article 1ᵉʳ du décret du 1ᵉʳ dé-

____

(1) L'art. 374 du Code civil portait que l'enfant ne pouvait quitter la maison paternelle, si ce n'est pour enrôlement volontaire, après l'âge de dix-huit ans révolus. C'est la loi du 21 mars 1832, dans son art. 32, qui a exigé le consentement des père, mère ou tuteur, si le mineur avait moins de vingt ans. Cette disposition a été reproduite par la loi du 27 juillet 1872.

cembre 1872. Enfin l'article 17, 5°, du décret du 30 novembre 1870 exigeait le même consentement pour les engagements effectués pour la durée de la guerre. Dans la nouvelle loi militaire du 15 juillet 1889, l'article 59 est ainsi conçu : « L'engagé volontaire doit : 1° s'il entre dans l'armée de mer, avoir seize ans accomplis...., s'il entre dans l'armée de terre, avoir dix-huit ans accomplis..., 6° s'il a moins de vingt ans, être pourvu du consentement de ses père, mère ou tuteur ».

Que décider quand le divorce a été prononcé ?

Il a été jugé, par la première chambre du tribunal de la Seine (1), que, lorsque le père refuse sans motifs légitimes son consentement à l'engagement militaire de son fils, la mère est fondée à réclamer, dans l'intérêt de son fils, le droit de fournir ce consentement.

Beaucoup d'auteurs ont cru devoir critiquer cette décision, tout en regrettant que la loi n'ait pas autorisé la mère à donner seule son consentement, dans ce cas.

Pour nous, la question nous paraît assez simple. Nous avons admis qu'après le divorce la puissance paternelle se partageait entre le père et la mère et que chacun d'eux en avait l'exercice, à condition de ne pas porter atteinte aux droits reconnus formellement à l'autre.

Dans le cas actuel, si celui des père et mère qui refuse de donner son consentement à l'engagement militaire contracté par l'enfant, est l'époux chargé de la garde, il nous semble impossible que l'autre parent puisse à lui seul accorder ce droit ; car, s'il en était ainsi, il prive-

____

(1) Jug^t 29 octobre 1886, *Le Droit*, 5 novembre 1886.

rait le parent gardien du droit de garde qui lui a été accordé par le tribunal.

Que si, au contraire, le parent qui refuse son consentement, n'a pas obtenu la garde de son fils, nous croyons qu'on peut se passer de ce consentement ; rien ne s'oppose à ce que l'époux gardien exerce son droit dans la circonstance, sauf, peut-être, à reconnaître à l'époux non gardien le droit de saisir les tribunaux pour le plus grand intérêt de l'enfant, en vertu du droit de surveillance que lui accorde l'article 303 du Code civil.

Si l'enfant a été confié à un tiers gardien, nous croyons que les deux époux ont le même droit, et qu'on doit exiger, dans ce cas, le consentement du père et celui de la mère.

La solution indiquée avait été admise sous le régime de la séparation de corps. Dans ce cas, cependant, l'autorité du père existait incontestablement seule. La jurisprudence avait cependant admis que la mère avait le droit d'agir pour les enfants, au lieu et place du père, dans tous les cas d'urgence et lorsque leur intérêt l'exigeait (1). L'on était alors sous le régime admettant l'engagement conditionnel d'un an. Il y avait urgence à ce que l'engagement conditionnel fût effectué, pour éviter

(1) Marseille, 14 décembre 1872, Sir. 1873, 2, 121. « Attendu que la mère puise dans le jugement qui l'a investie de la garde de ses enfants, le droit d'agir en leur nom, dans tous les cas d'urgence et lorsque leur intérêt l'exige ; qu'à ce double titre le jugement précité a suspendu le plein exercice de l'autorité maritale et de la puissance paternelle et substitué sous ce dernier rapport et dans une certaine mesure, l'action de la mère chargée de la garde et de la surveillance des enfants à celle du père, provisoirement privé des droits attachés à sa qualité ».

à l'enfant l'accomplissement d'une période d'instruction de cinq ans.

Aujourd'hui, au contraire, les engagements ne peuvent être contractés que pour trois ans, il y a moins d'urgence ; l'enfant peut attendre sans grand inconvénient d'être appelé par la loi à accomplir son service militaire (1). Aussi refuserions-nous de souscrire à l'opinion émise dans le jugement de Marseille. Nous n'admettons pas, de même, comme certains auteurs (2) l'ont fait, que la mère gardienne ait le droit, pendant l'instance en divorce, d'autoriser l'engagement du fils dont elle a obtenu provisoirement la garde.

La loi exige, pendant le mariage, l'autorisation des père et mère, pour que les enfants puissent entrer dans les ordres sacrés. Après le divorce prononcé, à notre avis, le consentement des deux parents doit encore être exigé.

L'époux gardien de ses enfants ne pourrait pas non plus les faire changer de religion, sans consulter son ancien conjoint et obtenir son agrément. Bien entendu, le tiers gardien n'aurait jamais ce droit et ne pourrait que provoquer une résolution des parents à cet égard.

SECTION III. — Les enfants ne peuvent pas servir de témoins dans l'instance en divorce.

a) Une autre conséquence du principe qui prescrit aux enfants d'honorer et respecter leurs parents, se

____

(1) Frémont, n° 799 ; Coulon, IV, 262 ; Carpentier, 215.
(2) Vraye et Gode, II, n° 530.

trouve dans le paragraphe 2 du nouvel article 245 : « Les parents, à l'exception des *descendants*, et les domestiques des époux peuvent être entendus comme témoins ». Le législateur a pensé, en édictant cet article que dans une instance en divorce où la plupart des faits allégués se sont passés au sein de la famille, il était nécessaire d'admettre le témoignage des domestiques et des parents des deux époux, même les plus proches. Bien entendu, quoique l'article 245 ainsi rédigé en 1886 ne répète pas ce que disait l'ancien article 251 qu'il a remplacé, on doit cependant admettre que le tribunal « aura tel égard que de raison à leurs dépositions » ; toujours est-il qu'ils peuvent être entendus, chose très utile dans les cas nombreux où les faits reprochés à son conjoint par l'époux demandeur se sont passés dans l'intérieur de la maison conjugale et hors de la présence des étrangers.

L'article fait cependant une exception pour les descendants. Ceux-ci ne pourront pas être entendus comme témoins dans l'instance en divorce. Le législateur a estimé avec raison qu'il serait contraire à l'honneur et au respect dus par les enfants à leurs père et mère de les faire intervenir dans une telle discussion. S'il avait admis leur témoignage, l'on aurait eu ce triste spectacle d'enfants accusant leur père ou leur mère, sans se rendre compte de l'importance de leur déposition, ou peut-être, au contraire, poussés et stylés par la haine de l'un des époux.

Bien que l'article 371 du Code civil ne parle que du respect dû par les enfants aux père et mère, il est certain que les enfants doivent aussi respect et honneur à tous leurs ascendants. Aussi, l'article 245 du Code civil parle-t-il de tous les descendants. Leur déposition ne doit pas être admise.

b). La loi emploie le terme général de descendants. L'on s'est demandé si les alliés en ligne directe des époux plaidant en divorce pouvaient être entendus comme témoins. Il semble, au premier abord, qu'on doive répondre négativement à cette question. En effet, l'article 268 du Code de procédure civile parlant des enquêtes en général dit que « nul ne pourra être assigné comme témoin, s'il est *parent* ou *allié en ligne directe* de l'une des parties... » Or, l'article 245, § 2 du Code civil qui porte une exception à cet article, ne parle que des *parents* et des *domestiques*, qui, eux, peuvent témoigner, et laisse subsister pour *les descendants* l'interdiction d'être entendus comme témoins.

Le nouvel article 245 a été introduit dans le Code civil par la loi du 10 avril 1886, mais il ne fait que reproduire en substance les dispositions de l'article 251 du Code civil qu'avait remis en vigueur le législateur de 1884 et il n'en a pas modifié la portée sur ce point. Or, le Code civil est antérieur au Code de Procédure civile, il faut voir qu'elle était la législation en vigueur touchant les enquêtes, en 1803, au moment où l'article 251 a été décrété. Le Code de Procédure ne peut servir qu'à éclairer sur la nature générale des vues des rédacteurs du Code civil. En 1803, la procédure des enquêtes était réglementée en France par l'article 11 du titre XXII de l'ordonnance civile d'avril 1667, touchant la réforma-

tion de la justice, qui était ainsi conçue : « Les parens
et alliez des parties, jusques aux enfans des cousins
issus de germain inclusivement, ne pourront estre témoins en matière civile pour déposer en leur faveur ou
contre eux, et seront leurs dépositions rejettées ». C'est
par opposition à cette règle, qui formait alors le droit
commun, que l'article 251 du Code civil avait été porté :
« Les parents des parties, à l'exception de leurs enfants
et descendants, ne sont pas reprochables du fait de la
parenté, ...; mais le tribunal aura tel égard que de
raison aux dépositions des parents..... » La pensée du
législateur est certaine. Il a voulu soustraire les parents
au droit commun dans les enquêtes en matière de divorce, et n'y laisser soumis que les descendants en ligne
directe. Seulement, ni quand il a parlé des parents, ni
quand il a parlé des enfants ou descendants, il n'a songé
à ajouter les mots : alliés. Mais, dans l'esprit du législateur, dans l'article 251 du Code civil, comme dans l'article 11 du titre XXII de l'ordonnance de 1667, aux parents ou aux descendants devaient être assimilés leurs
alliés. De même que les alliés qui ne sont pas en ligne
directe peuvent être entendus dans ces enquêtes, comme
les parents autres que les descendants, de même les
alliés en ligne directe ne peuvent pas y être entendus,
pas plus que les descendants. Le législateur de 1884 et
celui de 1886 ont commis le même oubli, le premier, en
reproduisant l'article 251 du Code civil, l'autre, dans
l'article 245 du Code civil par lequel il l'a remplacé ;
mais il y a lieu d'admettre la même solution qu'avec l'article 251 ancien du Code civil.

D'ailleurs, cette opinion est entièrement conforme à la raison. Il serait singulier que des ascendants pussent être entendus, alors que leurs conjoints, simple alliés d'une des parties en cause, ou même un allié en ligne directe plus éloigné, seraient reprochables du chef de leur affinité. De plus, les mêmes raisons, qui ont poussé le législateur à interdire l'audition des descendants, se retrouvent, quand il s'agit du témoignage des alliés en ligne directe.

c) L'exception de l'article 245, § 2 du Code civil ne vise-t-elle que les enfants communs aux deux époux ? — Certains auteurs et arrêts (1) pensent que cet article, comme l'ancien article 251 (C. civ.), est limitatif et qu'il ne doit viser que les enfants communs aux deux époux.

L'article 251 disait : « Les parents *des parties*, à l'exception de leurs enfants..... ». L'article 245, § 2, dit : « Les parents à l'exception des *descendants* et les domestiques des époux..... ». Au contraire, l'article 268 du Code de Procédure civile est très explicite et prend bien soin de dire, à propos des enquêtes ordinaires : « s'il est parent en ligne directe *de l'une des parties* ».

Malgré l'autorité de M. Demolombe, nous ne pouvons admettre la solution qu'il préconise. D'abord, il est inadmissible que l'enfant non commun aux deux époux soit entendu contre celui des époux dont il est issu. Alors, comment devra-t-on l'entendre ? Faudra-t-il ne tenir compte que de ce qu'il dit contre le conjoint de son

______

(1) Demolombe, IV, n° 480 *bis* ; Rennes, 27 janv. 1840, Sir. 1840, 2, 149.

auteur et tenir pour non avenu ce qu'il dira contre son
auteur ? Ce serait de l'arbitraire. Il faudrait un texte absolument formel pour admettre cela. Si l'article 268 du
Code de Procédure civile a parlé des parents en ligne directe d'une partie, c'est parce que, dans les enquêtes ordinaires, il est rare que, les descendants de l'une des
parties le soient en même temps de l'autre, les parties
étant, le plus souvent, dans un procès ordinaire, étran-
gères l'une à l'autre. En matière de divorce, au contraire,
les parties sont deux conjoints ; la plupart du temps il
se serait agi de l'audition de descendants communs, si
les descendants avaient pu être témoins dans les enquêtes de divorce, la loi a parlé de ce qui arrive en général
et a interdit l'audition comme témoins des enfants des
époux. D'ailleurs, dans l'article 245, § 2, les mots « des
époux » ne se rapportent pas à descendants, mais seulement à domestiques. L'article est conçu dans des termes assez généraux pour permettre d'admettre notre solution : « Les parents, *à l'exception des descendants,...* peuvent être entendus comme témoins ». A notre avis, ne peuvent être entendus comme témoins dans les enquêtes de
divorce aucuns descendants, soit légitimes, soit naturels
reconnus, soit adoptifs, sans qu'on ait à distinguer entre les enfants communs aux deux époux et les enfants
propres à un seul (1).

   d) Les enfants naturels non reconnus et les enfants

(1) Comparer sur ces questions : Dalloz, *Enquête*, n° 259 ; Carpentier, I, n° 154 ; Goirand, p. 85 ; Vraye et Gode, I, p. 261 ; Coulon, IV,
p. 193 et s. ; Douai, 16 août 1853, Sir. 1854. 2, 135 ; Dijon, 27 mars
1879, Sir. 1879, 2, 68.

adultérins peuvent-ils servir de témoins en matière de divorce ?

Rien ne prouve, au moment où ils seront entendus, qu'ils sont les descendants de l'une des parties ; on ne peut pas refuser de les entendre comme témoins. Et, cependant, il peut arriver qu'avant la fin de l'instance, l'enfant naturel établisse sa filiation ou que celle de l'enfant adultérin soit dévoilée. Que devra-t-on faire alors ?

Pour nous, nous estimons qu'on ne peut pas, *a priori*, refuser d'entendre des enfants naturels non reconnus ou adultérins, même s'il y a de fortes présomptions pour croire qu'ils sont des descendants de l'une des parties. Une fois leurs dépositions faites, elles l'ont été régulièrement et valablement, on ne peut pas les supprimer, bien que, plus tard, leur filiation vienne à être établie. Mais, il sera loisible au tribunal de tenir tel compte qu'il voudra de ces dépositions.

Nous ne croyons même pas qu'ils puissent être exposés à voir des tiers rechercher incidemment leur état, à propos d'une instance où l'on contesterait la sincérité probable de leur témoignage (1).

e) Le reproche basé sur la parenté des descendants est-il péremptoire ?

L'article 245 du Code civil se contente de dire que les descendants ne peuvent pas être entendus comme témoins dans l'instance en divorce. L'article ne nous indique pas si l'on se trouve en présence d'une véritable

____

(1) *Sic*, Frémont, p. 268 ; Vraye et Gode, I, p. 261 ; Coulon, IV, p. 495. — *Contra*, Carré et Chauveau, II, p. 608.

incapacité ou d'un reproche non péremptoire. L'article 251 ancien n'était guère plus explicite.

Sans doute, si l'on consulte les dispositions des articles 268 et 283 du Code de Procédure civile, qui parlent des enquêtes ordinaires, on voit la question clairement tranchée : tandis que les parents ordinaires ne sont que reprochables, et que, si les reproches ne sont pas proposés en ce qui les concerne par la partie intéressée, ni le juge-commissaire, ni le tribunal n'ont qualité pour les admettre d'office, pour les parents en ligne directe, au contraire, l'article 268 du Code de Procédure civile les frappe d'une véritable incapacité, il déclare qu'ils *ne pourront pas être assignés comme témoins* (1). Ces parents en ligne directe seraient reprochables aux termes de l'article 283, comme tous autres parents ; mais la loi a voulu plus, ces parents en ligne directe ne peuvent être ni entendus ni assignés, d'après l'article 268 du Code de Procédure civile. Si l'un d'eux a été assigné, le juge doit, d'office, refuser d'entendre sa déposition. S'il a été entendu par inadvertance ou par ignorance, le tribunal doit, d'office, interdire la lecture de sa déposition et n'en tenir aucun compte (2).

Mais, quand l'ancien article 251 a été décrété (1803), le Code de Procédure n'existait pas (1806), et l'on ne peut guère interpréter un article du Code civil par un article du Code de Procédure civile, quand celui-ci ne renvoie pas expressément au premier. Au moment où a

____

(1) « *Nul ne pourra être assigné* comme témoin s'il est parent ou allié en ligne directe de l'une des parties ».

(2) Boitard et Glasson, I, § 497.

été décrété l'ancien article 251, l'on vivait sous le régime de l'ordonnance d'avril 1667. L'article 11 du titre XXII disait : « Les parens et alliez des parties, jusques aux enfans des cousins issus de germain inclusivement, *ne pourront estre témoins* en matière civile.... et *seront leurs dépositions rejettées* ». L'article 251 ancien portait : « Les parents des parties, à l'exception de leurs enfants et descendants ne sont *pas reprochables* du chef de la parenté.... ». L'article entendait faire une exception au principe de l'article 11 du titre XXII pour les parents autres que les enfants et descendants ; mais ceux-ci restent régis par l'article 11 de l'ordonnance, ils sont reprochables dans le sens qu'indiquait cet article, c'est-à-dire qu'ils ne pourront être témoins et que leurs dépositions, si elles ont été faites, seront rejetées. En d'autres termes, le reproche était péremptoire, le juge-commissaire pouvait l'opposer d'office, et le tribunal ne devait tenir aucun compte de la déposition, si elle avait été faite.

L'article 251 ancien avait été reproduit par le législateur de 1884. L'article 245, § 2 par lequel le législateur de 1886 est venu remplacer l'article 251 ne vient en rien modifier par ses termes cette interprétation. La seule difficulté provient des termes employés par l'article 251 du Code civil « ne sont pas *reprochables* ». L'opinion admise sous la législation du Code civil et de 1884, doit l'être à plus forte raison avec la législation actuelle (1).

(1) Comparer : Carré et Chauveau, II, p. 607 ; Goirand, p. 85 ; Carpentier, n° 154 ; Poulle, p. 163 ; Vraye et Gode, I, p. 269. — Riom,

La jurisprudence et les auteurs belges interprètent en ce sens l'article 251 qui est encore en vigueur en Belgique. Le témoignage des enfants est inadmissible (1).

Mais une partie pourra vouloir obtenir indirectement le résultat que la loi veut éviter, et essayer de faire répéter par des tiers ce que les enfants auraient pu voir et entendre. A cet effet, elle ferait déposer les enfants devant des tiers sur les faits qu'ils connaissent, et ceux-ci iraient ensuite servir de témoins et dire ce qu'ils savent, pour l'avoir entendu raconter par les enfants.

Nous ne pensons pas qu'il soit possible d'admettre ces témoignages. Les considérations qui ont déterminé le législateur à refuser de laisser entendre comme témoins les enfants des parties sont absolues et d'ordre public et l'on ne doit pas pouvoir tourner cette prohibition par un pareil subterfuge. En pareille matière, les enfants sont reprochables ; mais, de plus, leur témoignage est inadmissible, de quelque manière qu'il se produise (2).

Cependant, il pourra arriver, par suite des circonstances, que le témoignage de l'enfant pèsera indirectement sur la décision du tribunal prononçant le divorce. Supposons, par exemple, que le père soit accusé d'attentat à la pudeur sur la personne d'un de ses enfants. Dans la procédure criminelle l'enfant sera entendu comme témoin, souvent même il sera le seul témoin vrai-

18 juillet 1887, *Gaz. Pal.*, 17-18 août 1887 ; Poitiers (1re ch.), 18 juin 1890. *Gaz. Pal.*, 31 juillet 1890.

(1) Laurent, III, n° 234, p. 279 ; — Trib. Termonde, 9 juin 1858, *Belg. Judic.*, 1858, p. 1067.

(2) Poitiers (1re ch.), 18 juin 1890, *Gaz. Pal.*, 31 juillet 1890.

ment affirmatif. Si une condamnation intervient, et que la mère, se basant sur cette condamnation, demande et obtienne le divorce à son profit, en alléguant ce seul grief contre son mari, le juge, en basant le jugement prononçant le divorce sur celui du juge criminel, se sera, indirectement, appuyé sur la déposition d'un enfant des conjoints. De même, la mère a frappé brutalement son enfant ; dans l'instance correctionnelle l'enfant a été le principal témoin, un jugement est intervenu condamnant la mère. Il a été jugé par le tribunal de la Seine (1) que ces faits peuvent être considérés comme une cause suffisante de divorce. Ici encore le tribunal aura indirectement tenu un grand compte de la déposition d'un enfant des conjoints.

SECTION IV. — Les enfants doivent-ils honneur et respect, après le divorce, à celui de leurs auteurs contre lequel le divorce a été prononcé ?

Pendant la discussion de la loi au Sénat, M. Delsol disait (2) : « Du côté des enfants il y a obligation d'honorer et de respecter leurs père et mère ; mais il faut bien reconnaître que si cette obligation survit au divorce, elle sera singulièrement atténuée à l'égard de celui des père et mère contre lequel le divorce aura été prononcé. En théorie, les enfants lui devront toujours honneur et respect ; mais lorsque le père, frappé par exemple d'une condamnation infamante, sera au bagne, il est bien ma-

____

(1) Trib. Seine, 31 mars 1890 (*La Loi*, 28 mai 1890).
(2) Séance du 24 juin 1883 *J. Off.*, p. 1170, col. 3.

nifeste que cette obligation ne sera plus qu'une vaine
formule ».

Pour nous, les enfants continuent à devoir honneur
et respect à leurs parents, après comme avant le divorce,
même à celui contre lequel le divorce a été prononcé. La
loi a voulu précisément que les enfants ne soient pas entendus comme témoins, qu'ils ne soient pas mêlés à ces
tristes débats de l'instance en divorce, qu'ils ignorent
les causes de la désunion de leurs auteurs. D'ailleurs,
l'époux coupable n'a parfois pas démérité de l'estime
de ses enfants. Quand l'époux coupable est au bagne,
pour employer l'expression de M. Delsol, c'est qu'il a
été auparavant frappé d'une condamnation infamante.
On conçoit que l'enfant ne lui doive plus guère que théoriquement honneur et respect ; mais ce n'est pas parce
que le divorce a été prononcé contre lui qu'il en est
ainsi, c'est parce qu'il a été frappé d'une peine infamante. L'enfant n'est pas tenu d'ignorer cela, puisque
la loi a permis d'entendre son témoignage devant la juridiction criminelle.

Cette opinion a été consolidée par la loi du 24 juillet
1889 dont le titre 1ᵉʳ s'occupe de la déchéance de la puissance paternelle. Hors des cas prévus par les articles 1
et 2 de cette loi, les père et mère ne peuvent pas être
considérés comme déchus de la puissance paternelle.
Tant qu'ils n'ont pas encouru cette déchéance de plein
droit, ou qu'on ne l'a pas obtenue contre eux, leurs enfants leur doivent honneur et respect. Or, on ne trouve
nulle part qu'il suffise à un parent de voir le divorce
prononcé contre lui pour être déchu de la puissance pa-

ternelle. Il peut se faire que les faits ayant entraîné le divorce soient suffisants pour motiver cette déchéance, mais le parent en sera frappé comme ayant commis ces faits et non pas seulement comme ayant vu le divorce prononcé contre lui.

DEUXIÈME PARTIE

DES EFFETS DU DIVORCE QUANT AUX BIENS DES ENFANTS

CHAPITRE PREMIER

DROITS DES ENFANTS.

SECTION I. — Ne devrait-on pas infliger une peine pécuniaire à l'époux coupable ?

Bentham a dit : « Conçoit-on qu'il y ait des hommes assez absurdes pour aimer mieux la postérité que la génération présente, pour préférer l'homme qui n'est pas à celui qui est; pour tourmenter les vivants, sous prétexte de faire le bien de ceux qui ne sont pas nés et qui ne naîtront peut-être jamais ». C'est dire, en d'autres termes, que le législateur ne devrait aucunement se préoccuper des enfants qui peuvent naître. S'il pense que le divorce s'impose comme remède extrême aux unions mal assorties, il doit autoriser le divorce sans se laisser arrêter par la considération du malheureux sort qui est réservé aux enfants nés de l'union ainsi dissoute.

Telle n'est certes pas notre opinion, car, à notre avis,

le législateur ne saurait, au contraire, jamais trop se préoccuper de leur sort. Nous sommes d'avis qu'on doit admettre le divorce, même au cas où il existe des enfants nés du mariage qu'il dissout, mais nous pensons qu'on devrait infliger une peine pécuniaire à celui des époux qui a motivé la désunion, à celui contre lequel le divorce a été prononcé. Il réparerait ainsi quelque peu le préjudice que sa conduite a causé à ses enfants. Nous regrettons, bien que cette théorie puisse blesser les idées reçues sur ce point dans notre droit, que le législateur n'ait pas cru devoir entrer dans cette voie.

Le législateur aurait pu cependant trouver des précédents.

Sous la législation de 1804, l'article 305 du Code civil prononçait une déchéance contre les deux époux dans le cas de divorce par consentement mutuel. Comme les motifs du divorce n'étaient pas dévoilés au juge, dans ce cas, qu'ainsi certains divorces pouvaient avoir lieu pour des motifs par trop futiles que le juge n'avait même pas le droit d'apprécier, le législateur avait pris des mesures pour les rendre moins nombreux et détourner les parties de ce mode de divorce, qu'elles n'emploieraient alors que dans les cas pour lesquels la loi l'avait établi, c'est-à-dire quand elles voudraient, à tout prix, éviter le scandale d'une discussion publique. L'article 305 du Code civil déclarait que « dans le cas de divorce par consentement mutuel, la propriété de la moitié des biens de chacun des deux époux serait acquise de plein droit, du jour de leur première déclaration, aux enfants nés de leur mariage ». Pour assurer l'exécution fidèle de l'ar-

ticle 305, l'article 279 du Code civil imposait aux « époux
déterminés à opérer le divorce par consentement mutuel » l'obligation de « faire préalablement inventaire et
estimation de tous leurs biens meubles et immeubles, et
de régler leurs droits respectifs ».

La propriété de la moitié de ces biens passait de plein
droit aux enfants, du jour de la première déclaration des
époux ; mais l'article 305, § 2 en conservait néanmoins
aux père et mère la jouissance, jusqu'à la majorité des
enfants, à la charge de pourvoir à leur nourriture, entretien et éducation, conformément à leur fortune et à
leur état.

Lors de la discussion de l'article 304 du Code civil à
la Chambre des Députés, M. Ganault proposa un amendement (1) d'après lequel, quand il y aurait des enfants
issus du mariage dont on demandait la dissolution, les
époux seraient dépouillés, au profit de leurs enfants,
du quart de leurs biens, s'ils n'avaient qu'un enfant, du
tiers, s'ils en avaient plusieurs.

Les époux devaient faire abandon à leurs enfants de
cette quotité de leurs biens. L'amendement organisait
une tutelle pour garantir aux enfants ces droits créés à
leur profit.

Le rapporteur de la loi, M. de Marcère, s'éleva avec
force contre cet amendement, qui, dit-il, « détruisait
du même coup la famille même, ruinait l'autorité paternelle, ouvrait des successions du vivant des personnes, séparait violemment les enfants de leurs parents ».

Le divorce ne brise que les liens créés par le mariage

(1) Voir le texte : *J. Offi.*, 15 juin 1882, p. 926, col. 2.

entre les époux, les rapports des père et mère avec leurs enfants persistent. Bien qu'en désaccord entre eux, les deux époux, surtout celui qui est victime du mariage, n'en aiment peut-être pas moins leurs enfants. Pourquoi dans ces conditions séparer l'enfant de ses parents, le confier à un étranger qui sera son tuteur, ou en tous cas confier à un tiers une partie de ses intérêts, et créer ainsi, entre l'enfant et ses parents, un si puissant motif de division ?

D'ailleurs, est-ce bien l'intérêt de l'enfant que les biens des époux soient licités, vendus dans de mauvaises conditions ? « L'œuvre que le père accomplit, ajoutait M. de Marcère, petite ou grande, est sienne : ce n'est qu'après qu'il a rempli sa tâche, que l'enfant est appelé à en recueillir les fruits, sans déranger, sans devancer surtout l'ordre de la nature. C'est mal comprendre, selon nous, l'intérêt social aussi bien que l'intérêt des enfants que de faire intervenir la loi dans cette œuvre de famille ».

A la séance du 17 juin 1882, l'amendement fut repoussé.

Lors de la deuxième délibération de la loi devant le Sénat, M. Delsol présenta l'amendement suivant : « La propriété de la moitié des biens de l'époux contre lequel le divorce aura été prononcé sera acquise de plein droit, du jour de la demande, aux enfants nés du mariage ; le dit époux conservera néanmoins la jouissance de cette moitié jusqu'à la majorité des enfants, à la charge de pourvoir à leur nourriture, entretien et éducation, conformément à sa fortune et à son état, le tout sans préju-

dice des autres avantages qui pourraient avoir été assurés auxdits enfants par les conventions matrimoniales
de leurs père et mère ». En d'autres termes, M. Delsol
reproduisait le texte de l'ancien article 305 du Code civil en le généralisant à tous les modes de divorce, mais
en le modifiant sur un point important. L'époux contre
lequel le divorce a été prononcé voit seul la moitié de ses
biens attribuée aux enfants, et non plus les deux époux,
comme dans l'ancien article 305. L'amendement écar-
tait ainsi l'un des arguments les plus puissants de la
thèse adverse (1). Car, il est certain, comme le disait
M. Delsol, « que les droits et les devoirs créés par le mariage doivent rester intacts entre l'époux qui obtient le
divorce et les enfants. Mais en est-il de même des rapports qui existent entre l'époux contre lequel le divorce
est prononcé et les enfants ? »

Les articles 371 et suivants du Code civil définissent
les rapports qui existent entre les parents et les enfants.
Les enfants doivent honneur et respect à leurs père et
mère, obligation qui survit au divorce, mais singulièrement atténuée à l'égard de celui des père et mère contre
lequel le divorce aura été prononcé. D'un autre côté, les
droits de l'époux coupable sur ses enfants sont profon-
dément atteints par le divorce. Ainsi, la garde des enfants
lui est, en principe, enlevée. Il ne conserve guère, comme
droit effectif, que le droit de surveiller l'entretien et l'é-
ducation des enfants, et encore, le plus souvent, l'exercice de ce droit sera-t-il très difficile, pour ne pas dire
impossible. Par suite de cet état de choses, les relations

(1) *J. Off.*, 24 juin 1883, p. 1170, col. 3.

deviendront, inévitablement, de plus en plus rares entre les enfants et l'époux contre lequel le divorce aura été prononcé ; l'affection qui existait entre eux ira s'affaiblissant de jour en jour et bientôt les enfants seront presque des étrangers pour lui. Ils ne pourront plus compter sur le sentiment de la paternité qui s'émoussera facilement par l'absence ou par la fondation d'une nouvelle famille. N'est-il pas juste dès lors que l'enfant se voie attribuer une partie de la fortune de celui de ses père et mère contre lequel le divorce a été prononcé, sur l'amitié et la protection duquel il ne peut plus guère compter désormais, et qui avait, cependant, en le procréant, assumé la responsabilité de lui fournir les soins et les secours dont il aurait besoin ? Le mariage n'est pas seulement un simple contrat entre deux parties, il est aussi « un engagement pris à la face de la société en faveur de l'enfant ». L'enfant est toujours partie intéressée, partie principale et essentielle dans le mariage. Il n'est pas juste qu'une convention intervenue à trois, puisse être impunément rompue par la volonté ou le caprice de deux ou d'un seul. Et qu'on ne vienne pas parler de principes à sauvegarder, de puissance paternelle à respecter. Quand l'un des époux a, par ses débordements, contraint son conjoint à demander le divorce, qu'il a par sa faute détruit la famille à laquelle il devait ses secours et ses soins, les principes doivent fléchir et le législateur devrait bien plutôt se préoccuper des mesures à prendre pour parer à la triste situation des enfants, que des atteintes plus ou moins sérieuses portées à la puissance paternelle par les mesures prises.

Malgré cette modification importante, l'amendement de M. Delsol fut repoussé par le Sénat. Sans approuver entièrement cet amendement, nous pensons cependant qu'il aurait fallu entrer dans cette voie, et, dans certains cas, quand les torts de l'époux coupable auraient été reconnus excessivement graves, permettre aux juges d'octroyer aux enfants une partie de sa fortune à titre d'indemnité. Les enfants ont bien droit à une pension alimentaire, mais ce droit leur est accordé contre les deux parents, comme une conséquence du devoir qu'ont ceux-ci d'entretenir et élever leurs enfants, et non comme une peine, pour le préjudice causé aux enfants par le divorce.

SECTION II. — **L'enfant peut-il demander réparation du préjudice qui lui est causé par le divorce au tiers qui est le complice du père ou de la mère dans le fait qui a motivé le divorce ?**

Nous nous retrouvons ici dans le droit commun, l'article 1382 du Code civil doit trouver, selon nous, son application. C'est ce qu'a pensé le tribunal de Béthune, et après lui la Cour de Douai (1) :

« Attendu que tout fait quelconque de l'homme qui cause à autrui un dommage oblige celui par la faute duquel il est arrivé à le réparer ; que le complice de l'adultère, en détournant la mère de ses devoirs, se trouve responsable vis-à-vis des enfants des événements qui ont suivi et de leurs conséquences dommageables ; que

(1) Jugement 3 décembre 1886, confirmé le 11 mai 1887, *La Loi*, 5 juin 1887.

le préjudice résultant de l'abandon où ils se trouveront désormais, de la perte d'affection maternelle du fait du remariage de leur mère, et de la naissance d'un enfant, peut être apprécié et évalué en argent... ».

L'arrêt condamnait le complice à payer à chaque enfant une somme déterminée, à titre de dommages-intérêts.

SECTION III. — Application de l'article 304 du Code civil.

L'ancien article 304 du Code civil, reproduit par les législateurs de 1884 et de 1886, était ainsi conçu : « La dissolution du mariage par le divorce admis en justice, ne privera les enfants nés de ce mariage d'aucun des avantages qui leur étaient assurés par les lois ou par les conventions matrimoniales de leurs père et mère ; mais il n'y aura d'ouverture aux droits des enfants que de la même manière et dans les mêmes circonstances où ils se seraient ouverts s'il n'y avait pas eu de divorce ». C'est assez dire que le divorce n'apporte sur ce point aucune modification dans la situation des enfants vis-à-vis de leurs parents. Le divorce est un événement qui, quant aux biens, est considéré comme ne s'étant pas produit, au point de vue des enfants. Il était utile de le dire, car, en ce qui concerne les époux, de grands changements sont apportés par le divorce dans les conventions matrimoniales et notamment dans les donations entre-vifs.

Voici quelques exemples de l'application de l'article 304 :

L'institution contractuelle faite aux époux par contrat de mariage, est, aux termes de l'article 1082 du Code civil, présumée faite au profit des enfants à naître du mariage. Ces enfants y sont appelés à défaut des institués, quoique la donation n'ait été faite qu'au profit des deux époux ou de l'un d'eux, car elle est présumée faite au profit des enfants ou descendànts à naître du mariage. Si le divorce est prononcé, le droit des enfants subsiste, le divorce ne vient en rien modifier leur droit, qui reste tel qu'il est consacré par la loi. Les enfants bénéficient de la donation, à la mort de l'instituant, si le parent bénéficiaire est mort avant eux (1).

Proudhon (2) admet la même solution pour les donations que s'étaient faites les époux entre eux. A son avis, les enfants ont un droit né éventuel sur ces donations, qui sont révoquées au préjudice du coupable. Nous estimons que c'est une erreur d'assimiler ces deux sortes d'avantages. L'article 1093 du Code civil prend soin de dire que ces donations ne seront pas transmissibles aux enfants issus du mariage, en cas de décès de l'époux donataire avant l'époux donateur. Dans le silence de la loi, il est impossible d'admettre la théorie de Proudhon.

SECTION IV. — **Les père et mère sont tenus de contribuer à l'éducation et à l'entretien de leurs enfants, à proportion de leurs facultés.**

Les père et mère seront tenus de contribuer, à proportion de leurs facultés, à l'éducation et à l'entretien de

(1) Laurent, III, n° 295 ; Arntz, n° 472 ; Willequet, p. 273, n° 7.
(2) Proudhon, *Traité sur l'état des personnes*, I, p. 528 et s.

leurs enfants, « quelle que soit la personne à laquelle ils seront confiés » (art. 303, *in fine*). Par le fait même de la procréation de l'enfant, le père et la mère ont assumé cette responsabilité.

Dans la séance du 17 juin 1882, on avait proposé d'ajouter à l'article 303 du Code civil le paragraphe suivant : « Le tribunal qui prononcera le divorce déterminera la pension annuelle qui devra être servie aux enfants nés du mariage pour leur nourriture, leur entretien et leur éducation.

L'amendement fut combattu par M. Gatineau comme constituant une superfétation inutile : « Il est bien entendu, que l'article 304 placé dans la loi sur le divorce doit être expliqué et commenté par les obligations imposées au mari et à la femme lors du mariage. Ces obligations sont inscrites dans l'article 203 du Code civil. »

De l'article 203 et de la combinaison des articles 205 et 207 on tire ce principe : les père et mère doivent des aliments aux enfants qui sont nés de leur mariage. C'est l'application du même principe que fait l'article 303 du Code civil.

Sur cette question des aliments, nous pouvons faire les mêmes observations qu'à propos de la garde. A cette question s'applique tout ce que nous avons dit en sa place sur les mesures provisoires. Nous ne reviendrons pas sur ces explications.

Quand la garde est confiée à l'un des père et mère, il ne saurait être question de le condamner à fournir des aliments aux enfants. L'article 211 du Code civil, permet au tribunal de dispenser de payer la pension alimentaire

le père ou la mère qui offrira de « recevoir, nourrir et
entretenir dans sa demeure l'enfant à qui il devra des
aliments ». Puisque le tribunal a accordé la garde de
l'enfant à l'un des père et mère, il est certain qu'il ne le
condamnera pas en même temps à payer une pension.

§ 1. — *Le parent qui n'a pas obtenu la garde fournit une pension.*

Celui des père et mère qui n'a pas obtenu la garde, ne
peut pas s'appuyer sur l'article 211 du Code civil et demander à être déchargé du paiement de la pension alimentaire, en offrant de recevoir et entretenir l'enfant.
Le tribunal lui a refusé la garde de l'enfant pour des motifs dont il était le souverain appréciateur. Il ne reviendra pas sur cette décision (1).

C'est au moyen d'une pension, dont le chiffre est fixé
à proportion des besoins de l'enfant et des facultés (2)
de l'époux, que l'article 303 du Code civil reçoit exécution sur ce point. Cette pension a le caractère d'un forfait
déterminé par justice, et l'ex-conjoint débiteur ne peut
prétendre à aucune déduction ou remise, tant que l'entretien et l'éducation de l'enfant demeurent conformes
en général aux conditions prévues (3). La mère gardienne
n'a pas à rendre compte des fonds en qualité de manda-

(1) Trib. Brux., 25 juillet 1877 ; *Pass. b.*, 1878, 3, 254.
(2) Si le mari et la communauté sont dénués de ressources, la
femme est tenue de subvenir à son entretien et à celui des enfants
dont elle a la garde. Les dettes ainsi contractées constituent un engagement personnel. Poitiers (1re ch.), 23 déc. 1889, *Gaz. Pal.*, 13-
14 janvier 1890.
(3) Paris, 28 juin 1889, *Gaz. Trib.*, 5 juillet 1889.

taire; cependant le père, en vertu de l'article 303 du Code
civil, a le droit de surveiller l'entretien et l'éducation
des enfants dont il n'a pas la garde, et, si la mère ne
faisait pas de ces fonds l'usage auquel ils sont destinés,
il pourrait s'adresser aux tribunaux pour remédier à cet
état de choses.

Quand l'enfant est confié à un tiers, les père et mère
sont tenus de contribuer à son entretien et à son éducation. Le tiers aurait une action contre les père et mère
pour se faire payer les dépenses par lui faites pour l'enfant, si le tribunal n'avait pas pris de disposition sur la
part à fournir par chacun d'eux. Les père et mère devront, dans ce cas, fournir leur part réciproque succes-
sivement et à mesure que les dépenses se présenteront.

Certains arrêts (1) décident que le mari, pendant l'instance en divorce, répond, vis-à-vis des fournisseurs, des
dettes contractées par sa femme, même si elle reçoit une
pension alimentaire. A plus forte raison déciderait-on
qu'il est tenu des dettes que contracterait la femme pour
l'entretien de ses enfants.

Si l'époux qui a la garde des enfants fait choix d'une
pension, l'autre conjoint ne devra pas moins, quoiqu'il
n'ait pas été consulté, payer une partie du prix (2). Il
est certain, néanmoins, qu'il pourrait n'être condamné
à payer qu'une faible partie de ce prix, s'il prouvait que
l'éducation donnée à l'enfant est hors de proportions
avec ses ressources.

(1) Bruxelles, 8 nov. 1873, *Pas. b.*, 1875, 3, 34 ; Trib. Lyon, (2e ch.),
26 nov. 1886, *La Loi.*
(2) Trib. Seine, 22 nov. 1854, Dal., 1857, 3, 35.

Les aliments qui sont fournis à un enfant après la prononciation du divorce, par un des père et mère, ne pourront être répétés en tout ou en partie contre l'ex-conjoint,
à moins que celui qui les a fournis ne l'ait fait que sous
réserve d'en répéter partie contre lui (1).

§ 2. — *Le père a-t-il le droit de répéter, lors de la liquidation
de la communauté, la somme par lui payée, à titre de pension, à la mère gardienne?*

Quand la femme obtient une pension alimentaire pour
l'entretien des enfants dont elle a la garde, le paiement
de cette pension part du jour de la demande (2).

Il est de jurisprudence constante (3) que la pension
alimentaire allouée à la femme pour son propre entretien, pendant l'instance en divorce, et touchée par elle,
ne doit pas être considérée comme charge de communauté.

Si, lors de la liquidation de la communauté, les reprises de la femme, sa part dans la communauté et les
intérêts de ces sommes à compter du jour de la demande
en divorce, représentent une somme supérieure à celle
touchée par elle à titre de pension pendant l'instance en
divorce, la femme devra rapporter ce qu'elle a touché à
la communauté, le mari ne paiera la part de la femme

---

(1) Nîmes, 30 août 1807, *Sir.*, 2, 2, 294 ; Trib. Versailles, 30 janvier 1890, *Gaz. Pal.*, 17 avril 1890.

(2) Trib. Seine, (4e ch.), 22 fév. 1887, *Rec. div. Smets.*, 1887, 225.

(3) Paris, 13 janv. 1888, *Gaz. Pal.*, 1888, 1, 655 ; Cass. civ., 7 janvier 1890, *Gaz. Pal.* du 11 janvier 1890, et le rapport de M. le conseiller Manau.

que déduction faite de ces sommes (1). Dans le cas contraire, la pension payée à la femme conserve le caractère alimentaire qu'elle avait et il n'y a pas lieu à rapport(2).

Cette jurisprudence est facile à justifier. La séparation de biens, qui est une conséquence du divorce, remonte, quant à ses effets entre époux, au jour de la demande. Il suit de là que, lors de la liquidation de la communauté et des reprises de la femme, le mari lui doit compte des intérêts de sa part de communauté et des revenus de ses propres, à partir du jour de la demande. Mais alors, la pension que le mari a versée à sa femme depuis le commencement de l'instance, ne doit être considérée que comme une avance faite à la femme. L'entretien des époux est une charge de communauté ; comme la communauté est censée dissoute à partir de la demande, le mari n'ayant pas touché les revenus des biens propres de la femme, n'a pas à supporter toutes les dépenses (3) ;

Mais, que faut-il décider pour la pension que le mari a servie à la femme gardienne, pendant l'instance, si cette pension a été accordée pour les enfants ?

Il est évident que les époux sont tenus de contribuer aux charges d'entretien et d'éducation des enfants, à proportion de leurs facultés. Quand le mari a versé une pension pour l'enfant, la femme ne lui doit pas compte, sur les revenus de ses reprises ou de sa part dans la

---

(1) Trib. Seine, (4e ch.), 21 déc. 1888, *Droit*, 31 déc. 1888 ; Cass. Req., 22 juil. 1889, *Gaz. Pal.*, 30-31 août 1889.

(2) Paris (3e ch.), 13 janv. 1888, *Gaz. Pal.*, 23-24 avril 1888.

(3) Guillouard, III, no 1166 ; Laurent, XXII, no 34 ; Aubry et Rau, V, § 516, p. 401.

communauté, de la somme ainsi versée par lui. Bien que le jugement de séparation de biens remonte, quant à ses effets entre époux, au jour de la demande, il n'en reste pas moins certain que, le mari restant toujours tenu de participer à l'entretien de ses enfants, la somme par lui versée l'a été définitivement, sauf cependant au juge chargé de la liquidation d'apprécier si la pension alimentaire payée par le mari pour l'entretien de ses enfants ne dépassait pas ses ressources personnelles.

« Attendu, dit un arrêt de la Cour de cassation (1), que cette appréciation est juridique, puisqu'elle compense jusqu'à due concurrence les intérêts des reprises dues par le mari à la femme depuis le jour de la demande, avec la partie de la pension alimentaire afférente aux besoins de la femme (*déduction faite de celle afférente aux besoins de l'enfant*), et de laquelle *seulement* la femme doit compte depuis la même époque ».

Cette doctrine nous paraît de tous points irréprochable.

§ 3. — *Quels moyens peut employer le tribunal pour assurer le service de la pension ?*

D'une manière générale, on peut dire que le tribunal pourra employer tous les moyens qui, sans gêner la liberté du parent débiteur, pourront néanmoins rendre régulier et certain le paiement de la somme fixée.

C'est ainsi qu'il a été jugé que le père débiteur d'une pension alimentaire ne peut pas être astreint à une rési-

____

(1) Cass. civ., 7 janv. 1890 ; *Gaz. Pal.*, 11 janvier 1890, et le rapport de M. le conseiller Manau.

dence fixe (1). Il a été décidé que les juges pourront assigner un capital pour sûreté du service de la rente, ou obliger le débiteur à déléguer un revenu libre et suffisant (2).

La Cour de cassation (2), à propos de la pension accordée à la femme par application de l'article 301 du Code civil, a décidé qu'elle n'était pas atteinte par la faillite du mari, et que l'hypothèque judiciaire de la femme devait conserver son effet à l'égard des tiers, même en cas de faillite. L'article 564 du Code de commerce ne s'opposerait pas à cela, ne visant que l'hypothèque légale de la femme.

MM. Aubry et Rau, qui signalent cet arrêt (3), ne sont pas partisans de cette solution et ils ne l'admettent à la rigueur qu'au cas où les circonstances indiqueraient, de la part du débiteur, l'intention frauduleuse de se soustraire au paiement de la pension alimentaire. Encore, pensent-ils que les sûretés fournies à cet effet ne pourraient pas, en cas de faillite du débiteur, ou de déconfiture, être opposées à ses autres créanciers qui conserveraient le droit de faire rapporter, par application de l'article 209 du Code civil, le jugement qui avait accordé la pension alimentaire.

Les enfants ne pourraient pas saisir-arrêter des capitaux appartenant au débiteur de la pension et faire nommer un séquestre chargé d'en percevoir les revenus.

(1) Bourges, 9 août 1832, *Sir.*, 1833, 2, 130.
(2) Cass., 14 juin 1853, *Sir.*, 1853, 1, 609. Voir aussi: *Req. rej.*, 30 janv. 1828, *Sir.*, 1828, 1, 279.
(3) Aubry et Rau, V, § 494, note 6.

C'est, du moins, ce qui a été décidé pour la pension due
à l'un des époux, par un arrêt de la Cour de Paris du
26 mai 1887 (1).

« Considérant que la créance alimentaire ne devient
exigible qu'à l'expiration de chaque mensualité ; qu'elle
n'est rien qu'une créance conditionnelle et à termes
successifs, à la sûreté de laquelle il n'échet de consacrer une mesure exceptionnelle portant atteinte au
droit de propriété du débiteur, surtout s'il n'est allégué
ou justifié d'aucun acte de dol ou de fraude, de nature à
faire disparaître le gage naturel de l'époux créancier. »

Mais si un terme échu de la pension n'était pas payé,
il en serait autrement, même dans le cas où le débiteur
demanderait qu'il soit sursis à statuer, jusqu'à ce qu'il
ait été prononcé sur une demande formée par lui en ré-
duction de la pension fixée par un jugement antérieur (2).

L'on a discuté sur le point de savoir si, pour obliger
le débiteur à payer la pension alimentaire, les tribunaux
pourraient employer un moyen coercitif indirect, si, par
exemple, le tribunal qui avait ordonné une enquête sur
le fond de l'instance, tout en accordant une pension alimentaire, pouvait retarder cette enquête jusqu'au paiement de la pension. La Cour de Nîmes qui avait à trancher cette question a décidé, dans un arrêt du 17 juin
1889, que les tribunaux n'avaient pas ce droit.

(1) *Gazette des Tribunaux*, 18 juillet 1887.
(2) Trib. Seine, 5 août 1887, *Le Droit*, 6 août.

CHAPITRE II

SECTION I. — Jouissance légale.

Le père, durant le mariage, et, après la dissolution du mariage, le survivant des père et mère, ont la jouissance des biens de leurs enfants jusqu'à l'âge de dix-huit ans accomplis ou jusqu'à l'émancipation, qui pourrait avoir lieu avant cet âge (art. 384, C. civ.). L'article 386 du Code civil dispose que cette jouissance légale « n'aura pas lieu au profit de celui des père et mère contre lequel le divorce aurait été prononcé ».

Si le divorce est prononcé au profit du père, il ne peut pas y avoir de difficultés : il garde la jouissance légale qu'il avait auparavant. Mais, si le père vient à mourir avant que les enfants aient atteint l'âge de dix-huit ans ou aient été émancipés, qu'adviendra-t-il de la jouissance légale ? Si le jugement de divorce n'était pas intervenu, la jouissance légale des biens des enfants aurait passé sans contredit aux mains de la mère survivante ; mais puisque l'article 386 du Code civil décide qu'elle ne peut pas avoir lieu au profit de celui des père et mère contre lequel le divorce a été prononcé, dans le cas qui nous occupe, la jouissance légale ne pourra pas appartenir à la mère, qui a succombé dans l'instance en di-

vorce ; l'usufruit s'éteindra donc au profit des enfants.
En résumé, quand le divorce aura été prononcé au profit du père, celui-ci conservera la jouissance légale sur les biens de ses enfants ; à sa mort, si les enfants n'ont pas atteint dix-huit ans ou ne sont pas émancipés, ils recouvreront cependant la nue-propriété de leurs biens (1).

Si le divorce a été prononcé contre le père, il perd la jouissance légale qu'il avait sur les biens de ses enfants, cela est certain (art. 386, C. civ.). Mais que devient cette jouissance légale? Va-t-on l'attribuer à la mère? C'est là une question délicate et sur laquelle les auteurs sont en désaccord. L'article 386 du Code civil ne règle que la déchéance du droit, et n'indique pas à qui il faudra ensuite l'attribuer.

Pendant l'absence déclarée et l'interdiction du père, comme aussi après sa mort, la mère exerce seule la puissance paternelle, elle doit avoir la jouissance légale qui en est le corollaire. Mais le divorce n'enlève pas la puissance paternelle au père ; nous avons vu même qu'il exerce certains de ses attributs concurremment avec la mère, il devrait donc, d'après les principes, conserver la jouissance légale. Il fallait un texte précis, pour l'en priver. L'article 386 du Code civil est venu lui enlever ce droit quand le divorce est prononcé contre lui. Cette peine que prononce la loi contre le père ne peut profiter à la mère, sous un texte formel qui le décide. Or, l'article 384 du Code civil ne se prête pas à cette interprétation. Sans doute, ce texte fait cesser le droit de jouissance

____

(1) Comparer : Laurent, III, n° 296 ; Willequet, p. 271 ; Vraye et Gode, II, n° 717.

du père à la *dissolution* du mariage, et semblerait ainsi comprendre dans ce terme général le cas de dissolution du mariage par le divorce; mais la fin de l'article qui parle du « survivant des père et mère » prouve bien que le législateur n'a voulu envisager que le cas de mort (1). L'on ne peut donc, par suite des termes précis de l'article 384 du Code civil, accorder à la mère ayant triomphé dans l'instance en divorce, la jouissance légale des biens de ses enfants. L'article 386 du Code civil n'est pas assez explicite pour admettre cette solution (2).

La mère ne peut, d'ailleurs, pas dire qu'elle est frappée injustement. M. Demolombe dit avec raison que c'est la loi qui établit l'usufruit paternel et que lorsqu'elle ne croit pas devoir l'accorder actuellement à la mère, celle-ci ne peut pas dire qu'on attente à son droit, car elle n'a d'autre droit que celui que la loi juge utile et convenable de lui accorder.

Certains auteurs n'acceptent pas la solution que nous venons d'exposer, et déclarent que, lorsque le divorce est prononcé contre le mari, la jouissance légale des biens des enfants passe à la mère qui a obtenu la garde ; les uns énoncent cette opinion d'une façon tout à fait certaine, les autres, tout en doutant quelque peu de leur affirmation.

L'article 384 du Code civil est au titre de la puissance

---

(1) Il est à remarquer cependant que souvent par époux « survivant », le législateur a entendu l'époux ayant obtenu le prononcé du divorce en sa faveur.

(2) Comparer : Proudhon, *Usufruit*, I, n° 240, p. 176 ; Locré, V, 640 ; Demolombe, *Mariage*, II, n° 540, p. 578 ; Carpentier, n° 393 ; Duranton, III, 380 ; Delvincourt, sur l'article 386 ; Toullier, II, n° 1064.

paternelle. La jouissance légale est un attribut de cette puissance. Voilà pourquoi l'article 384 dit que, pendant le mariage, le père a cette jouissance, et, après la dissolution, le survivant des père et mère. Mais, après le divorce, la puissance paternelle appartient également au père et à la mère ; chacun de ses attributs leur appartient également, à moins qu'il n'en soit autrement décidé par la loi ou que l'exercice de cet attribut par l'époux coupable ne gêne le droit de garde de son conjoint. Or, dans notre cas, l'article 386 du Code civil prive formellement de cette jouissance l'époux coupable ; c'est assez dire qu'elle n'appartiendra qu'à l'époux innocent. D'ailleurs, l'article 386 du Code civil, § 2, semble bien admettre cette solution. L'article 386 du Code civil étudie ce que devient la jouissance légale après le divorce ; le paragraphe 1ᵉʳ déclare que cette jouissance n'aura pas lieu au profit de l'époux coupable, le paragraphe 2 dit qu'elle « cessera, à l'égard de la mère, dans le cas d'un second mariage ». Ce paragraphe doit viser le cas du second mariage de la mère après le divorce, tout aussi bien qu'après le décès du père. De plus, l'article 385 du Code civil indique parmi les charges de cette jouissance « l'entretien, la nourriture et l'éducation des enfants selon leur fortune » ; celui qui sera chargé de leur éducation et de leur garde, aura la jouissance de leurs biens. Peu importe que l'article 384 du Code civil, ne parle que du « *survivant* ». La loi n'a statué dans cet article que pour le cas général. D'ailleurs, si l'on appliquait l'article 384 du Code civil littéralement, il faudrait aller jusqu'à dire, pour être conséquent, que le père, même quand il ob-

tient le divorce en sa faveur, doit perdre la jouissance
légale, puisque le divorce entraîne la dissolution du mariage et que l'article n'accorde au père la jouissance légale que « durant le mariage ».

« La conséquence, dit M. Demante (1), serait que l'enfant, en cas de divorce entre ses père et mère, aurait
recouvré indistinctement la pleine propriété des biens
dont son père jouissait pendant le mariage, sauf l'ouverture ultérieure d'un nouvel usufruit en faveur de celui
des père et mère qui avait obtenu le divorce, s'il venait à
survivre. » Et M. Demante ajoute qu'il a « peine à croire
que telle fût la pensée du législateur. »

Nous serions assez tenté de partager l'opinion qui accorde à la femme la jouissance légale des biens de ses
enfants, quand elle a obtenu la garde, opinion qui compte
de nombreux partisans (2). Cependant, en l'absence de
texte, nous avons quelques scrupules et il nous semble
qu'il vaudrait mieux résoudre la question par les principes généraux. Quand il n'y a pas de texte spécial, l'usufruit éteint fait retour à la propriété. La mère, triom-
phant dans l'instance en divorce, ne pourra avoir la
jouissance des biens de ses enfants que dans les termes
de l'article 384 du Code civil : si le père meurt avant que
les enfants aient atteint dix-huit ans. C'est une bizarre-
rie, si l'on veut, que cette extinction temporaire de
l'usufruit ; mais il nous semble qu'en présence des textes, on ne doit pas admettre d'autre solution. On peut

(1) Demante et Colmet de Santerre, II, n° 131 *bis* I.
(2) Laurent, III, n° 296 ; Zachariæ, I, 272 ; Willequet, p. 270 et s. ;
Massé et Vergé, I, p. 272 ; Grolman, III, 409 ; Goirand, p. 200.

regretter que la loi ne soit pas plus explicite et ne consacre pas une solution qui serait plus équitable ; mais de là
à l'interpréter à son gré il y a loin.

Cela est si vrai que les partisans de cette théorie em-
ploient, pour la plupart, des formules dubitatives pour
exprimer leur opinion.

M. Demante (1) dit : « Je ne vois aucune bonne raison
pour qu'on eût voulu retarder à la mort de l'un d'eux
l'ouverture du droit de l'autre ». « *Nous croyons* que
c'est à la mère que passera l'usufruit », dit M. Laurent (2).

Si le divorce est prononcé aux torts des deux époux,
la jouissance ne pourra avoir lieu au profit d'aucun d'eux
(art. 386, C. Civ.) et l'usufruit légal sera éteint définitivement, l'usufruit et la nue-propriété seront réunis sur
la même tête. L'enfant aura recouvré la pleine propriété
de ses biens.

La disposition de l'article 386 du Code civil qui constitue une peine contre l'époux qui succombe dans l'instance en divorce, peut être critiquée à un certain point
de vue. Grâce à elle, les enfants vont être intéressés dans
le procès qui s'engage. Si le divorce est prononcé contre
les deux époux, sûrement, ou même s'il n'est prononcé
contre le père, pour la plupart des auteurs, l'enfant va
recouvrer la pleine propriété de ses biens ; n'est-ce pas
chose triste que d'engager les enfants par leur intérêt
personnel dans les funestes dissensions auxquelles il aurait mieux valu qu'ils demeurassent étrangers. L'on peut

(1) Demante et Colmet de Santerre, II, n° 131 *bis*, I.
(2) Laurent, III, n° 295.

répondre à cela que la loi, dans le même article 386 du Code civil, fait aussi aux enfants un déplorable titre d'acquisition, quand elle supprime l'usufruit de la mère survivante, parce que celle-ci convole à de secondes noces. Dans ce cas, cependant, il n'y a qu'une présomption que la mère négligera ses enfants. Parfois, ce sera pour leur bien, pour leur donner un protecteur dont ils ont besoin, qu'elle contractera un nouveau mariage.

Cette déchéance de la jouissance légale aura souvent l'avantage très appréciable d'empêcher les époux de demander le divorce pour des causes futiles, et les poussera même, parfois, à se réunir à nouveau, une fois le divorce prononcé, pour faire revivre cette jouissance légale dans un nouveau mariage. C'est là un résultat qu'on ne doit pas mépriser.

SECTION II. — Administration légale.

§ 1er. — *Par qui sont administrés les biens de l'enfant après le divorce ?*

L'article 389 du Code civil dit que « le père est, *durant le mariage*, administrateur des biens personnels de ses enfants mineurs ». L'article 390 du Code civil stipule en termes formels que la tutelle ne commence qu' « après la dissolution du mariage arrivée par la mort naturelle ou civile de l'un des époux ». Aucun article du Code, pas plus que de la loi du 20 avril 1886, n'indique ce que devient l'administration légale, quand le mariage est dissous par le divorce. De là, la question fort embarrassante de savoir comment et par qui sont administrés les biens des enfants, après la dissolution du mariage par le divorce.

1re *Opinion*. — L'on peut être tenté de conserver au père, dans ce cas, le droit d'administration légale. Sans doute, l'article 389 du Code civil n'accorde ce droit au père que « *durant le mariage* », mais l'article 390 du Code civil vient, pour ainsi dire, expliquer ce que l'article précédent entend par cette expression, en déclarant que la tutelle ne s'ouvre « qu'après la dissolution du mariage arrivée *par la mort naturelle* ou civile de l'un des époux ». Il semble bien que dans ces deux articles, les seuls où il soit question de l'administration des biens des enfants, la loi ait voulu prévoir tous les cas et les régler de la manière suivante : jusqu'à la mort de l'un des père et mère, il y aura lieu à administration légale ; après la mort de l'un d'eux s'ouvrira la tutelle. En ne prévoyant nulle part ce que devient l'administration légale dans le laps de temps compris entre la prononciation du divorce et la mort de l'un des père et mère, la loi semble bien corroborer cette interprétation.

Cette opinion se rattache à celle que nous avons combattue et qui voudrait que le père restât seul investi de la puissance paternelle, après le divorce. Je ne crois pas que cette opinion qui est très séduisante au premier abord, puisse être sérieusement soutenue, en présence des termes formels de l'article 389 du Code civil, qui n'accorde cette administration légale au père que « durant le mariage » ; car, quand le divorce est prononcé, le mariage n'existe plus.

2⁰ *Opinion*. — Pour d'autres auteurs (1), en l'absence
de texte précis, après la dissolution du mariage par le
divorce, le père n'a plus, dans aucun cas, l'administration légale des biens de ses enfants, et elle ne passe pas
à la mère. Or, comme il doit être pourvu à l'administration des biens des mineurs et à la représentation de leur
personne, dans ce cas, il y a lieu à tutelle.

« Quoique l'organisation de la tutelle, dit M. Demante,
n'ait été faite qu'en vue des mineurs, enfants légitimes,
que la mort d'un de leurs parents prive d'un de leurs
appuis naturels et appelle à la succession de ce parent,
ce mode de protection, le plus efficace, le seul qui soit
complètement et régulièrement organisé, est celui qu'il
faut appliquer par analogie à tout mineur non émancipé
ayant des biens, si la loi n'a pas autrement pourvu à
l'administration ».

C'est une tutelle dative qui s'ouvre, une tutelle légitime ne pouvant s'ouvrir dans le silence de la loi.
D'ailleurs, les partisans de cette théorie sont d'avis
de ne pas appliquer à ce cas toutes les règles de la
tutelle. M. Massol fait une distinction juridique entre
les règles conformes au droit commun et celles qui ne
le sont pas : ainsi, le gardien administrateur sera incapable d'acquérir la cession d'un droit contre l'enfant
(art. 450, C. Civ.), ni un bien qu'il serait chargé de
vendre (art. 1596, C. Civ.) ; il ne pourra pas recevoir une
libéralité de la part du mineur (art. 907, C. Civ.) ; mais
ses biens ne seront pas grevés d'une hypothèque légale.

3⁰ *Opinion*. — Une autre théorie se rapprochant de la

____

(1) Demante et Colmet de Santerre, II, n⁰ 138 *bis*.

précédente est présentée par M. Masselin (1). Pour cet
auteur, comme pour les précédents, l'administration
légale du père prend fin avec le mariage, que le divorce
ait été prononcé en sa faveur ou contre lui, l'article 389
ne lui reconnaissant ce droit que durant le mariage. A
plus forte raison, d'après lui, ne saurait-on l'attribuer à
la mère, ou au tiers chargé de la garde des enfants.
D'autre part, et c'est ici que son opinion diffère de la
précédente, il ne peut y avoir lieu à tutelle, en présence
des termes formels de l'article 390.

Cependant, il faut pourvoir à l'administration des
biens des enfants mineurs ; c'est la personne à laquelle
les enfants auront été confiés qui administrera leurs
biens ; seulement elle ne les administrera pas en vertu
d'un droit d'administration légale, mais en vertu d'un
mandat de justice. Dans cette opinion, on reconnaît aux
tribunaux un pouvoir très large pour sauvegarder le
mieux possible l'intérêt des enfants, et régler souverainement toutes les questions de détail de l'administration.

Si c'est un tiers qui est gardien et administrateur, le
père et la mère auront toujours le droit de s'adresser aux
tribunaux pour provoquer toutes les mesures qu'ils ju-
geraient utiles à la bonne administration des biens de
leurs enfants.

4e *Opinion.* — Une dernière opinion, que nous par-
tageons, décide que l'administration des biens passe
à l'époux qui s'est vu attribuer la garde de l'enfant.

Quand la garde est confiée au père, il continue les
fonctions d'administrateur qu'il avait auparavant.

(1) Masselin, *Dict. jurid., Mariage-Divorce,* p. 38.

13

Quand la garde est attribuée à la mère, c'est elle qui aura aussi le soin d'administrer la fortune des enfants mineurs.

M. Labbé a exposé cette opinion dans une longue note sous un arrêt de la Cour de Paris, du 15 décembre 1886 (1). Pour lui, il est naturel de penser que le législateur, en statuant sur la garde de la personne, a voulu protéger de la même façon tous les intérêts moraux et pécuniaires de l'enfant. Quand le père vient à mourir laissant des enfants mineurs, la mère en a la surveillance, elle exerce tous les droits du mari quant à leur éducation et à l'administration de leurs biens ; la loi réunit dans les mêmes mains la direction de l'éducation et la direction de la fortune. Pourquoi ne pas admettre la même solution en cas de divorce ? Les raisons de décider sont les mêmes que pour le droit d'autorité.

L'article 267 ancien du Code civil débutait ainsi : « *L'administration provisoire* des enfants restera au mari demandeur ou défendeur en divorce... ». Il faut entendre par le terme employé, *administration*, non seulement la garde des enfants, mais aussi l'administration de leurs biens ; la généralité des termes « l'administration des enfants » indique bien qu'il s'agit de tous les droits conférés au père, comme chef de la famille, sur la personne et sur les biens de ses enfants. L'article continuant, déclare que le tribunal peut ne pas laisser cette administration au père, « pour le plus grand avantage des enfants ». Le tribunal a donc, de ce chef, les pouvoirs

(1) Sir., 1888, 2, 217.

les plus étendus pour restreindre et conférer, dans telle
limite qu'il arbitrera, les droits découlant de la puissance paternelle, en consultant pour se déterminer le
plus grand avantage des enfants. La preuve que le mot
« administration » a bien ce sens se trouve dans les
travaux préparatoires. « L'administration des enfants
nous a paru, dit Treilhard dans son exposé des motifs
du titre du Divorce, devoir être confiée au mari ; il a
pour lui son titre, il est le chef de la famille ». Savoie-
Rollin, dans son rapport au Tribunat, est plus précis et
indique plus clairement qu'il s'agit bien ici des droits
qui découlent de la puissance paternelle. « A l'égard des
enfants, ils demeurent *sous la tutelle* du mari, à moins
que le tribunal n'en ordonne différemment ». Or, cette
administration n'est conservée au mari que provisoirement, c'est-à-dire jusqu'à la fin de l'instance. Il faut
conclure que, l'instance une fois terminée, l'époux qui
obtient la garde est aussi investi de l'administration des
biens des enfants.

Un argument plus concluant encore peut être fourni
à l'appui de notre opinion. Le droit d'administration légale des biens personnels des enfants a pour corollaire
la jouissance légale de ces mêmes biens, qui est accordée
au père « durant le mariage » par l'article 384 du Code
civil, cette jouissance n'étant qu'une sorte d'indemnité,
de bénéfice, accordé à raison des charges qui résultent
de l'exercice de la puissance paternelle. Dans l'exposé des
motifs du titre de la Puissance paternelle, à propos de
l'article 384 du Code civil, le conseiller d'état Réal disait : « Après avoir établi quels sont les droits onéreux

attachés à l'exercice de la puissance paternelle, le législateur a dû en déterminer les droits utiles. Le projet distingue l'exercice de là puissance paternelle durant le mariage de l'exercice de cette même puissance après sa dissolution. Au premier cas, il donne au père la jouissance des biens..... Après la dissolution, il accorde les mêmes droits au père ou mère, survivant.... Enfin, en prononçant par cet article que la mère jouit dans cette circonstance des droits qu'il accorde au père, le législateur établit un droit égal, *une égale indemnité*, là où la nature avait établi une égalité de peines, de soins et d'affections.... Mais, en même temps que fidèle interprète de la nature, le moderne législateur rend le nom de mère à toute sa dignité, en même temps, gardien austère des bonnes mœurs, il refuse à celui des père et mère contre lequel le divorce aura été prononcé, la jouissance accordée par l'article 14 (art. 384, C. civ.) de la rédaction définitive. Celui contre lequel le divorce a été prononcé a, par un délit grave, brisé les nœuds les plus sacrés ; pour lui il n'y a plus de famille. » Si le droit de jouissance est une « *indemnité* » des « *droits onéreux* attachés à l'exercice de la puissance paternelle », ces derniers doivent cesser quand la jouissance légale n'est plus accordée ; or, l'article 386 du Code civil dit expressément que « cette jouissance n'aura pas lieu au profit de celui des père et mère contre lequel le divorce aurait été prononcé. » N'est-il pas logique d'en induire que le même conjoint dont parle l'article 386 du Code civil, en perdant l'*indemnité*, c'est-à-dire la jouissance légale, est aussi déchargé des *droits onéreux* qui motivaient cette in-

demnité, et notamment de l'administration légale? Si
on objectait à cette théorie que la tutelle et l'administration des biens ne font qu'un et qu'aux termes de l'article 390 du Code civil, la femme ne pouvant être tutrice
qu'après la mort de son mari, ne saurait avoir l'administration des biens avant ce moment, M. Labbé répond
que c'est une grave erreur que de confondre la tutelle
avec l'administration légale des biens. Il n'y a pas de
tuteur, même légal, sans subrogé-tuteur et conseil de
famille ; l'administrateur légal, au contraire, est seul
pour administrer. Le tuteur administre tous les biens
du mineur indistinctement ; l'administrateur légal peut
n'avoir l'administration que d'une partie de ces biens.
Le mineur a une hypothèque légale sur les biens du tuteur ; il n'en a pas sur les biens de l'administrateur légal, etc.

En résumé, quand le père obtient le divorce en sa
faveur, il conserve l'administration légale ; quand c'est
la mère, c'est à elle que passe cette administration (1).

Quand c'est un tiers qui aura obtenu la garde de l'enfant, il a sans doute l'administration des biens de l'enfant ; mais il n'administre ces biens que comme simple
administrateur.

____

(1) Laurent, III, n° 352 ; Curet, p. 295 ; Goirand, p. 199 ; Poulle,
p. 341. — Paris, 15 déc. 1886, *Sir.*, 1888, 2, 217 ; Trib. de la Seine
4 août 1888, *Gaz. Trib.*, 18 août 1888. — *Contrà* : Carpentier, n° 391 ;
Demolombe, II, n° 512 ; Vraye et Gode, II, n° 755 ; et les auteurs
déjà cités.

§ 2. — *L'époux qui a la garde encourt-il uune responsabilité
s'il n'exerce pas les droits pécuniaires de l'enfant.*

Le parent qui a la garde et par suite l'administration
légale des biens, a qualité pour introduire en justice
une action, même d'intérêt purement pécuniaire, au
nom de l'enfant mineur.

L'arrêt de la Cour de Paris du 15 décembre 1886, signalé à la note 1 de la page 194, fait l'application de ce
système. Il s'agissait dans l'espèce d'une blessure faite
par imprudence à l'enfant d'une femme divorcée. La
personne physique ayant été atteinte, il y avait lieu à
une action en dommages-intérêts. C'était la mère qui
avait la garde de l'enfant. L'arrêt déclare que « la garde
attribuée embrasse la garde de la personne et de *ses
droits*, à moins que des dispositions particulières aient
été prescrites pour l'administration des biens du mineur ». Et, en conséquence, il déclare que c'était bien
à la mère gardienne qu'il appartenait d'introduire en
justice l'action concernant l'enfant mineur.

Mais, faudrait-il décider que l'époux divorcé auquel
a été confiée la garde des enfants mineurs issus du mariage, a, non seulement le droit, mais aussi le devoir
d'agir et qu'il encourt une responsabilité s'il n'a pas
exercé les droits pécuniaires de ses enfants, si, par
exemple, il a laissé encourir la prescription ?

M. Labbé, dans la note très complète que nous avons
cité, sous le même arrêt, a étudié cette question et il
conclut que le législateur devrait ne pas laisser subsister une lacune aussi grande dans son œuvre. « La jus-

tice a bien pu, ajoute M. Labbé, en dehors d'un texte
formel et par analogie, donner à un incapable un représentant, approuver le zèle d'un parent qui prend la défense des intérêts de son enfant mineur, elle serait plus
embarrassée et plus hésitante si le même parent avait négligé de faire dans l'intérêt de l'enfant ce que le législateur a oublié de faire, et s'il s'agissait de le condamner
à des dommages-intérêts sans l'appui d'aucun texte ».

§ 3. — *La demande introduite dans l'intérêt de l'enfant mineur
par l'époux non gardien, est-elle irrecevable ?*

La loi est encore muette sur ce point. M. Labbé « ha-
sarde » l'opinion que, malgré le silence de la loi, la justice ne doit pas déclarer irrecevable cette demande. Il
s'agit d'un incapable que la société et tout particulièrement la justice, doivent protéger. Pour M. Labbé, il
semble que le tribunal devra simplement se borner à
ordonner une régularisation de la procédure, pour la
mise en cause de l'époux qu'il regarde comme devant
représenter l'enfant, ce qui donnerait toute satisfaction
au parent non gardien.

L'arrêt de la Cour de Paris du 15 décembre 1886 semble admettre, implicitement, cette manière de voir. Dans
cet arrêt, en effet, les magistrats ont corrigé d'office une
inexactitude dans les qualités prises par l'époux demandeur, qui se qualifiait de tuteur naturel et légal ; ce qui
est une erreur, ainsi que nous l'avons expliqué.

Sans nier ce qu'a d'ingénieux l'opinion de M. Labbé,
elle nous semble quelque peu « téméraire », comme il
le reconnaît, d'ailleurs, lui-même. Il nous semble que la

loi fournit au parent non gardien un moyen d'intervenir, et aux tribunaux un moyen de sanctionner cette intervention. Nous raisonnons, bien entendu, en supposant admise l'opinion qui veut que l'administration légale appartienne à l'époux qui a la garde et à lui seul. Le parent non gardien, plus vigilant que celui qui a la garde, peut faire sommation à celui-ci d'intenter l'action qu'il croit utile dans l'intérêt du mineur. Si, malgré cette sommation, le parent gardien n'agit pas, l'autre parent peut demander au tribunal de revenir sur les mesures prises par lui, et, notamment, d'enlever la garde à son ex-conjoint, et cela, pour le plus grand avantage de l'enfant (art. 303, C. Civ.). S'il y a des motifs sérieux à la demande qui lui est ainsi présentée, notamment une trop grande négligence des intérêts de l'enfant par l'époux gardien, le tribunal n'hésitera pas à lui retirer la garde, et, par suite, l'administration légale des biens, et à prescrire, dans son jugement, telles autres mesures qu'il conviendra pour la garde de l'enfant et l'administration de ses biens.

SECTION III. — **L'enfant doit des aliments à ses père et mère, même après le divorce.**

L'enfant doit des aliments à ses père et mère qui sont dans le besoin (art. 205, C. civ.). L'article ne fait pas de distinction. La prononciation du divorce laisse intacts les liens de filiation qui unissaient les enfants et les parents. Même après le divorce, ceux-ci sont tenus de pourvoir à la nourriture et à l'entretien de leurs enfants.

La réciproque est vraie : les enfants, de leur côté, doivent des aliments à leur père et mère divorcés.

Mais l'enfant ne pourrait-il pas refuser de fournir des aliments à celui de ses père et mère qui a motivé le divorce ? C'est par la faute de ce conjoint, par suite des griefs qu'il a fournis à l'autre époux contre lui, que le divorce a été prononcé et la famille dissoute ; c'est à cause de lui que l'enfant ne recevra pas les soins qu'il était en droit d'attendre de ses parents. De quel droit ce parent viendrait-il lui réclamer des aliments ?

L'article 203 du Code civil, qui porte que les époux contractent, par le fait seul du mariage, l'obligation de nourrir, entretenir et élever leurs enfants, semble bien imposer l'accomplissement préalable de ces devoirs, pour que les parents puissent, à leur tour, user des droits que leur confère l'article 205 du Code civil. De plus, le législateur a montré dans plusieurs articles qu'il n'avait qu'une médiocre estime pour l'époux contre lequel le divorce est prononcé ; il l'a même privé de plusieurs droits, et non des moins importants, sur les biens de ses enfants. Ainsi la jouissance légale des biens des enfants n'aura pas lieu au profit de celui des père et mère qui a succombé dans l'instance en divorce (art. 386, C. civ.). De même, l'article 389 du Code civil prive le père de l'administration légale des biens de ses enfants, quand le divorce est prononcé contre lui. L'esprit de la loi est facile à saisir. Ce sont autant de pénalités qu'elle a voulu porter contre le père ou la mère coupable. L'on resterait donc bien dans l'esprit de la loi, en décidant que l'enfant ne devra pas des aliments à celui de ses père et mère qui a motivé le divorce.

Cependant, nous ne pouvons admettre cette solution, l'article 205 du Code civil ne faisant pas de distinction. Quand un père demande des aliments à son fils, il est dans la misère. Pour avoir eu des torts envers son enfant, pour avoir causé peut-être son malheur, il n'en est pas moins son père, il serait dur de lui enlever ce droit. D'ailleurs, la loi permet aux juges d'accorder la garde des enfants à l'époux coupable. Dans ce cas l'époux coupable aura prodigué ses soins à ses enfants, même après le divorce. Il a bien droit aux aliments que lui permet de réclamer l'article 205 du Code civil. Il faudrait donc admettre une exception pour ce cas. Et, de même, on devrait admettre une nouvelle exception pour l'époux coupable qui paie une pension pour l'entretien et l'éducation de ses enfants. Pourquoi ne pas reconnaître ce droit, même à l'époux coupable ne s'étant plus occupé de ses enfants après la prononciation du divorce. Il faudrait un texte formel pour cela, et nous n'en avons pas. Un argument plus probant et qui coupe court, selon nous, à toute discussion, nous est fourni par l'article 1er *in fine* de la loi du 24 juillet 1889. Cet article 1er indique les cas dans lesquels « les pères et mères et ascendants sont déchus de plein droit, à l'égard de tous leurs enfants et descendants, de la puissance paternelle, ensemble de tous les droits qui s'y rattachent ». S'il est un cas où le législateur privera le père ou la mère du droit de demander des aliments à ses enfants, ce sera bien le cas que prévoit cet article. Cependant, dans sa dernière partie, l'article 1er de la loi du 24 juillet 1889 dit formellement que « cette déchéance laisse subsister, entre les ascendants déchus et l'enfant, les obligations énoncées aux articles 205, 206 et 207 du Code civil ». Si le législateur n'a pas privé de ce droit le père déchu de la puissance paternelle, à plus forte raison n'en a-t-il pas privé le père contre lequel le divorce a été prononcé.

SECTION IV. — **Le divorce ne modifie pas les droits de succession**
des père et mère sur les biens de leurs enfants.

L'article 746 du Code civil donne aux père et mère le droit de succéder à leurs descendants décédés sans postérité et ne laissant ni frère, ni sœur, la succession se divisant alors par moitié entre les ascendants de la ligne paternelle et ceux de la ligne maternelle, c'est-à-dire entre le père et la mère, s'ils sont tous deux vivants. L'article 748 du Code civil donne la moitié de la succession de leur enfant aux père et mère, qui « la partagent entre eux également », quand cet enfant est mort sans postérité, mais en laissant des frères, sœurs ou descendants d'eux. L'article 915 du Code civil stipule formellement une réserve pour les ascendants.

Ce sont là des droits qui découlent d'une obligation naturelle réciproque qui naît des liens du sang et qui est

par conséquent perpétuelle. En l'absence de texte formel contraire, la prononciation du divorce ne saurait
porter aucune atteinte à ces droits des père et mère sur
la succession de leurs enfants, même en ce qui concerne
l'époux coupable.

CHAPITRE III

LES ALLIÉS EN LIGNE DIRECTE ONT-ILS DROIT A UNE
PENSION ALIMENTAIRE APRÈS LE DIVORCE?

La jurisprudence (1) répondait, en général, que ce droit persistait après le prononcé du divorce. Dans la doctrine, M. Baudry-Lacantinerie (2) présentait aussi cette opinion.

Dans cette opinion, le divorce ne peut pas produire, à ce point de vue spécial, plus d'effet que la mort de l'un des époux. Or, la mort de l'un des époux, quoique brisant le lien du mariage, laisse subsister l'obligation alimentaire entre ces personnes, quand il reste des enfants nés du mariage (art. 206, C. civ., *in fine*). En l'absence d'une disposition législative qui déclare cette obligation alimentaire éteinte après le divorce, elle doit subsister. C'est peut-être un oubli du législateur, mais la conséquence nécessaire de cet oubli est la persistance de l'obligation.

La dissolution du mariage affaiblit dans certains cas les liens d'affinité, mais elle ne les détruit pas entièrement. Cela est si vrai, que l'affinité demeure entière, tant qu'il reste du mariage dissous un enfant, même

______

(1) Trib. de la Seine, 12 janvier 1889 ; Paris, 18 juillet 1889, *Droit*, 24 juillet 1889, Note de M. Labbé, Sir., 1890, 2, 1.

(2) Baudry-Lacantinerie, *Comm, de la loi du div.*, p. 64.

quand la dissolution du mariage a lieu par la mort. L'article 206 du Code civil ne prévoit que deux cas où il n'en est pas ainsi : 1° lorsque la belle-mère convole en secondes noces ; 2° lorsque celui des époux qui produisait l'affinité et les enfants issus de son mariage avec l'autre sont décédés. En vain objecterait-on que l'article 206 du Code civil ne vise que la dissolution du mariage par le décès de l'un des époux et non celle qui résulte du divorce, l'article 227 du Code civil place sur le même rang, comme modes de dissolution du mariage, la mort de l'un des époux et le divorce légalement prononcé. Dans ces deux cas, les mêmes effets doivent se produire et l'affinité ne doit cesser que s'il n'y a pas d'enfants nés du mariage. Même quand le divorce a été prononcé, les descendants ont un droit éventuel de succession sur les biens de leurs ascendants. Si, après le prononcé du divorce, les enfants viennent à perdre leur mère, puis, qu'ils soient appelés à la succession de leur grand-père maternel, il se trouvera que le père, si le divorce n'a pas été prononcé contre lui, aura la jouissance de biens qui sont venus aux enfants de la succession de leur grand-père maternel, c'est-à-dire de son propre beau-père, et qu'il en héritera, si l'enfant vient à mourir avant lui. Puisque le gendre, même après le divorce prononcé, peut, dans certains cas, jouir des biens ayant appartenu à son beau-père, par suite de l'existence d'enfants nés du mariage, il est naturel d'admettre que, réciproquement, dans ce cas, il reste tenu, à l'occasion, de fournir une pension alimentaire à son beau-père.

Un arrêt de la cour de Paris du 18 juillet 1889 répond à une objection qui peut être faite, par suite du résultat qu'amène l'application de ce système : « S'il peut paraître étrange, dit-il, qu'un époux divorcé soit affranchi de l'obligation de fournir des aliments à son conjoint, tout en restant dans les liens d'une pareille obligation à l'égàrd des père et mère de ce dernier, cela tient à ce que le conjoint contre lequel le divorce a été prononcé et auquel seul une pension alimentaire ne peut être allouée aux termes de l'article 301 du Code civil, est considéré par le législateur comme en étant indigne, alors qu'aucune indignité n'a pu être encourue par ses père et mère ».

L'on pourrait vouloir, sans aller aussi loin que cette opinion, laisser aux beaux-parents le droit à la pension, quand ce droit a été reconnu pendant le mariage et avant le divorce. Mais cette opinion ne pourrait cadrer avec le principe qui veut que les décisions touchant le paiement d'une pension alimentaire soient toujours révisables, quand une modification s'accomplit dans la situation des parties (1).

Contrairement à l'opinion que nous avons développée, nous sommes d'avis qu'après le divorce les beaux-parents n'ont droit à aucune pension alimentaire de la part de leur gendre, même s'il subsiste des enfants nés du mariage dissous.

Il faut étudier de plus près l'article 206 du Code civil. Un beau-père et une belle-mère peuvent en cette qualité demander des aliments, dans certains cas, à leur gendre ou à leur belle-fille, mais ils ne le peuvent qu'en justi-

(1) Dal., *Mariage*, nᵒˢ 714 et s.

fiant de cette qualité *actuellement*. Or, après le divorce, il ne reste pas plus de liens entre chacun des anciens conjoints et les parents de l'autre, qu'entre ces deux conjoints entre eux. Les beaux-parents n'ont plus cette qualité vis-à-vis de l'ex-conjoint de leur enfant. D'une façon générale, les liens formés par le mariage entre les deux époux et leurs parents, ne persistent plus, une fois le divorce prononcé. Cela est si vrai, que les articles 212 et 214 du Code civil qui prévoient les conséquences les plus importantes et les plus nécessaires du mariage, les devoirs de fidélité, de secours et d'assistance que se doivent l'un à l'autre les époux, le devoir de protection imposé au mari et celui d'obéissance à la femme, cessent cependant d'être applicables après le divorce, et que le législateur a été obligé de dire dans un article spécial, l'article 301 du Code civil, que, malgré le divorce, l'époux qui l'aurait obtenu aurait la faculté d'invoquer, et *lui seul*, un des effets du mariage, le droit à une pension alimentaire, à titre tout particulier. S'il en est ainsi, c'est que les autres effets du mariage sont anéantis, tous sans exception, et surtout ceux qui n'étaient produits qu'accessoirement, comme l'obligation alimentaire entre les beaux-parents et les gendres ou les brus. Comment admettre que les alliés soient mieux traités que les époux eux-mêmes ? On a objecté que cela n'aurait rien de choquant, car le divorce est une peine. Nous répondons à cette objection que le divorce n'est pas une peine ; c'est une faculté exercée sous le contrôle de la loi, dans une situation définie. Seulement, comme l'abus du divorce serait pernicieux pour la société qu'il désorganiserait, la loi a prononcé certaines déchéances contre l'époux coupable, et cela pour restreindre le nombre des divorces. S'il n'en avait pas été ainsi, on aurait vu tel époux coupable prendre l'initiative d'une demande en divorce pour devenir libre, et forcer l'époux innocent, qui, parfois, avait pardonné, à demander lui-même le divorce devant l'arrogance de son conjoint. C'est là ce qui explique ces déchéances qu'encourt l'époux coupable, et c'est cela seul ; mais faire intervenir à tout propos l'idée de peine dans les discussions juridiques, c'est-à-dire une idée inexacte et très dangereuse pour les conséquences qu'on voudrait en tirer, c'est là une erreur absolue. Quand un des époux meurt, ses parents recueillent sa fortune, s'il ne laisse pas lui-même de descendants issus de son mariage. Dans ce cas, il ne serait pas juste de contraindre le conjoint survivant à servir une pension alimentaire à ses beaux-parents. Au contraire, s'il y a des enfants nés du mariage, ceux-ci acquièrent les biens de leur père ou mère décédé, que celui-ci tenait lui-même le plus souvent de ses parents. Si les enfants sont mineurs, le conjoint survivant aura la jouissance légale de ces biens, c'est-à-dire de biens ayant le plus souvent appartenu à ses beaux-parents. Cette jouissance sera dans bien des cas, pour le conjoint survivant, un bénéfice plus que suffisant pour lui permettre de venir en aide à ses beaux-parents. Telle a été la considération qui a dicté au législateur la disposition finale de l'article 206 du Code civil (1). D'ailleurs,

____

(1) Carpentier, *Gaz. Pal.*, 1ᵉʳ mars 1888.

lorsque le mariage est dissous par la mort d'un des époux, il n'y a point de raison pour que les liens d'affection ne subsistent pas entre l'époux survivant qui a des enfants issus du mariage et les père et mère du conjoint décédé. Ceux-ci s'attachent d'autant plus étroitement à leurs petits-enfants qu'ils leur sont plus nécessaires. Au contraire, quand le mariage est dissous par le divorce, il est presque certain que chacun des conjoints a été soutenu dans la lutte par ses père et mère ; ceux-ci sont désormais séparés de l'autre conjoint par une animosité toute naturelle. Comment, le législateur aurait-il pu vouloir, dans ce cas, allouer des aliments aux beaux-parents, alors que cette allocation doit se modeler sur les sentiments naturels présumés !

Une conséquence de l'opinion que nous combattons serait tellement extraordinaire, que cela seul prouve que cette théorie est inexacte : aux termes de l'article 210 du Code civil, le débiteur des aliments qui justifie ne pouvoir payer en argent la pension alimentaire, peut être contraint de recevoir dans sa demeure le parent créancier des aliments. L'on aurait donc ce spectacle surprenant d'un gendre qui a obtenu le divorce, et qui serait contraint de recevoir sous son toit les père et mère de celle qui a été sa femme et qui en a peut-être été chassée par lui pour les raisons les plus graves.

En admettant la théorie que nous combattons, il aurait fallu pousser jusqu'au bout la logique et accorder ce droit aux beaux-parents, même quand il n'y a pas d'enfants issus du mariage. En effet, l'article 206 du

Code civil n'exige qu'il y ait des enfants issus du mariage que dans le cas où l'un des conjoints est prédécédé. Il ne prévoit que ce cas, on ne doit pas étendre cette condition au cas de divorce sur lequel cet article ne s'est pas formellement expliqué.

La Cour de cassation a été appelée à statuer sur cette question et elle s'est rangée à l'opinion que nous avons soutenue, par un arrêt rendu le 13 juillet 1891 (1), sur le rapport de M. le conseiller Petiton et les conclusions conformes de M. l'avocat général Loubers :

« Attendu, dit cet arrêt, que l'objet de cet article (art. 206, C. civ.) a été de réglementer l'obligation alimentaire d'un époux vis-à-vis des père et mère de son conjoint pour deux cas seulement, celui où le mariage subsiste, et celui où il se trouve dissous par le prédécès dudit conjoint, avec survivance d'enfants nés du mariage ; Attendu que ledit article, inséré au titre du mariage et dans le chapitre relatif aux obligations qui en naissent, n'avait pas à statuer sur les conséquences du divorce au point de vue de la dette alimentaire, tout ce qui concerne le divorce et ses effets devant être réglé dans un titre différent, promulgué à une autre date ; que c'est donc à ce titre spécial qu'il faut se référer pour savoir si l'époux divorcé doit encore des aliments aux père et mère de son ex-conjoint ; qu'on n'y trouve aucun texte qui consacre cette obligation et que le juge ne

____

(1) *Le Droit*, 20-21 juillet 1891. Cet arrêt casse l'arrêt de la Cour de Paris du 18 juillet 1889.

sauraif, dès lors, la reconnaître sans ajouter arbitrairement à la loi... »

La Cour d'Orléans qui a été, postérieurement, saisie
de la question a rendu un arrêt dans ce sens en audience
solennelle, basé sur les même motifs (2).

(2) Orléans, 23 mars 1892, *Le Droit*, 28-29 mars 1892.

APPENDICE

DE LA SITUATION DES ENFANTS CONÇUS
DEPUIS LA DEMANDE EN DIVORCE

Nous ne nous sommes occupé jusqu'ici que du sort
des enfants nés, ou au moins conçus, avant que l'instance en divorce fût engagée. Nous allons examiner
maintenant, dans un court appendice, la situation des
enfants qui seront conçus après l'introduction de la demande en divorce.

CHAPITRE PREMIER

ÉTAT DES ENFANTS CONÇUS PENDANT L'INSTANCE
EN DIVORCE.

SECTION I. — **La femme avait obtenu une habitation
séparée pendant l'instance en divorce.**

Pendant l'instance en divorce le mariage subsiste, les
époux se doivent encore fidélité, même s'ils ont une habitation séparée ; mais l'observation de ce devoir de-

vient, en fait, plus difficile. Bien que peu probable en ce cas, la paternité du mari est cependant encore possible.

§ 1ᵉʳ. — *Législation du Code.*

Les rédacteurs du Code, malgré la situation anormale dans laquelle se trouvent les deux époux dans ce cas, n'avaient cependant autorisé le désaveu de l'enfant par son père que dans les conditions rigoureuses et pour les causes prévues par les articles 312 et 313 anciens du Code civil, qui constituaient le droit commun en matière de désaveu. Cette législation produisit des résultats scandaleux dans le cas de divorce, dès les premières années de la mise en vigueur du Code civil, et même après 1816, au cas de séparation de corps, les mêmes articles s'appliquant aux époux séparés.

Les mêmes conséquences fâcheuses s'étaient produites dans l'ancien droit. Merlin rapporte deux arrêts, l'un du 9 mai 1663 et l'autre du 1ᵉʳ décembre 1701, qui avaient déclaré bâtards et adultérins des enfants conçus pendant le mariage, mais après une séparation pour cause d'adultère. Mais il y avait des divergences sur cette question, et, tandis que Merlin admettait une exception à la présomption ordinaire de paternité tirée de l'impossibilité morale de cohabitation entre les conjoints, notamment en cas de séparation de corps, d'Aguesseau ne faisait fléchir cette présomption que devant la preuve de l'impossibilité physique de cohabitation (1).

Le projet du Code civil faisait cesser ces divergences.

(1) Merlin, *Questions de Droit,* Vᵒ *Légitimité,* § 2.

La séparation de corps avait pour effet de faire cesser la
présomption de paternité, d'après une de ses dispositions, qui malheureusement ne fut pas votée (1).

Les inconvénients du système adopté par le Code
étaient si grands que plusieurs propositions dans le
même sens furent à diverses reprises présentées ultérieurement. Un projet de loi fut notamment présenté à la
Chambre des Pairs le 28 décembre 1816 et les articles 27
et 28 qui réglaient cette question furent adoptés. Le
projet fut porté à la Chambre des Députés le 7 janvier
1817, une commission fut nommée ; mais la session finit
avant qu'elle eût fait son rapport. Une nouvelle proposition sur ce point fut faite à la Chambre des Pairs par
M. le Président Boyer, le 14 janvier 1834 ; un amendement de la commission présenté par M. Tripier, rapporteur, fut adopté par la Chambre des Pairs le 22 février.
Présentée à la Chambre des Députés le 24 février, la
proposition donna lieu à un rapport favorable de M. Re-
nouard, le 18 mars 1834, mais la discussion fut ajour-
née et ne s'ouvrit pas.

§ 2. — Loi du 6 décembre 1850.

Enfin, sur l'initiative de M. Demante fut votée, le 6 décembre 1850, une loi, dont les dispositions furent insé-
rées dans l'article 313 du Code civil. Cette loi forme le
deuxième paragraphe de cet article, qui est ainsi conçu :
« En cas de séparation de corps prononcée *ou même
demandée*, le mari pourra désavouer l'enfant qui sera
né trois cents jours après l'ordonnance du président

____

(1) Locré, VI, p. 85.

rendue aux termes de l'article 878 du Code de Procédure civile et moins de cent quatre-vingts jours depuis le rejet définitif de la demande, ou depuis la réconciliation. L'action en désaveu ne sera pas admise s'il y a eu réunion de fait entre les deux époux ».

Les lois du 27 juillet 1884 et 20 avril 1886 étendirent au divorce ces dispositions, en changeant quelque peu les termes de l'article, sans en changer le fond.

Avant d'étudier l'article 313 actuel, il nous faut dire quelle était l'interprétation donnée à l'article 313, tel qu'il avait été modifié par la loi du 6 décembre 1850.

Une question qui se pose tout d'abord est celle de savoir si le désaveu est ou non péremptoire. S'il est péremptoire, il suffira au mari de prouver que l'enfant qu'il désire désavouer est né plus de 300 jours après la décision qui a autorisé la femme à avoir un domicile séparé et moins de 180 jours depuis le rejet définitif de la demande, ou depuis la réconciliation. A la femme incombera la charge de prouver qu'il y a eu réunion de fait entre les deux époux, faute de quoi le désaveu sera valable et définitif. S'il n'est pas péremptoire, l'article 313, § 2 signifie seulement que, quand la naissance a eu lieu dans les circonstances prévues par cet article, le mari pourra proposer tous les faits propres à justifier qu'il n'est pas le père de l'enfant.

L'obscurité des débats parlementaires avait fait naître cette discussion.

Pour Marcadé (1) le désaveu, dans ce cas, n'était pas péremptoire : « Cette disposition nouvelle permet au

(1) Marcadé, sur l'article 313, n° 4.

mari, non point de faire tomber la présomption de paternité par une simple dénégation, mais de faire preuve contre la présomption de la loi en proposant des faits propres à justifier qu'il n'est pas le père de l'enfant, c'est-à-dire que le nouveau paragraphe de notre article place le mari, en cas de séparation, dans la position où le mettait le paragraphe premier, alors qu'il y avait preuve faite de l'adultère de la femme et du recel de la naissance ». Dans le même sens Massé et Vergé, sur Zachariæ, disaient que la présomption de paternité continue après la séparation, mais que le mari peut prouver sa non paternité par tous les moyens possibles.

Beaucoup d'auteurs pensaient, au contraire, que cette cause de désaveu était péremptoire.

Pour trancher cette question, il nous faut étudier les diverses phases de la discussion devant la Chambre.

M. Demante, quand il demanda en 1850 qu'on ajoutât un paragraphe à l'article 313 du Code civil, n'entendait pas faire admettre un cas de désaveu péremptoire. « Je demandais seulement, dit-il lui-même postérieurement (1), qu'après la séparation de corps la condition du recel de la naissance ne fût plus exigée pour autoriser le désaveu du mari, et que celui-ci fût alors admis à proposer tous les faits propres à justifier qu'il n'était pas le père ». C'est dans ce sens que le projet fut d'abord adopté par la commission au nom de laquelle M. Demante lut son rapport le 6 août 1850. Il expliqua lui-même dans ce rapport que, « tandis que dans l'état normal du mariage la force de la présomption est telle

____

(1) Demante et Colmet de Santerre, II, n° 40 *bis*, I.

qu'elle n'admet pas toute espèce de preuve contraire, ici, parce que le commerce des époux est moins probable, il fallait autoriser à faire cette preuve par tous les moyens ». Ce rapport fut suivi de deux délibérations conformes à ses conclusions. Mais, en troisième délibération, un amendement fut proposé par MM. de Vatimesnil et Valette, et l'on ajouta au projet le paragraphe final ainsi conçu : « L'action en désaveu ne sera pas admise, s'il y a eu réunion de fait entre les époux ».

M. Demante déclare lui-même (1) que par cet amendement le système de la commission fut changé : « On considéra, dit-il, que, l'état de séparation de corps rendant invraisemblable le commerce des deux époux, la présomption de paternité, conséquence du mariage toujours subsistant, devait bien encore durer jusqu'à désaveu du mari, mais que le désaveu fait par celui-ci dans les délais et dans les formes voulus ne devait être soumis à aucune justification autre que celle de l'existence de la séparation ou de l'instance en séparation au temps de la conception de l'enfant. On exprima seulement que le désaveu ne serait pas admis s'il y avait eu réunion de fait entre les époux ; ce qui, du reste, ne peut avoir d'autre signification que de réserver aux adversaires du mari le droit de prouver cette réunion pour faire rejeter l'action en désaveu ». C'est bien déclarer que le désaveu dans ce cas est péremptoire.

M. Gilbert, dans une savante dissertation (2) sur cette question, arrive aussi à la même conclusion, mais il

(1) Demante et Colmet de Santerre, II, n° 40 *bis*, I.
(2) Sir., 1854, 2, 82.

ajoute cependant les restrictions suivantes : « Il reste
cependant ceci, c'est que la proposition de loi et le rapport qui l'a suivie avaient été conçus avec cette pensée
de conserver la présomption de la paternité du mari,
malgré le désaveu qu'il formerait, et d'autre part que les
deux premières délibérations avaient eu lieu incontestablement dans le même esprit. Si, comme l'affirment
certains auteurs, l'amendement proposé a été rédigé
dans un ordre d'idées différent, du moins aucune explication n'en fut donnée. Et on pourrait mettre en doute
qu'en adoptant l'amendement, l'assemblée ait entendu
consacrer un système autre que celui proposé ; rien ne
prouve que la pensée de l'Assemblée nationale, bien certaine quant aux premières délibérations, ait été changée
à la troisième et il pourrait peut-être être permis de soutenir que la volonté du législateur a été d'adopter la loi
dans le même esprit que celui qui avait présidé à sa présentation ».

Il faut cependant que l'amendement ait eu un but,
une portée. Le dernier paragraphe ajouté à l'article 313
n'aurait été qu'une inutilité, si l'on admettait que le
mari est forcé de faire la preuve des faits justificatifs de
non-paternité. Il n'était pas besoin d'un amendement
pour autoriser ce qui est de droit commun, la preuve
contraire. L'amendement avait une autre portée. Ses
auteurs en le proposant et les législateurs de 1850 en
l'adoptant, voulaient exonérer le mari de la preuve souvent si difficile des faits justificatifs de la non-paternité
et ne laisser à la femme et à l'enfant qu'une ressource,

la preuve de la réunion de fait, preuve qui est relativement bien plus facile à fournir.

Si l'on pouvait encore douter que telle fût la véritable portée de l'article 313, § 2, il suffirait d'ajouter aux explications que M. Demante, le promoteur de la loi, a fournies dans son cours de Code civil (1) et que nous avons reproduites plus haut, celles qu'a fournies M. Valette, l'auteur de l'amendement, dans une lettre qu'il adressait, le 29 avril 1856, à M. Arbey, ancien représentant et qui avait été membre de la commission chargée d'examiner la proposition soumise à l'Assemblée Nationale, et dont voici les passages principaux : « L'arrêt de la Cour de Paris (2) est parfaitement exact et ce qu'il décide est précisément ce que j'ai eu en vue par mon amendement. Je l'ai proposé de l'avis de plusieurs magistrats et il fut approuvé par la commission, unanimement, je crois, après un examen approfondi. En le faisant signer par M. de Vatimesnil, mon but était d'inspirer une grande confiance à l'Assemblée dans une matière aussi délicate. Le sens fondamental et le but de l'amendement est, à la différence du projet primitif, de rendre le désaveu du mari péremptoire, sauf le cas de réunion des époux, ce dernier fait étant prouvé par la femme ou par le tuteur *ad hoc*, en forme d'exception ou de défense à l'action du mari. Il nous a paru scandaleux que le mari, lorsque l'habitation commune n'existait plus légalement, eût quelque chose à prouver quand il désavoue. La loi ne peut supposer qu'*il va en bonne for-*

(1) Demante et Colmet de Santerre, II, n° 40 *bis*, I, p. 17.
(2) Paris, 18 février 1854, Sir., 1854, 2, 81.

tune chez sa femme et en fait sa maîtresse. Vous avez pensé comme tous les autres que cela serait immoral. Donc le désaveu sera péremptoire, sauf la preuve du fait, insolite et peu probable, de la cohabitation ou réunion de fait sans réconciliation définitive ».

Aussi, telle était, l'interprétation générale de l'article 313, § 2.

§ 3. — *Législation actuelle.*

Lors de la discussion de la loi sur le rétablissement du divorce, on proposa d'étendre au divorce l'article 313, § 2 et voici la proposition qui fut votée en première délibération à la Chambre, sans discussion, à la séance du 8 mai 1882 : « En cas de divorce ou de séparation de corps demandé ou prononcé, le mari pourra désavouer l'enfant qui sera né 300 jours après le procès-verbal dressé par le juge, en conformité de l'article 239 du Code civil, ou après l'ordonnance du président rendue aux termes de l'article 878 du Code de Procédure civile, et moins de 180 jours depuis le rejet définitif de la demande ou depuis la réconciliation. En cas de séparation de corps, ou de divorce demandé ou prononcé, le désaveu du mari est péremptoire, sauf la preuve contraire réservée soit à la femme, soit au tuteur *ad hoc* de l'enfant désavoué. L'action en désaveu ne sera pas admise s'il y a eu réunion de fait entre les époux divorcés ».

L'article ainsi voté était très clair. C'était la consécration, en matière de divorce, du système que nous venons d'exposer. S'il avait été voté définitivement tel quel, la question ne se poserait même pas. Le rappor-

teur, M. de Marcère, expliquait que la commission avait
cru devoir ajouter à l'article 313, pour faire cesser les
divergences auxquelles il avait donné lieu et il ajoutait
que la solution proposée était celle qu'avaient consacrée les arrêts les plus récents (1). « Ces arrêts, dit-il,
décident que le désaveu du mari, en cas de séparation
de corps, est péremptoire et que c'est à la femme de
prouver, pour établir la paternité, qu'il y a eu réunion
de fait entre elle et ce dernier. Ces décisions sont conformes à la raison et à l'esprit de la loi votée sur la proposition de M. Demante. Nous espérons que vous l'a-
dopterez avec faveur ». C'est en effet ce que fit la Chambre.

Lors de la deuxième délibération, M. Desson de Saint-
Aignan, dans la séance du 17 juin 1882, critiqua la rédaction proposée (2). La loi du 15 décembre 1850 (art.
313, § 2), avait été faite pour la séparation de corps, où
le mariage subsiste, mais l'article 313 *in fine* ne devrait
pas être rendu applicable au cas de divorce, où le mariage ne subsiste plus. A la séance suivante (3), la
commission reconnut la justesse de ces observations
par l'organe de son rapporteur et le mot « divorcés »
dans l'article 313 *in fine* fut remplacé par le mot « séparés ».

Au Sénat, lors de la première délibération, la commission abandonna le texte si clair voté par la Chambre

---

(1) Cass., 19 août 1872, Sir., 1873, 1, 75 ; Agen, 4 mars 1874, *J. Pal.*,
1875, 689 ; Toulouse, 11 juin 1874, *J. Pal.*, 1874, 739.
(2) *J. Off.* 18 juin 1882, p. 944, col. 2.
(3) *J. Off.* 20 juin 1882, p. 954, col 2.

et présenta un contre-projet en termes à peu près identiques. On proposa enfin la rédaction suivante : « En cas de jugement ou même de demande, soit de divorce, soit de séparation de corps, le mari pourra désavouer l'enfant qui sera né 300 jours après l'ordonnance du président rendue aux termes de l'article 878 du Code de Procédure civile, et moins de 180 jours depuis le rejet définitif de la demande, ou depuis la réconciliation. L'action en désaveu ne sera pas admise, s'il y a eu réunion de fait entre les époux ». C'était la reproduction de l'article 313, § 2, sauf qu'on assimilait pour la faculté de désaveu le divorce et la séparation de corps (1).

M. Roger-Marvaise, puis M. Bérenger, critiquèrent le texte. L'article 878 du Code de Procédure civile n'étant pas applicable au cas de divorce, il fallait, pour ce cas, indiquer un autre point de départ que celui de l'ordonnance rendue en vertu de cet article. Sur cette observation on remplaça la partie critiquée par cette phrase : « 300 jours après *la décision qui aura autorisé la femme à avoir un domicile séparé* ». M. le Rapporteur expliqua lui-même cette phrase (2) : « Cette décision sera, s'il s'agit de séparation de corps, l'ordonnance rendue en exécution de l'article 878 du Code de Procédure civile ; s'il s'agit du divorce, cette décision sera, comme le disait tout à l'heure M. Bérenger, le jugement rendu en vertu de l'article 268 du Code civil pour autoriser la femme à quitter le domicile de son mari ». Le texte ainsi modifié fut adopté en première délibération le 7 juin 1884 et en

(1) *J. Off.*, 8 juin 1884, p. 1056, col. 2.
(2) *J. Off.*, 8 juin 1884, p. 1057, col. 2.

deuxième délibération le 24 juin de la même année. C'est l'article 2 de la loi du 27 juillet 1884.

La loi du 20 avril 1886 a reproduit cet article avec deux ou trois modifications très légères de rédaction : « En cas de jugement ou même de demande soit de divorce, soit de séparation de corps, le mari peut désavouer l'enfant né 300 jours après la décision qui a autorisé la femme à avoir un domicile séparé, et moins de 180 jours depuis le rejet définitif de la demande ou depuis la réconciliation. L'action en désaveu n'est pas admise s'il y a eu réunion de fait entre les deux époux ».

On peut regretter que le législateur n'ait pas inséré dans la loi une disposition formelle, déclarant que le désaveu du mari est, en pareil cas, péremptoire. Mais on a vu que si le texte voté par la Chambre à été écarté, ce n'était pas parce que telle n'était pas l'opinion du Sénat. Ce principe n'a pas même été discuté. Il est donc certain aujourd'hui que le désaveu est péremptoire.

La décision autorisant la femme à avoir un domicile séparé, qui est le point de départ du délai prévu par l'article 313 du Code civil § 2, peut être, depuis la loi du 20 avril 1886, l'ordonnance permettant de citer (art. 236, C. civ.). Dans ce cas, la femme a un domicile séparé, dès le début de l'instance. L'article 238, § 1er permet au juge conciliateur de statuer sur la résidence de l'époux demandeur. Le tribunal peut, de même, quand il est saisi, modifier ou compléter, au cours de l'instance, les mesures provisoires prescrites, et notamment celles concernant la résidence de la femme. Enfin, le juge peut statuer en référé, en tout état de cause, sur la résidence de la femme (art. 238, § 5). Quoiqu'il en soit, dès que la femme a une habitation séparée, on doit présumer qu'elle n'a plus de relations avec son mari. Si le père prouve que l'enfant est né plus de 300 jours après la décision qui a autorisé la femme à avoir un domicile séparé et moins de 180 jours depuis la réconciliation ou le rejet définitif de la demande, il suffit qu'il désavoue l'enfant, pour que la présomption de paternité fléchisse, mais ce désaveu du père est nécessaire, pour que l'enfant soit réputé né hors mariage.

A la mère et à l'enfant la loi permet de démontrer que, pendant l'intervalle où se place la conception, soit pendant un intervalle maximum de 120 jours, il y a eu réunion de fait entre les deux époux (art. 313, C. civ. *in fine*).

Le tribunal a, d'ailleurs, tout pouvoir pour apprécier si la rencontre des époux s'est produite dans des circonstances propres à faire admettre que le désaveu doive être repoussé. C'est ainsi qu'on a jugé qu'une réunion fortuite d'un jour, d'une heure, serait suffisante pour rendre le mari non recevable dans sa demande, pourvu, bien entendu, que les circonstances fussent de nature à faire croire qu'il y avait eu cohabitation. Il a été jugé notamment qu'il ne suffisait pas que les deux époux se soient rencontrés dans une étude d'avoué (1). Mais, s'il est établi que, le mari poursuivant sa femme pour la faire revenir, ils ont passé la nuit dans une auberge où il n'y avait qu'un lit, le mari ne serait pas fondé à prétendre qu'il n'y a pas eu cohabitation (2).

(1) Sir., 1854, 2, 85.
(2) Bruxelles, 8 juil. 1865, *Belg. Judic.*, 1866, 824.

Pour que le désaveu du père soit annihilé par la preuve de la réunion de fait entre les époux, il faudra que la réunion ait eu lieu dans la période de la conception, telle qu'elle est déterminée par le Code, quant à son maximum et à son minimum, c'est-à-dire dans l'intervalle compris entre le 180ᵉ et le 300ᵉ jour avant la naissance. Nous ne saurions admettre, comme M. Demante (1), le droit pour les juges de repousser la demande en désaveu, même si la réunion constatée des deux époux n'a pas eu lieu exactement à l'époque assignée à la conception par la loi, quand cette réunion a été constatée à une époque très rapprochée. Nous sommes dans une matière trop délicate pour ne pas appliquer strictement la loi.

Si l'on prouve que la réunion de fait a eu lieu pendant l'intervalle légal de la conception, les juges ne peuvent pas admettre le désaveu, quand même les circonstances rendraient plus vraisemblable la paternité d'un autre que celle du mari, ainsi si, avant ou depuis la réunion des époux, il y avait eu un fait constant d'adultère, mieux en rapport que cette réunion avec l'époque probable de la conception.

Si le désaveu est admis, l'enfant est adultérin, puisqu'il a été conçu à un moment où la mère était encore engagée dans les liens du mariage et que, de plus, il est admis par justice que le mari n'est pas le père de l'enfant. C'est un des rares cas où, malgré l'article 335 du Code civil, la filiation d'un enfant adultérin se trouvera établie.

(1) Demante et Colmet de Santerre, II, nᵒ 40 *bis*, II.

Dans le cas de l'article 313, § 2, les délais pour intenter l'action en désaveu sont les mêmes que dans les autres cas, à savoir les délais indiqués dans l'article 316 du Code civil ; mais ils ne commencent à courir que du jour où le mari a acquis la connaissance certaine de la naissance de l'enfant, et cela, même au cas où cette naissance ne lui avait pas été cachée.

Si dans les autres cas on exige, pour que les délais ne commencent à courir que du jour où le mari a connaissance de la naissance de l'enfant, que la naissance lui ait été cachée, c'est qu'on suppose que le mari, faisant ménage commun avec la mère de l'enfant, a dû immédiatement avoir connaissance de la naissance. Ce motif n'existait pas ici ; il est donc rationnel de ne faire courir les délais du désaveu que du jour où le mari a été instruit de la naissance (1).

SECTION II. — **La femme n'avait pas obtenu une habitation séparée pendant l'instance.**

Quand la femme n'a pas obtenu pendant l'instance en divorce une habitation séparée, le mari ne peut pas désavouer l'enfant conçu pendant cette instance, en s'appuyant sur l'article 313, § 2, puisque cet article exige, pour être appliqué, que la femme ait obtenu une habitation séparée.

L'on se trouve, dans ce cas, ramené au droit commun.

(1) Aubry et Rau, VI, § 545 *bis*, p. 57 ; Cass., 9 déc. 1857, Sir., 1858, 1, 97 ; Nancy, 12 janv. 1861, Sir., 1861, 2, 307.

Sans doute, l'instance en divorce est engagée au moment où se place la conception ; mais le mariage existe. De plus, puisque la femme n'a pas obtenu d'habitation séparée, elle est censée demeurer avec son mari. Si un enfant vient à naître de cette femme plus de 300 jours après la demande en divorce et moins de 180 jours après la réconciliation ou le jugement définitif, la présomption de l'article 312, § 1 doit s'appliquer ; cet enfant est légitime au même titre que l'enfant né d'époux qui ne plaident pas en divorce. Il ne reste au mari, s'il veut le désavouer, que les voies du droit commun, de même que, dans le cas précédent, quand la femme aura démontré qu'il y a eu cohabitation.

Pour que le père puisse désavouer l'enfant, il faudra donc qu'il prouve que pendant l'intervalle de temps où se place la conception, « il était, soit par cause d'éloignement, soit par l'effet de quelque accident, dans l'impossibilité physique de cohabiter avec sa femme » (art. 312, § 2) ; ou bien, si la femme s'est rendu coupable d'adultère et si la naissance de l'enfant a été cachée au mari, « il sera admis à proposer tous les faits propres à justifier qu'il n'en est pas le père » (art. 313, § 1).

Sans doute, l'instance en divorce sera un grand argument pour permettre au mari le désaveu ; mais il faudra qu'il réunisse les conditions exigées par le droit commun. Il a été décidé, par exemple, que le jugement qui aurait admis la séparation de corps pour cause d'adultère, en se fondant sur la naissance d'un enfant conçu à une époque où le mari se trouvait dans l'impossibilité physique de cohabiter avec sa femme, n'empor-

terait pas chose jugée sur ce point, en ce qui concerne
le désaveu (1).

Si la preuve de la maternité ne résulte pas de l'acte
de naissance ou de la possession d'état, naturellement,
on se trouve dans le droit commun, « la preuve contraire
pourra se faire par tous les moyens propres à établir que
le réclamant n'est pas l'enfant de la mère qu'il prétend
avoir, ou même, la maternité prouvée, qu'il n'est pas
l'enfant du mari de la mère » (art. 325, C. civ.).

Une question peut encore se poser à propos des enfants conçus pendant l'instance de divorce, si l'on suppose un enfant conçu dans cet intervalle, mais qui n'a
pas été déclaré comme né des époux qui sont en instance
de divorce. D'après l'article 341 du Code civil, il sera
admis dans certaines conditions à rechercher quelle est
sa mère. Mais l'article 342 du Code civil déclare qu' « un
enfant ne sera jamais admis à la recherche soit de la
paternité, soit de la maternité, dans les cas où, suivant
l'article 335, la reconnaissance n'est pas admise », c'est-
à-dire quand la paternité ou la maternité ainsi recherchée
serait incestueuse ou adultérine. Or, si l'on autorise un
enfant à prouver qu'il est né d'une femme qui, au moment où se place la conception, était en instance de divorce, il peut arriver que la filiation de cet enfant se
trouve être adultérine, si le père le désavoue par la suite,
soit en vertu de l'article 313, § 2, si la femme avait une
habitation séparée pendant l'instance, soit en vertu des
articles 312, § 2 ou 313, § 1, dans le cas contraire. Il
nous paraît donc qu'un enfant dont la conception se rap-

(1) Grenoble, 21 déc. 1830, Sir, 1832, 2, 607.

porte à un moment où la femme dont il prétend être né était en instance de divorce, ne peut rechercher sa maternité qu'à la condition de mettre en cause le mari de cette femme. Celui-ci sera alors mis en demeure de désavouer l'enfant dans les délais très courts de la loi (deux mois qui courent du jour où il a eu connaissance de la naissance) ; et, s'il ne le fait pas, l'enfant pourra prouver sa maternité, et, par suite, sa paternité se trouvera aussi établie.

Il est de toute évidence que, dans le cas où la mère n'a pas obtenu une habitation séparée, l'action en désaveu doit être intentée par le père dans les délais ordinaires prévus par l'article 316 du Code civil. Si le père n'intente pas cette action, l'enfant sera légitime en vertu de la règle : *pater is est quem nuptiæ demonstrant.*

SECTION III. — L'enfant que le père a désavoué, est-il un enfant adultérin ou un enfant naturel ?

Il est évident que si, au moment de la naissance de l'enfant, il s'est écoulé moins de 180 jours depuis la dissolution du mariage par le divorce, cet enfant a été sûrement conçu à un moment où le mariage existait. Comme il est jugé que le mari n'en est pas le père, cet enfant sera adultérin.

Supposons que l'enfant naisse après le 180e jour depuis la dissolution du mariage, mais moins de 300 jours après cette dissolution. Le père fait admettre sa demande en désaveu, il est établi que l'enfant n'a pas pour père l'ex-mari. Le mariage a existé pendant une partie de l'intervalle de 120 jours où se place la conception, mais pas pendant cet intervalle tout entier. Dans ce cas l'enfant sera-t-il naturel ou adultérin ?

Cette espèce s'est présentée et a été tranchée par le tribunal de Versailles par jugement du 14 août 1889 (1). Le 4 novembre 1887 un jugement prononçait le divorce d'entre les époux X... par conversion. Mme X... mit au monde un fils le 18 août 1888, soit 274 jours après le prononcé du divorce. M. X... intenta une action en désaveu contre le tuteur *ad hoc* de l'enfant. Le tuteur répondait en reconnaissant que l'enfant n'était pas le fils de M. X,.., mais que, l'époque de sa naissance se plaçant plus de 180 jours après la dissolution du mariage, bien que moins de 300 jours après, il devait être déclaré né hors mariage, pour son plus grand avantage, afin de rendre possible et valable une reconnaissance dont il ne pouvait retirer que des avantages.

C'est la théorie qu'a admise le tribunal de Versailles :

« Attendu que la présomption de conception pendant le mariage, basée sur le calcul de la gestation la plus longue, peut se trouver en conflit avec une autre présomption qui attribuerait à l'enfant, soit une conception légitime, soit une conception hors mariage basée sur le calcul de la gestation normale ; que la présomption légale basée sur l'article 315 du Code civil, dictée dans l'intérêt de l'enfant, doit, dans le cas où elle aboutirait à l'établissement d'une situation adultérine, s'effacer devant la présomption de l'autre filiation, soit légitime, soit même naturelle, laquelle présente le double

____

(1) *La Loi*, 18 novembre 1889.

avantage d'offrir à l'enfant une situation préférable et
d'être plus conforme aux lois de la nature ; qu'il en est
ainsi dans l'espèce, la conception et la naissance du
mineur se plaçant après la date de la dissolution du mariage ; que, d'une part, les conséquences des jugements
de séparation de corps et de divorce rendraient critique
la position du mineur dans l'instance en désaveu de
paternité introduite contre lui ; que, d'autre part, le
mineur est sur le point de recueillir le bénéfice d'une
reconnaissance de paternité naturelle qu'un tiers a manifesté la volonté d'accomplir, et qui serait déjà accomplie sans les scrupules de l'officier de l'état civil ».

Et le tribunal a déclaré que l'enfant était né hors
mariage et n'était pas le fils de X...

CHAPITRE II

ÉTAT DES ENFANTS CONÇUS APRÈS LA
PRONONCIATION DU DIVORCE.

A partir du moment où le divorce est définitif, le devoir de fidélité n'existe plus entre les deux ex-époux et
la présomption de légitimité n'a plus de raison d'être.
Si l'enfant né dans ces circonstances est inscrit comme
né de la femme divorcée et d'une autre personne que
l'ancien mari, il n'y aura rien à dire, l'enfant sera naturel. Mais, je suppose que l'enfant soit inscrit comme né
de la femme et du mari et comme légitime. L'illégitimité
de l'enfant ne résulte pas de plein droit de la tardiveté
de la naissance, il faut qu'elle soit déclarée par les
tribunaux, sur la demande des parties intéressées.

La difficulté va être des avoir quelle action aura le
mari : l'action en désaveu de l'article 313, § 2, ou l'action en contestation de l'article 315 du Code civil.

Au premier abord, il semble bien qu'on devrait accorder au mari l'action en désaveu de l'article 313, § 2.
« En cas de *jugement*, dit cet article, ou même de demande, soit de divorce, soit de séparation de corps, le
mari peut désavouer l'enfant né 300 jours après la déci-

sion qui a autorisé la femme à avoir un domicile séparé, et moins de 180 jours depuis le rejet définitif de la demande ou depuis la réconciliation. » Si l'enfant est né plus de 300 jours après la prononciation du divorce, il est sûrement né plus de 300 jours après la décision autorisant la femme à avoir un domicile séparé, car, même dans le cas où une pareille décision n'aurait pas été prise pendant l'instance, le jugement prononçant le divorce, et par suite dissolvant le mariage, en tiendrait lieu. Il semble donc bien que l'article 313, § 2 trouve son application dans ce cas. Mais il faut se rappeler que, lors du vote de l'article 313, § 2, en 1850, on ne prévoyait que le cas de séparation de corps ; or, dans ce cas, l'action de l'article 313, § 2 était utile, même quand le jugement était intervenu, car, la séparation de corps n'entraînant pas la dissolution du mariage, après le jugement la prononçant le mari n'avait pas droit à l'action de l'article 315 du Code civil et avait besoin d'être protégé par l'article 313, § 2 du Code civil. Aussi l'article 313, § 2, ancien disait : « En cas de séparation *prononcée* ou même demandée... » Quand on étendit cette disposition au divorce, on voulut réunir ces deux cas dans une même phrase et l'on proposa le texte suivant : « En cas de divorce ou de séparation de corps demandé ou *prononcé...* » C'est par la même raison que le texte définitif porte : « En cas de *jugement*, ou même de demande, soit de divorce, soit de séparation de corps... »

Pour nous, cette action de l'article 313, § 2 ne doit pas être accordée à l'ex-mari pour désavouer l'enfant né plus de 300 jours après le jugement définitif de divorce. La meilleure preuve qu'il en est ainsi, c'est que l'article 313 *in fine* déclare que l'action en désaveu n'est pas admise s'il y a eu réunion de fait, or, nous verrons que, même s'il y avait eu réunion de fait, l'enfant né plus de 300 jours après le divorce définitif ne sera pas légitime. C'est ce que disait le rapporteur de la loi, M. de Marcère (1) :

« La loi proposée par M. Demante, adoptée par l'Assemblée législative, avait passé dans le Code et elle se terminait par le paragraphe suivant : « L'action en désa-« veu ne sera pas admise s'il y a eu réunion de fait en-« tre les époux ». Nous avions ajouté « entre les époux « divorcés ». Il est évident qu'il y avait là une erreur typographique parce qu'il est clair que l'action en désaveu ne peut s'exercer que quand il y a eu séparation de corps c'est-à-dire lorsque le mariage est maintenu et que le mari peut avoir intérêt à exercer l'action en désaveu ; mais quand il y a eu divorce, il n'y a plus de mariage, et, en supposant même qu'il y eût un rapprochement entre les deux époux, il n'y a pas lieu d'exercer l'action en désaveu, puisque l'enfant dans ces conditions sera toujours illégitime ».

Reste donc pour le mari l'action que prévoit l'article 315 du Code civil : « La légitimité de l'enfant né 300 jours après la dissolution du mariage pourra être contestée ».

Quand le divorce a été prononcé, la femme ne peut plus, après 300 jours, donner le jour à des enfants légitimes. Toullier décide même que l'enfant né dans ces conditions est illégitime de plein droit. Cette opinion

(1) *J. Off.*, 20 juin 1882, p. 954, col. 2.

nous paraît un peu excessive en présence des termes de
l'article 315 : « pourra être contestée ». Cette expression suppose nécessairement que l'illégitimité de l'enfant
n'a pas lieu de plein droit et que, si l'enfant se trouve
de fait en possession des avantages et des droits attachés
à la légitimité, il continuera d'en jouir, tant que sa légitimité ne sera pas judiciairement contestée. Aucun doute
ne peut subsister à cet égard.

Le Tribunat avait proposé de rédiger l'article 315 de
manière que l'illégitimité de l'enfant résultât *ipso jure*
de sa naissance tardive ; cette proposition ne fut pas admise par le Conseil d'État. Pourquoi, d'ailleurs, la loi
déclarerait-elle illégitime un enfant dont personne ne
conteste la légitimité, alors qu'il ne s'agit que d'intérêts
privés (1) ?

Proudhon explique le mot « contestée » en disant
qu'une contestation peut s'élever sur l'époque de la naissance de l'enfant ou du décès (ici du divorce) du mari.
La date exacte de la naissance étant prouvée, si l'enfant
est né plus de 300 jours après la prononciation du divorce,
le juge devra accueillir la demande du mari. En étudiant
la discussion au Conseil d'État et les opinions émises
par les orateurs du Gouvernement et du Tribunat (2),
l'on voit clairement qu'on a voulu, en fixant à 300 jours

(1) Voir : Observations du Tribunat et Discours de Duveyrier (Locré, *Lég.*, VI, p. 172, n° 8 ; p. 298, n° 17) ; Proudhon et Valette, II,
p. 39 ; Marcadé, sur l'article 315 ; Demolombe, V, 82 à 84 ; Aubry et
Rau, VI, § 545, p. 38.

(2) Discussion au Conseil d'État, exposé des motifs par Bigot-Préa-
meneu, discours de Duveyrier, etc. (Locré, Lég. VI, p. 38, n° 8 ; p. 41,
n° 15 ; p. 194, n° 7 ; p. 243, n° 14 ; p. 286, n° 11).

le terme le plus long de la gestation, faire cesser les incertitudes de la physiologie et les fluctuations de la jurisprudence, et tracer au juge une règle dont il ne pût s'écarter sous aucun prétexte.

Les mots de l'article 315 du Code civil « *pourra être contestée* » ne doivent pas nous faire décider le contraire, sinon la même théorie devrait être appliquée aux mots « *pourra désavouer* » de l'article 312, § 2, et, cependant, personne n'a soutenu que le juge puisse ne pas accueillir la demande en désaveu du mari, s'il prouve l'impossibilité physique de cohabitation pendant le laps de temps où se place la conception. Le mot « *contester* » n'est pas employé dans le sens de *débattre* ou de *discuter* ; mais dans celui de *nier* ou de *méconnaître*. La seule chose qu'on puisse contester, c'est la date de la naissance de l'enfant ou de la dissolution du mariage. Quand ces deux dates sont bien établies, si l'enfant est né plus de 300 jours après la dissolution du mariage, le juge n'a qu'à s'incliner (1).

Même si le mari reconnaissait pour sien un enfant né plus de 300 jours après le divorce, ses héritiers seraient recevables à contester la légitimité de l'enfant, « parce que, dit Toullier, le mari ne peut, par cette reconnaissance, détruire la présomption légale et reporter la con-

____

(1) *Sic*, Proudhon et Valette, II, 41 à 46 ; Delvincourt, I, 202 et 203 ; Duranton, III, 56 à 59 ; Aubry et Rau, VI, § 545, p. 40.; Demolombe, V, 85 et 86 ; Duvergier, sur Toullier, II, 829, note a ; Grenoble, 12 avril 1807 ; *Sir.*, 1809, 2, 288 ; Aix, 8 janvier 1812 ; *Sir.*, 1812, 2, 214 ; — *Contra* : Locré, sur l'art. 315 ; Troplong, *Des donations*, II, 606 ; Demante et Colmet de Santerre, II, n° 42 *bis*, I ; Limoges, 18 juin 1840, *Sir.*, 1840, 2, 509.

ception de l'enfant au temps du mariage, pour lui donner les droits de famille ».

L'enfant né dans les circonstances que nous étudions, se trouve donc né hors mariage, il est enfant naturel simple.

Pourra-t-il être reconnu par l'ex-mari ?

On comprend l'intérêt que cet enfant peut avoir à cela, quand on sait que la loi permet, sous certaines conditions, aux deux anciens époux, de contracter à nouveau mariage entre eux (art. 295, C. civ.). Quand les deux époux divorcés s'unissent à nouveau entre eux par les liens du mariage, si l'enfant a été reconnu valablement par l'ex-mari, il sera légitimé par ce mariage.

Il semble inadmissible, au premier abord, que l'ex-mari puisse reconnaître cet enfant, puisqu'il l'a fait déclarer illégitime. Cependant, si le tribunal a déclaré seulement que l'enfant n'était pas né pendant le mariage, ce jugement ne s'oppose pas à ce que, postérieurement, l'ex-mari le reconnaisse pour son fils. Il n'en restera pas moins né hors mariage ; ce sera un enfant naturel reconnu par ses père et mère.

Nous avons vu que le père peut ne pas contester la légitimité de l'enfant, et reconnaître par suite l'enfant comme né de lui, et que, cependant, dans ce cas, ses héritiers et ses parents sont recevables à contester la légitimité de l'enfant. Dans ce cas encore l'enfant ne sera pas légitime, et pourtant il restera valablement reconnu par ses père et mère.

SECTION II. — **Les époux divorcés ont cohabité.**

L'hypothèse d'époux divorcés continuant à cohabiter sera assez rare ; mais il suffit qu'elle soit possible, pour qu'il soit utile de l'envisager.

On peut très bien concevoir deux époux divorcés croyant qu'il suffit de se réunir à nouveau pour que le mariage reprenne sa force, et qui se réunissent sans faire procéder à une nouvelle célébration du mariage. Cela est même si vrai que la loi, pour éviter parcille erreur, a pris le soin de dire dans l'article 295, § 2 : « Au cas de réunion des époux, une nouvelle célébration du mariage sera nécessaire ».

Le paragraphe 1er du même article 295 porte que « les époux divorcés ne pourront plus se réunir, si l'un ou l'autre a, postérieurement au divorce, contracté un nouveau mariage suivi d'un second divorce. » Cet article permet de concevoir un cas où, précisément, l'hypothèse que nous prévoyons se réalisera : Deux époux ont divorcé, l'un d'eux se remarie, il ne trouve pas dans le nouveau mariage tout le bonheur rêvé, il divorce de nouveau, et veut revenir auprès de son ancien conjoint, vers lequel le rappellent peut-être des enfants communs. L'article 295, § 1er s'oppose, dans ce cas, au mariage des deux anciens conjoints ; ceux-ci ne pouvant s'unir légalement, il peut se faire qu'ils continuent à vivre ensemble irrégulièrement et qu'il naisse des enfants de leur rapprochement.

« *Nuptias non concubitus, sed consensus facit* », dit

une célèbre loi romaine (1). Les deux époux divorcés vivant ensemble, seront comme deux concubins. Merlin disait (2) : « La loi est si éloignée de regarder comme cessant d'être divorcés les ci-devant époux qui vivent ensemble dans leur intimité primitive, qu'elle leur a expressément permis de se remarier l'un avec l'autre, permission qui amène nécessairement cette conséquence, qu'à défaut de nouveau mariage, la cohabitation de deux époux divorcés les place absolument au niveau d'un garçon et d'une fille vivant ensemble ».

L'ancienne union ne revit plus, elle est détruite, anéantie ; s'il naît des enfants de ce rapprochement, ils ne seront pas légitimes (3).

Nous n'irons pas cependant jusqu'à dire que les enfants qui pourront survenir seront forcément des enfants naturels. Ici encore nous nous trouvons en présence de l'article 315 du Code civil : « La légitimité de l'enfant né 300 jours après la dissolution du mariage pourra être contestée ». Si l'enfant jouit des droits de légitimité ou les réclame, l'illégitimité n'existera pas de plein droit, il faudra qu'elle soit déclarée. Sans doute, le juge devra forcément déclarer que l'enfant est un enfant naturel, quand il aura vérifié qu'il est né plus de 300 jours après que le divorce a été prononcé ; mais encore faudra-t-il qu'il soit saisi de la question par le père ou par les héritiers ou parents.

Il peut se produire une hypothèse assez bizarre : Sup-

(1) Dig. L. 15, *De cond. et dem.*, XXXV, 1 ; L. 30, *De reg. jur.* L. 17.
(2) Merlin, *Questions de droit*, v° *Divorce*, § 6.
(3) Voir *J. Off.*, 20 juin, p. 954, col. 2. Discours de M. de Marcère.

posons un divorce prononcé le 1er janvier 1892 par défaut, et le jugement signifié à domicile. Si le dernier
acte de publicité a été fait le 1er mars, l'opposition est
recevable pendant huit mois à compter de ce jour,
(art. 247, C. civ., *in fine*), c'est-à-dire jusqu'au 1er novembre, et l'appel pendant deux mois à compter de cette
date, soit jusqu'au 1er janvier 1893. Si un enfant vient
à naître le 27 décembre, par exemple, de la mère divorcée, sa conception a eu lieu du 2 mars 1892 au 30 juin
1892, par conséquent à un moment où les époux étaient
divorcés. Le mari peut donc user du droit que lui confère l'article 315, et l'enfant sera déclaré né hors mariage. Si, sur l'action intentée par le père, la mère interjette appel du jugement qui a prononcé le divorce, le
père ne peut plus se prévaloir que de l'article 313, § 2
et désavouer l'enfant. Mais, dans ce cas, la mère pourra
faire repousser la demande de son ex-mari, en prouvant
qu'il y a eu réunion de fait entre eux (art. 313, C. civ.
in fine), ce qui sera précisément le cas, si les deux ex-
époux ont cohabité après le divorce. Si, au contraire, la
mère n'interjette pas appel et laisse passer le délai, le
juge déclare l'enfant né hors mariage, alors même qu'il
y aurait eu réunion de fait entre les deux anciens
époux.

Si nous supposons maintenant un enfant né d'une
réunion de fait des deux anciens époux, qu'adviendra-
t-il si, postérieurement, le divorce est annulé? A notre avis, le divorce étant annulé, les conséquences qu'il
entraînait disparaîtront aussi ; l'enfant né plus de
300 jours après la prononciation du divorce sera légi-

time et aura pour père le mari, sauf à celui-ci à le désavouer pour les causes ordinaires de désaveu.

Il peut aussi se produire le cas suivant : Un des époux
a ignoré le divorce prononcé en son absence et reprend
la vie commune avec l'autre époux qui le laisse dans
l'ignorance de ce qui s'est passé. L'enfant qui naîtra de
cette union est-il légitime ou naturel ?

Voici une espèce qui fut jugée après la promulgation
du Code civil : un sieur Destombes disparaît en 1793,
laissant sa femme et une fille née de son mariage. La
femme obtient le divorce pour cause d'émigration.
Deux ans après, le mari revient, la femme le reçoit
sans lui faire connaître ce qui s'est passé et il naît une
fille de cette cohabitation. L'acte de naissance est passé
hors de la présence du père et mentionne l'état d'épouse
divorcée de la mère ; deux autres enfants nés ensuite
sont, au contraire, inscrits comme nés du mariage légitime des père et mère. Quand le père apprend, enfin,
le divorce qui a été prononcé, il s'empresse de faire
signer à sa première enfant une déclaration par laquelle elle s'engage reconnaître pour ses frères et sœurs
légitimes les enfants nés après la prononciation du divorce. Lors du partage de la succession des parents,
une discussion éclate, Merlin consulté sur le cas déclara
la première enfant non recevable à soutenir que ses
frères et sœurs étaient illégitimes, cette fin de non-rece-
voir résultant de l'acte signé par elle. Il ajoutait que
le père ayant ignoré le divorce et que sa femme l'ayant
reçu comme si rien ne se fût passé, il en était résulté
un *mariage putatif*. Or, il est de principe constant que

le mariage putatif produit les mêmes effets que le mariage réel, en faveur des enfants : dans l'espèce il suffisait de donner à la bonne foi de l'un des époux l'effet de faire supposer le mariage non dissous, pour que les enfants pussent être déclarés légitimes.

Nous doutons que l'on puisse aller jusque-là ; les articles 201 et 202 du Code civil ne visent que le cas de mariage déclaré nul.

Quand l'un des époux divorcés a contracté un nouveau mariage et divorcé à nouveau avec son nouveau conjoint, l'article 295 du Code civil ne permet plus aux ex-époux de se remarier entre eux. Si ces deux anciens époux se réunissent et que de leur cohabitation naissent des enfants, ils ne seront ni adultérins, ni incestueux, ils seront naturels ; mais ils ne jouiront pas des mêmes avantages que les autres enfants naturels, puisque, leurs parents ne pouvant jamais se marier l'un avec l'autre, ils ne pourront être légitimés par le mariage subséquent de leurs père et mère, comme le permet l'article 331 du Code civil aux enfants naturels ordinaires.

M. Paultre (1) se refuse même à admettre que ces enfants puissent être reconnus. Pour lui, le législateur n'a pas pu vouloir permettre la reconnaissance de ces enfants, car, en la permettant sans légitimation subséquente possible, il aurait créé le concubinage à perpétuité. Si la condition des enfants nés d'un concubinage, tel qu'il résulte de l'article 295, n'a pas été réglée comme celle des enfants adultérins et incestueux, c'est un oubli

(1) *Gaz. Trib.*, 5 juin 1885.

du législateur. La conclusion de M. Paultre, c’est qu’il faudrait dans la loi une disposition spéciale, qui mît ces enfants dans une situation inférieure à celle des enfants naturels ordinaires et supérieure à celle des enfants incestueux et adultérins.

Nous ne pouvons, dans le silence de la loi, admettre cette solution. L’article 335 du Code civil ne fait exception à la reconnaissance des enfants nés hors mariage que pour les enfants incestueux et adultérins, nous ne pouvons étendre cette prohibition à notre cas. A notre avis, ces enfants sont des enfants naturels simples, avec cette particularité qu’ils ne peuvent pas être légitimés.

Mais, si les deux anciens époux, malgré l’article 295 du Code civil, arrivaient à contracter entre eux une nouvelle union, quel serait l’état des enfants qui seraient nés de leur concubinage, et aussi l’état de ceux qui naîtraient de leur second mariage ?

Sous l’ancienne législation du divorce, et même sous la loi du 27 juillet 1884, les époux divorcés ne pouvaient, dans aucun cas, se réunir dans un nouveau mariage ; mais il était admis généralement (1), que cet empêchement au mariage était prohibitif et non dirimant. A plus forte raison, admettrait-on cette opinion avec la législation actuelle, qui n’interdit aux anciens époux de contracter entre eux une seconde union que dans certaines circonstances (Art. 295, C. civ.).

Si l’on admet cette doctrine, quand les ex-époux se seront mariés à nouveau malgré l’article 295 du Code

(1) Toullier, I, 654 ; Duranton, II, 178 ; Demolombe, III, 339 ; Aubry et Rau, V, § 463, p. 32 ; — *Contrà* : Proudhon, I, 406.

civil, ce second mariage sera valable et les enfants qui
en seront issus seront légitimes.

Nous pensons, de même, que les enfants qui seraient
nés de leur concubinage antérieur au second mariage et
auraient été reconnus par eux, seraient légitimés par ce
mariage subséquent.

CHAPITRE III

ÉTAT DES ENFANTS NÉS DE LA FEMME DIVORCÉE, REMARIÉE
AVANT LE DÉLAI DE DIX MOIS FIXÉ PAR L'ARTICLE 296
DU CODE CIVIL.

La femme ne peut pas se remarier aussitôt que le divorce est devenu définitif. Pour éviter une confusion de part, l'article 296 du Code civil déclare que « la femme divorcée ne pourra se remarier que dix mois après que le divorce sera devenu définitif ». Cet empêchement au mariage n'est pas dirimant, il n'est que prohibitif (1). D'où, l'infraction de la part de la femme à cette disposition n'entraîne pas la nullité du mariage ainsi contracté. Supposons qu'une femme divorcée se remarie quelque temps après le divorce définitif, malgré l'article 296 du Code civil. Un enfant vient à naître, moins de 300 jours après la dissolution du premier mariage et plus de 180 jours après la célébration du second. Quel est l'état de cet enfant ?

La conception peut avoir eu lieu, soit pendant que le premier mariage existait encore, soit pendant l'intervalle entre la dissolution du premier et la célébration

(1) Sic., Demante et Colmet de Santerre, I, § 311 *bis* III; Demolombe, III, 337 ; Aubry et Rau, V, § 463, p. 82 ; Duranton, II, 176 ; — Cass., 29 octobre 1811, Sir., 1812, 1, 46. — *Contra*, Delvincourt, I, p. 125 ; Proudhon, I, p. 404, et II, p. 49.

du second, soit enfin à un moment où le second mariage existait déjà. Dans le premier et le dernier cas, l'enfant serait légitime, dans le second cas, il serait naturel. Nous ne pensons pas qu'on puisse faire prévaloir sur la présomption de paternité légitime, fondée sur la combinaison des articles 312 et 315 du Code civil, l'allégation d'une paternité naturelle justifiée par les moyens ordinaires d'établir cette espèce de filiation, c'est-à-dire par une reconnaissance en bonne forme (art. 334, C. civ.), et nous pensons que les tribunaux, placés entre l'application de l'article 315 et celle de l'article 334, devront consacrer la solution la plus favorable à l'honneur de la mère et à l'intérêt de l'enfant et déclarer l'enfant légitime (1). Si, d'ailleurs, l'enfant inscrit comme légitime avait une possession d'état conforme à son titre, toute reconnaissance ou toute recherche en sens contraire serait écartée par application de l'article 322 du Code civil.

Mais à quel mari faudra-t-il attribuer cet enfant?

Cet enfant étant né moins de 300 jours depuis la dissolution du mariage, il a pu être conçu pendant le premier mariage, et avoir pour père le premier mari (art. 315, C. civ.); mais étant né plus de 180 jours depuis le deuxième mariage, il a pu être conçu pendant ce nouveau mariage et, dans ce cas, avoir pour père le deuxième mari (art. 314, C. civ.).

Plusieurs opinions ont été présentées sur cette grave question:

____

(1) *Contra*: Demante et Colmet de Santerre, II, n° 42 *bis*, V.

Dans une première opinion (1) on raisonne ainsi : un conflit s'élève entre deux présomptions de paternité que peuvent invoquer les deux maris. Il appartiendra aux tribunaux, de décider d'après les circonstances de la cause, à quel mari appartiendra l'enfant. C'est ainsi que la conformation de l'enfant à sa naissance, l'état de santé du premier mari pendant les derniers temps du mariage, pourront aider les juges à se déterminer (2). On sera donc obligé d'avoir recours aux gens de l'art pour prononcer ; or, on sait que le Code n'aime guère cette solution, et même, s'il a établi une présomption légale de paternité, c'est précisément pour ne pas y avoir recours.

Les auteurs du projet de Code civil allemand après avoir rappelé que l'*allgemeines Landrecht* prend pour fondement la durée normale de la grossesse, tranchent ainsi la question dans l'article 1479 : si la femme s'est mariée avant 300 jours écoulés depuis son premier mariage, et qu'un enfant naisse dans ce délai, comme les deux présomptions de paternité se combattent, on en établit une troisième ; si l'enfant est né dans les 270 jours après la dissolution du premier mariage, il est du premier mari ; né, au contraire, après neuf mois écoulés, il appartient au second.

Cette disposition mettra fin a toute discussion, mais, en l'absence de texte, nous ne pouvons l'admettre.

(1) Delvincourt, I, p. 127 ; Proudhon et Valette, II, p. 49 à 51 ; Duranton, III, 63 ; Duvergier, sur Toullier, II, 666 ; Aubry et Rau, VI, § 545, p. 51.

(2) Voir un exemple curieux rapporté par Fodéré, *Traité de médecine légale*, II, p. 206.

MM. Vraye et Gode admettent que l'enfant doit toujours être considéré comme ayant pour père le premier
mari. D'après eux, la défense faite par les articles 228 et
296 du Code civil à la femme veuve ou divorcée de se
remarier avant dix mois, prouve bien la persistance de
la présomption légale qui repose sur la durée maximum
de la gestation. Ils ajoutent que l'empressement de la
femme à se remarier prouve le désir qu'elle a de laisser entendre au second mari qu'il est le père de l'enfant
qui viendra ; pour eux, enfin, la cohabitation de la
femme avec son second mari, peut être en quelque sorte
assimilée à un adultère quant aux enfants conçus, et ne
peut servir à faire présumer la filiation douteuse.

A l'inverse de ce système, M. Demolombe (1) attribuerait volontiers la paternité au second mari. Il fait
intervenir une considération morale : il est préférable de
supposer que la femme ignorait, en se remariant, son
état de grossesse, et il ajoute qu'on se conforme à la
présomption : *is pater est quem nuptiæ demonstrant*, en
attribuant la paternité au second mari.

M. Demante (2) dit « qu'en fait, la paternité du second
mari est infiniment plus probable, car la précipitation
même du second mariage semble la proclamer ». Il va
même plus loin, et il déclare que, même si l'enfant était
né avant le 180e jour du second mariage, à son avis, à
moins de désaveu du second mari, c'est à lui que la paternité pourrait et devrait même, en général, être attribuée, pourvu que sa conception puisse être placée à une

(1) Demolombe, V, 93 à 94.
(2) Demante et Colmet de Santerre, II, no 42 *bis*, III.

époque ultérieure à la dissolution du premier mariage..
Si le premier mari veut éviter pareille hypothèse, il n'a
qu'à se montrer vigilant et à empêcher par son intervention la violation par la femme de l'article 296 du Code
civil.

Pour nous, nous préférons admettre l'opinion présentée par M. Laurent (1), qui nous paraît résoudre la difficulté.

Deux présomptions légales d'égale force sont en présence. Il s'agit de décider à quelle famille appartient
l'enfant. C'est l'intérêt de l'enfant qu'on doit consulter.
Il peut invoquer deux présomptions, il doit avoir le choix
de prendre l'une en repoussant l'autre, qui était établie
en sa faveur, car on ne peut lui imposer une filiation
qu'il ne réclame pas. On évite ainsi l'arbitraire des tribunaux (2). Si l'on objectait que l'enfant pourra ainsi
choisir le père qui lui conviendra le mieux, on pourrait
répondre que l'enfant, invoquant une présomption légale, c'est la loi et non pas lui qui détermine à qui appartient la paternité. Les deux maris pouvaient, d'ailleurs,
éviter une pareille situation, l'un en veillant à ce que la
femme ne se marie pas avant les dix mois écoulés, l'autre en retardant son mariage avec elle.

Une autre situation, voisine de la précédente, peut
aussi se présenter : Une femme divorcée met au monde
un enfant, moins de 300 jours mais plus de 180 jours après
la dissolution du mariage. Cet enfant est reconnu par un

---

(1) Laurent, sur l'article 228 et l'article 296 du Code civil ; Arntz
Cours de Code civil, I, p. 275.
(2) C'est la théorie que consacre le droit anglais.

autre homme que le mari, et plus tard, quand les délais de l'article 296 du Code civil sont écoulés, la femme épouse celui qui a reconnu son enfant. L'enfant sera-t-il légitime et fils du premier mari, ou légitimé et fils du second mari ?

Ici encore, nous pensons qu'il faudra laisser à l'enfant le droit de choisir et ne consulter que son intérêt.

POSITIONS

DROIT ROMAIN

Positions prises dans la thèse.

I. — Le mari intentant le *judicium publicum adulterii* dans les 60 jours du divorce, n'avait pas à redouter les peines de la *calumnia* et de la *prævaricatio*.

II. — La femme divorcée pouvait se remarier aussitôt après le divorce.

III. — La garde des enfants était attribuée au père après le divorce jusqu'à Antonin le Pieux.

IV. — Quand la femme avait dénoncé sa grossesse au mari dans les 30 jours du divorce, le fait par le mari d'envoyer des gardiens n'empêchait pas celui-ci de nier que l'enfant fût de lui.

Positions prises en dehors de la thèse.

I. — Dans les municipes, les *cives* étaient répartis par quartiers.

II. — La volonté du donataire était nécessaire pour la validité de la donation.

III. — Les créances étaient cessibles.

IV. — *L'infantia* durait jusqu'à l'âge de 7 ans.

DROIT FRANÇAIS

Positions prises dans la thèse.

I. — L'ordonnance du juge conciliateur statuant sur les mesures concernant les enfants est susceptible d'appel.

II. — L'époux coupable peut demander que la garde des enfants ne soit pas confiée à l'époux qui triomphe dans l'instance en divorce.

III. — La jouissance légale des biens des enfants appartient à celui des père et mère qui a obtenu la garde.

IV. — Les alliés en ligne directe n'ont pas droit à une pension alimentaire après le divorce.

Positions prises en dehors de la thèse.

I. — Le père naturel qui a reconnu son fils est tuteur légal de cet enfant.

II. — Les poursuites en paiement des frais d'une instance peuvent être exercées par l'une des parties contre son adversaire qui a obtenu le bénéfice de l'assistance judiciaire.

III. — La déchéance totale de la puissance paternelle est seule possible depuis la loi du 27 juillet 1889.

IV. — Le mari d'une femme dotale, débiteur d'un tiers, peut opposer en compensation ce que le tiers doit à sa femme.

DROIT PÉNAL.

I. — Le ministère public n'est pas obligé de poursuivre d'office sur toutes les plaintes et dénonciations, quand même le plaignant se porterait partie civile.

II. — L'article 291 du Code pénal est applicable aux clubs.

DROIT CONSTITUTIONNEL.

I. — Les pouvoirs de l'Assemblée nationale sont limités dans la constitution du 25 février 1875 par la délibération des deux chambres.

II. — Un candidat aux élections législatives ne peut pas, avant d'avoir reçu le récépissé définitif de déclaration de candidature prévu par l'article 2 de la loi du 17 juillet 1889, faire acte de candidat, sans encourir les pénalités édictées par cette loi.

Vu :

Le Doyen,

COLMET DE SANTERRE.   Vu :

Le Président de la thèse,

E. GARSONNET.

Vu et permis d'imprimer :

Le Vice-Recteur de l'Académie de Paris,

GRÉARD.

TABLE DES MATIÈRES

DROIT ROMAIN

Des effets du divorce quant aux personnes.

Pages

Introduction   1

PREMIERE PARTIE

Des effets du divorce relatifs à la personne des époux.

CHAPITRE PREMIER. — Le mariage est dissous par le divorce.   5

CHAPITRE II. — La femme divorcée garde les titres que lui avait donnés le mariage   6

CHAPITRE III. — Etat des époux après le divorce quand le mariage avait eu lieu *cum manu*   7

CHAPITRE IV. — Les liens d'affinité sont rompus par le divorce. 10

CHAPITRE V. — Des effets du divorce sur la répression de l'adultère de la femme. 13

Section I. — Quelles peines encouraient la femme poursuivie par le *judicium publicum adulterii* ? 13

Section II. — Dans quelles circonstances s'exerçait le *judicium publicum adulterii* ? 15

Section III. — Privilèges dont jouissait l'action du mari . 18

§ 1er. — Pendant les soixante jours qui suivent le divorce, le mari et le *paterfamilias* de la femme peuvent seuls l'intenter 18

§ 2. — L'action du mari prime celle du père. 19

Pages

§ 3. — Le mari intentant cette action avait-il à redouter les peines de la *calumnia* et de la *prævaricatio* ?   19

§ 4. — La femme ne pouvait aliéner ni affranchir ses esclaves dans les soixante jours qui suivaient le divorce   24

CHAPITRE VI. — Chaque époux divorcé pouvait se remarier. .   33

  Section I. — Dans le droit classique, ils pouvaient se remarier aussitôt après le divorce.   33

  Section II. — Les époux divorcés tombaient sous l'application des lois caducaires.   33

  Section III. — Le délai de viduité fut étendu à la femme divorcée   36

  Section IV. — Les époux divorcés pouvaient-ils se réunir à nouveau ?   40

  Section V. — La femme divorcée pour cause d'adultère peut-elle se remarier avec son complice ?   43

CHAPITRE VII. — Des peines corporelles qui frappaient en certains cas les époux divorcés.   43

  Section I. — Droit classique   43

  Section II. — Empereurs chrétiens   46

  Section III. — Droit de Justinien   50

CHAPITRE VIII. — Les actions pénales et infamantes peuvent être exercées entre époux divorcés   54

DEUXIÈME PARTIE

Des effets du divorce relatifs à la personne des enfants.

CHAPITRE I. — Enfants nés avant le divorce.   59

  Section I. — Le divorce n'entraîne aucune modification dans leurs rapports avec leurs père et mère.   59

  Section II. — A qui appartient la garde des enfants ?   60

    § 1. — Droit classique jusqu'à Antonin le Pieux   60

    § 2. — D'Antonin le Pieux à Justinien.   64

    § 3. — Droit de Justinien.   66

  Section III. — Le père privé de la garde, conserve-t-il les autres attributs de la puissance paternelle ?   67

CHAPITRE II. — Enfants nés depuis le divorce.   68

  Section I. — L'enfant naît plus de 300 jours après le divorce.   68

Pages

Section II. — L'enfant naît moins de 300 jours après le divorce. 68

§ 1. — Mesures prises contre la possibilité d'une supposition de part. 69

I. — La femme doit dénoncer sa grossesse dans un délai de 30 jours. 69

II. — Qu'arrive-t-il si elle ne dénonce pas ?. . . 71

III. — Qu'arrive-t-il quand elle dénonce ?. . . . 72

1re *Hypothèse* : Le mari conteste immédiatement sa paternité 72

2e *Hypothèse* : Le mari garde le silence. 72

3e *Hypothèse* : Le mari envoie des gardiens. . . 73

1er *Cas* : La femme refuse de les recevoir. . . 73

2e *Cas* : La femme les reçoit. 73

§ 2. — Mesures prises contre la possibilité d'une suppression de part. 76

1re *Hypothèse* : La femme se reconnaît enceinte. 77

2e *Hypothèse* : La femme nie être enceinte. . . . 77

1er *Cas* : Les sages-femmes déclarent qu'elle ne l'est pas. 78

2e *Cas* : Elles déclarent qu'elle est enceinte. . 79

Appendice. — Du divorce de l'affranchie épouse de son ancien patron. 81

DROIT FRANÇAIS.

Des effets du divorce sur la situation respective des époux et de leurs enfants.

Introduction. 1

PREMIÈRE PARTIE
Des effets du divorce quant à la personne des enfants.

Chapitre Premier. — Des modifications apportées, par le divorce à la puissance paternelle 7

Section I. — La puissance paternelle est modifiée par le divorce 7

Pages

Section II. — Que devient la puissance paternelle après le divorce ? . . . .   ˙10

CHAPITRE II. — Droit de garde   29

Section I. — Ancien droit. Décret du 20 septembre 1792 .   31
   A. Divorce par consentement mutuel   31
   B. Divorce pour cause déterminée   32

Section II. — Législation du code et des lois du 27 juillet 1884 et du 20 avril 1886   34
   § 1er. — De la garde des enfants pendant l'instance en divorce. . . . . :   34
     I. — Législation du code et de la loi du 27 juillet 1884.   34
       A. La garde reste au mari en principe. . . .   34
       B. Le président pouvait statuer en cas d'urgence et enlever la garde au mari.   36
       C. Cette ordonnance devait-elle être motivée ?.   39
     II. — Législation actuelle   40
       A. Le juge conciliateur statue sur la garde provisoire des enfants   40
       B. Doit-il statuer forcément ?   43
       C. Utilité de ce pouvoir.   47
       D. L'ordonnance du juge conciliateur est-elle susceptible d'appel ?   48
      I. — Discussion au Sénat.   50
      II. — Doctrine.   59
      III. — Jurisprudence.   67
       E. Les mesures prescrites par le président sont essentiellement provisoires et révocables. . .   70
       F. Qui peut les demander ?   71
       G. Contre qui peuvent-elles être demandées ? .   74
       H. C'est le plus grand intérêt des enfants qui doit guider le tribunal   74
   2. — De la garde des enfants après le divorce . . .   78
     I. — En principe, la garde est confiée au plus digne.   78
     II. — Elle peut être confiée à une autre personne si l'intérêt de l'enfant l'exige   79
      A. Il faut un grand intérêt.   79
      B. Qui peut demander qu'il soit fait exception au principe   80

Pages
    a. La famille   80
    b. Le ministère public   85
    c. L'époux coupable le peut-il ?.   85
    d. Le tribunal peut-il statuer d'office.   89
    e. Si les époux sont d'accord, que doit faire le tri-
        bunal ?   92
C. A quel moment doit être introduite la demande
    concernant la garde ?.   93
D. A qui peut être confiée la garde de l'enfant ? . . .   94
    a. En principe à l'époux qui triomphe dans l'instance
       en divorce   94
    b. Elle peut être confiée à l'époux coupable.   94
    c. Elle peut être confiée à une tierce personne. . . .   95
E. Les dispositions du jugement concernant les enfants
    sont essentiellement provisoires.   96
    a. C'est l'intérêt de l'enfant qu'il faut consulter . .   96
    b. Quel est le tribunal compétent ?. . . . . . . ;   98
F. Voies de recours contre le jugement définitif. . . .   99
    a. Opposition   99
    b. Appel 100
    c. Pourvoi en cassation 103
    d. Requête civile. 108
G. Exécution des mesures ordonnées par le tribunal
    touchant la garde des enfants. 111
    · *a.* Emploi de la force armée 111
       b. Condamnation à des dommages-intérêts. . . . 112
       c. Saisie des revenus de l'époux qui résiste. . . . 115
       d. Astreinte. 116
H. Droits de gardien. 121
I. Droits de surveillance du conjoint non gardien . . 122
J. Fin de la garde. 125
    a. Décès ou émancipation de l'enfant. 125
    b. Décès du gardien. 126
K. De quels enfants parlent les articles 238, 240, 302
    du Code civil ?. 131

CHAPITRE III. — Droit de correction. 134

CHAPITRE IV. — Droit d'émancipation 143

CHAPITRE V. — L'enfant doit honneur et respect à ses père
    et mère, même après le divorce. 147

262   TABLE DES MATIÈRES

Pages

Section I. — Consentement au mariage des enfants . . . 147

Section II. — Consentement à l'engagement militaire des enfants et à leur engagement dans les ordres sacrés . . 151

Section. III. — Les enfants ne peuvent pas servir de témoins dans l'instance en divorce 154

    a. Principe 154

    b. Que décider pour les alliés en ligne directe ? . . . 156

    c. L'exception ne s'applique-t-elle qu'aux enfants communs aux deux époux ? 158

    d. Les enfants naturels ou adultérins peuvent-ils servir de témoins ?. 159

    e. Le reproche basé sur la parenté est-il péremptoire ?. 160

Section IV. — Les enfants doivent-ils honneur et respect à celui de leurs parents contre qui le divorce a été prononcé. 164

DEUXIÈME PARTIE

Des effets du divorce quant aux biens des enfants.

CHAPITRE I. — Droits des enfants. 167

Section I. — Ne devrait-on pas infliger une peine pécuniaire, au profit des enfants, contre l'époux coupable ?. . 167

Section II. — L'enfant peut-il demander réparation du préjudice que lui cause le divorce au tiers complice de son père ou de sa mère dans le fait qui a motivé le divorce ?. 173

Section III. — Application de l'article 304, Civ. 174

Section IV. — Les père et mère sont tenus de contribuer à l'éducation et à l'entretien de leurs enfants, à proportion de leurs facultés. 175

    § 1er. — Le parent qui a la garde ne fournit pas de pension, l'autre en fournit une. 177

    § 2. — Le père peut-il réclamer à la liquidation de la communauté, la somme qu'il à payée à titre de pension alimentaire pour ses enfants. 179

    § 3. — Quels moyens peut employer le tribunal pour assurer le service de la pension ?. 181

CHAPITRE II. — Droits des parents. 184

Section I. — Jouissance légale. 184

Section II. — Administration légale. 190

Pages

§ 1er. — Par qui sont administrés les biens de l'enfant
après le divorce ?   190
    1re *Opinion*   191
    2e *Opinion*.   192
    3e *Opinion*.   192
    4e *Opinion*   193
§ 2. — L'époux qui a la garde encourt-il une responsabilité s'il n'exerce pas les droits pécuniaires de l'enfant ?.   198
§ 3. — L'époux non gardien peut-il intenter une action
au nom de l'enfant ?.   199

SECTION III. — L'enfant doit des aliments à ses père et mère
même après le divorce.   200
SECTION IV. — Le divorce ne modifie pas les droits de succession des père et mère sur les biens de leurs enfants .   203

CHAPITRE III. — Les alliés en ligne directe ont-ils droit à une
pension alimentaire?   204

APPENDICE
De la situation des enfants conçus après le divorce.

CHAPITRE I. — Etat des enfants conçus pendant l'instance en
divorce.   213

SECTION I. — La femme avait obtenu une habitation séparée pendant l'instance   213
    § 1er — Législation du Code.   214
    § 2. — Loi du 6 décembre 1850.   215
    § 3. — Législation actuelle   221
SECTION II. — La femme n'avait pas obtenu une habitation
séparée.   227
SECTION III. — L'enfant que le père a désavoué est-il un enfant adultérin ou un enfant naturel?   230

CHAPITRE II. — Etat des enfants conçus après la prononciation du divorce.   233

SECTION I. — Les père et mère n'ont pas cohabité après le
divorce.   233
SECTION II. — Les père et mère ont cohabité après le divorce.   239

CHAPITRE III. — Etat des enfants nés de la femme divorcée,
remariée avant le délai de dix mois fixé par l'art. 296, Civil .   246

Imp. G. Saint-Aubin et Thevenot, St-Dizier (H-te-Marne). 30, passage Verdeau, Paris.

Imp. G. Saint-Acbin et Thevenot, Saint-Dizier (Haute-Marne) 30, passage Verdeau, Paris

www.ingramcontent.com/pod-product-compliance
Ingram Content Group UK Ltd.
Pitfield, Milton Keynes, MK11 3LW, UK
UKHW021848070726
13613UKWH00001B/55